般若波羅蜜多之覺觀與行證

胡順萍　著

目　　次

第一章　緒言 1

第二章　般若波羅蜜多之覺學 11

　第一節　對般若波羅蜜多之覺知 11

　　一、　般若與一般智慧之關係 11

　　二、　般若與三法印之關係 15

　　三、　般若分類之意義 20

　　四、　般若義之內涵 25

　　五、　般若義之發展 33

　　六、　佛言般若之用意：覺即智慧之本身 40

　第二節　般若波羅蜜多之學習要點 47

　　一、　般若波羅蜜多與六度（一切善法）之關係 47

　　二、　般若波羅蜜多與大菩提心、菩提道之關係 53

　　三、　學習「般若波羅蜜多」，即能通達一切法 58

　　四、　學習般若波羅蜜多與無所得相融為一 62

第三章　般若波羅蜜多之觀照 69

　第一節　般若波羅蜜多之觀照方法 69

　　一、　般若波羅蜜多之「無」義 69

　　二、　般若波羅蜜多之觀照法：無二無別，自性離故

76

三、　般若波羅蜜多觀一切法皆空故不異 ⋯⋯ 80

四、　般若波羅蜜多之應觀、不觀與無執 ⋯⋯ 88

第二節　般若波羅蜜多觀諸有情界之相 ⋯⋯ 92

一、　觀有情界無增無減 ⋯⋯ 93

二、　爲有情界故說般若波羅蜜多 ⋯⋯ 96

三、　依證諸法空，則諸法無勝劣 ⋯⋯ 100

四、　依有情世間而成就佛法 ⋯⋯ 103

五、　菩提、法界俱離性相：不可思議與五無間，性無差別 ⋯⋯ 105

六、　菩提之性不可現見，故非可證得：不非坐可得，坐便捨 ⋯⋯ 107

七、　菩提即我，我即菩提：於菩提不求相與證 ⋯⋯ 109

八、　觀如來非真實，無二不二：依無相無不相之覺見如來 ⋯⋯ 111

九、　依真法界論，如來不曾出現有情世間，亦不曾取證涅槃 ⋯⋯ 113

十、　如來非於有情類爲最勝 ⋯⋯ 115

十一、　不思議定無得、無不得：依心性離故，則有情類無不得者 ⋯⋯ 117

十二、　不思議界與如來界、我界、法界皆無相 ⋯⋯ 120

十三、　佛智無境界、無作無證、無生無盡 ⋯⋯ 122

第四章　般若波羅蜜多之行持 ⋯⋯ 127

第一節　般若波羅蜜多與大乘教法之關係 ⋯⋯ 127

一、 般若波羅蜜多不異摩訶衍........................127

二、 靜心爲求得智慧之法門：百八三昧之意義

........................131

第二節 般若波羅蜜多「無」之行法........................161

一、 無生：無生波羅蜜多，是般若波羅蜜多....161

二、 無著：無著波羅蜜多，是般若波羅蜜多....163

三、 無住：無住法者，是謂般若波羅蜜多....166

四、 無二：無二邊波羅蜜多，是般若波羅蜜多

........................168

五、 無別：不分別波羅蜜多，是般若波羅蜜多

........................170

六、 無捨：無得無捨，是般若波羅蜜........................172

七、 無取：不取波羅蜜，是般若波羅蜜........................174

八、 無相：無相波羅蜜多，是般若波羅蜜多....176

九、 無作：無作波羅蜜多，是般若波羅蜜多....179

十、 無所得：無所得空波羅蜜，是般若波羅蜜

........................181

十一、無性自性空：無性是般若波羅蜜多自性....183

第三節 波羅蜜多之行持所攝........................188

一、 六波羅蜜多之理趣義旨........................188

二、 九十波羅蜜多之內涵意義........................204

第五章 般若波羅蜜多之證悟........................223

第一節 般若波羅蜜多證得菩提之歷程........................223

一、 菩提依一切法本性空寂而證得........................224

二、　觀諸人人本具之諸佛妙法即可證得菩提 229

三、　雖有所行而無行想，是謂趣菩提行 232

四、　由入定（法食）以成無上勝行，是爲趣菩提
　　　行之入門方法 236

五、　一切有情本自性充足，自證菩提，由心靜思
　　　... 239

六、　菩提之證得在：入無所得定、食無漏食 245

第二節　學習般若波羅蜜多之結果與目的 249

一、　學習般若波羅蜜多，可得轉生深妙 249

二、　學習般若波羅蜜多，可悟入諸佛境界 254

三、　學習般若波羅蜜多之目的：爲利樂有情 260

第六章　綜論 267

第一節　般若波羅蜜多與真空自性 267

第二節　般若波羅蜜多與心之靜 279

第三節　般若波羅蜜多與諸法、相 288

第四節　般若波羅蜜多之覺、觀綜論 309

第五節　般若波羅蜜多之行、證綜論 318

參考書目 339

第一章　緒　言

　　我國對佛學之了解，由格義、譯經而義理思想之闡述，以如是而逐步契入佛學核心。我國於吸收佛學之重要起點，可謂是「般若學」，[1]如晉代之「六家七宗」。[2]有關「般若部」之經典，今收錄於《大正新修大藏經》，[3]之第五至八冊，其中尤以六百卷之唐・玄奘所譯之《大般若波羅蜜多經》（以下簡稱《大般若經》）爲最具規模，有學者提出：「《大般若經》（四處十六會）共六百卷，玄奘實費四年心血始得備譯全經，所有在先諸譯種種般若別本，悉皆包括於此大般若一譯中，故大般若實爲般若學中集大成而且最完備之經典。」[4]顯然，就研究「般若學」而言，《大般若經》可謂是一「集大成」之作，依《大般若經》所述之經義內涵，亦足能掌握所謂「般若」之真義。

　　「般若」是梵文 Prajna 之音譯，[5]義譯爲「妙智慧」，此智慧

---

[1]　湯用彤《漢魏兩晉南北朝佛教史》，頁 167，有云：「自漢之末葉，直訖劉宋初年，中國佛典之最流行者，當爲般若經。即以翻譯言之，亦譯本甚多。」（台北：臺灣商務印書館，1979 年）。

[2]　有關「六家七宗」之名目與人物，乃湯用彤先生據劉宋・曇濟著《六家七宗論》而考之。見於湯用彤《漢魏兩晉南北朝佛教史》，頁 201-202，（台北：臺灣商務印書館，1979 年）。

[3]　《大正新修大藏經》（台北：新文豐出版公司，1996 年）。本文以下所引之「大正」皆同此，依次注明者爲冊、頁、欄。

[4]　一玄〈佛教般若學講話〉，收錄於《現代佛教學術叢刊 45・般若思想研究》，頁 52，（台北：大乘文化出版社，1979 年）。

[5]　《佛光大辭典》中冊，頁 4301，「般若」條，（高雄：佛光出版社，1989 年）。

不同於一般之世智辯聰，又未免因譯爲「妙智慧」易流於常識中之智慧，故「般若」保持其音譯。佛教將最高之覺悟境地，稱爲「無上正等正覺」；並以最圓滿之智名之爲「大圓鏡智」，以「圓鏡」喻「智」之圓滿通徹，此雖爲唯識宗「轉識成智」之用詞；然若以佛法爲一整體義觀之：釋尊一代之時教，是爲令衆生開示悟入佛之知見，其以一大事因緣，爲了脫生死輪迴爲其說法之核心，故如何觀照事物之真實相，並依之修行而出離煩惱，以達寂靜涅槃之境地，爲其一生之奮鬥目標。故佛學可謂是一充滿人生透悟智慧之學，是與生命息息相關之智覺之學，而如是之智，亦可總曰爲「般若」。

　　對中土而言，「般若」一詞實爲佛學中之熟悉詞彙，而「波羅蜜」（譯爲「到彼岸」）又時常伴隨著「般若」，而以「般若波羅蜜」出現，換言之，所謂般若，是爲通達覺悟境地之智。惟在《大般若經》中，又特別強調「般若波羅蜜多」，此爲《大般若經》之特色，據云：「般若波羅蜜又作般若波羅蜜多。意譯作慧到彼岸。或稱慧波羅蜜多，智慧波羅蜜。即照了諸法實相，而窮盡一切智慧之邊際，度生死此岸至涅槃彼岸之菩薩大慧。」[6]顯然，「般若波羅蜜」與「般若波羅蜜多」之內涵並無差異，其重點皆在如何依般若智而通至覺岸；今依《大般若經》之用詞，則本書以採「般若波羅蜜多」爲主。於有關般若與般若波羅蜜多之區別，據云：「般若僅止於對現象的歷程有些領解與了知，般若波羅蜜多要求的，則是把般若之智慧提昇到《大般若經》再三強調的通達諸法實性

---

[6]　《佛光大辭典》中冊，頁4304，「般若波羅蜜」條，（高雄：佛光出版社，1989年）。

的地步。」[7]如是之論點，是將般若而至般若波羅蜜多，視爲一歷程，是由解而至解行雙運之歷程。以如是而論「般若波羅蜜多」，即是將般若波羅蜜視爲一修學法門，故欲論之般若波羅蜜多，則其修學所採取之方法必爲其理論重心。

佛學傳入中土，其間歷經一漫長時間，（即由譯經、格義以至義理闡釋），此一漫長時期，亦即是吸收、了解、消化之步驟，迨至義理闡釋時，可謂是爲佛教思想注入新生命，此中則展現各宗、各派、各人之見地。惟其中「般若學」既是中土契入佛學之一重要關鍵，故欲對「般若學」有所了解者，則六百卷《大般若經》可謂是一重要參考依據；就佛教而言，一切「經」皆爲佛說，然佛之開法並非僅爲敷陳義理思想而已，佛之本懷在於如何使一切學人能依經義指導而證得無上正等正覺，此爲佛開示法義之目的，亦是佛經傳世之真正意義。而《大般若經》於闡釋般若波羅蜜多，其主要之重點約略有如下之方向：

1、般若波羅蜜多之內涵意義。

2、般若波羅蜜多與其他一切法之不同處。

3、般若波羅蜜多如何與其他一切法相融合。

4、行修般若波羅蜜多之方法。

5、行修般若波羅蜜多之目的。

6、如何安住般若波羅蜜多？

7、般若波羅蜜多之圓證境地。

以上所列之七個方向，要約即是：了解→修學→證悟，此是依了解般若波羅蜜多之真義，而興起修學般若波羅蜜多之行持

---

[7] 蔡耀明《般若波羅蜜多教學與嚴淨佛土》，頁 91，（南投：正觀出版社，2001年）。

力，以圓滿證悟般若波羅蜜多。此中，首先要處理之問題是：了解，即如何予《大般若經》有恰當之閱讀指引以至了知其真義。唯六百卷之《大般若經》，該如何入手，以下即引述近人研究之所論：（依《大般若經》十六會爲分隔點）

1、由〈第二會〉一下跳到〈第四會〉。因〈第一會〉至少有十萬頌，太過細膩，以至很難消受。可先以〈第二會〉、〈第四會〉爲奠基依據。

2、由〈第六會〉讀到〈第九會〉。

3、由〈第十一會〉讀到〈第十六會〉。

4、其餘諸會。

各會之重要內容述之如下：

〈第一會〉到〈第五會〉：從中道正見跨越到般若波羅蜜多的修學爲核心課題，是把握《大般若經》的入門憑藉。

〈第六會〉到〈第八會〉：各有至少一位主導問答的上首人物，各具菩提道上獨到的善根資糧；使般若波羅蜜多的修學，不至於侷限在智慧方面的提昇，而能逐步落實在菩提道上更爲寬闊的善根資糧，且從善根資糧的經營，帶出具有豐厚內涵的般若波羅蜜多的境界。

〈第九會‧能斷金剛分〉，也就是以《金剛般若波羅蜜經》聞名的一個法會，主要的課題在於站在般若波羅蜜多的高地，討論煩惱障與所知障的斷除。

〈第十會‧般若理趣分〉：充滿密乘實修的術語，意指這一系列法會有關般若波羅蜜多的講究與討論，尤其是要進入甚深理趣，就必須配合腳踏實地且高度專注的修學進程。

此會在理解般若波羅蜜多的實修技術的準則上極其重要。
〈第十一會・布施波羅蜜多分〉到〈第十六會・般若波羅
蜜多分〉：從布施、淨戒、安忍、精進、靜慮到般若波羅蜜
多，依次各以六波羅蜜多當中的一種波羅蜜多為主題。這
六個法會當中，前面的五個法會分頭去單獨照顧一種波羅
蜜多，可看成特別是由〈第一會〉到〈第五會〉在般若波
羅蜜多的修學達到相當水準後，回過頭來較為集中討論如
何把前面的五種波羅蜜多一一推向高度成熟的境界。至於
〈第十六會〉，雖然再度以般若波羅蜜多的修學為主題，實
際上卻是整部《大般若經》義理的高峰所在。[8]

　　以上之引文，可以了解《大般若經》十六會之主要內容方向，
並詳列閱讀順序之建議，此於欲契入「般若學」之學人，可謂有
先得一探《大般若經》整體架構之入門指引。唯六百卷共十六會
之《大般若經》，其最主要之論述在「般若波羅蜜多」，並以之為
中心而闡述如何修學而踏上菩提道，惟「般若」是與「波羅蜜多」
相結合，而成「般若波羅蜜多」，故除對「般若」之義要能把握外，
而般若是一空慧之呈現，其內涵特重在「無」上，此無不等於沒
有，而是於一切法能不執不捨、無二無別，此般若智是著重在「到
彼岸」之行持方法，大抵波羅蜜多行是以六種為基礎，此即菩薩
之「六度」，然《大般若經》所論述之波羅蜜多，是由般若波羅蜜
多而至無量數之波羅蜜多，以至通達一切法皆入於菩提道中，故
亦謂般若波羅蜜多為萬法之源、之母。

---

[8]　蔡耀明《般若波羅蜜多教學與嚴淨佛土》，頁 84-86，（南投：正觀出版社，
　　2001 年）。

　　於佛法之修證法門中，般若波羅蜜多本爲菩薩六度之一，而
前五度一皆是從般若波羅蜜多爲最後依據，亦可言：般若波羅蜜
多是居於主導地位；亦可言：般若波羅蜜多是大乘法門所不可缺
少的。而《大般若經》即是以「般若波羅蜜多」爲中心而集成之
聖典，然今日收錄於《大正新修大藏經》有關般若部之經典可謂
不少，據論：

> 般若部類在佛教史上所見到的，是在不斷的增多中，從二
> 部、三部、四部、八部到（唐玄奘譯出的）十六部。大概
> 的說，《般若經》的集出，是從大乘佛法興起，一直到祕密
> 大乘佛法傳布的時代。當然，最受人重視的《般若經》，是
> 屬於大乘佛法時代的，尤其是代表初期大乘佛法的部分。[9]

　　依上之論，般若部之經典，由二部至現今所見之十六會本，
此中之略、廣本各有不同之內容，但一皆以般若波羅蜜多爲中心
思想則無有差異。唯般若部經典之特色在觀一切法皆不可得、不
可見，故於一切法當不可住、不應住，或亦可謂般若部是以空（空
性）爲主，觀諸法畢竟空，因空故一切法皆無所有、無所住，以
是至終竟之菩提證得亦不可得、不可執，此爲般若部經典於破執
上之徹底。
　　至於有關《般若經》之形成歷程，有更清楚之說明如下：

> 《般若經》爲一組規模龐大、以般若波羅蜜爲主題的佛經，

---

[9] 印順《初期大乘佛教之起源與開展》，頁 591，（台北：正聞出版社，1986 年）。

其創作持續近一千年，分爲四個階段：

（一）約於公元前一世紀，《小品般若》（別本《道行般若》、《八千頌般若》）開始形成，爲日後出現的《般若經》的底本。

（二）於紀元初年，出現增廣本的《般若經》，基本上是《小品般若》教義的鋪陳，現存著名的有《大品般若》（別本《放光般若》、（又稱《十萬頌般若》）。

（三）增廣本《般若經》篇幅冗長，傳頌不便，由是稍後乃有撮要本《般若經》的撰作，以便流通。在這類小型《般若經》中，流傳最廣者，要爲《心經》（共二十五頌）和《金剛經》（共三百頌），於公元五世紀前已經出現。

（四）於公元七世紀以後，隨著密教發達，出現帶有密教色彩的《般若經》，例如《理趣經》。

大致說，無論是增廣本或撮要本《般若經》，它們所談的義理，莫不見於最早出現的《小品般若》和《大品般若》。[10]

以上之論是將現今常見之般若部經典形成做一說明，不論是由《小品般若》或至《大品般若》，此中是經典增廣或撮要之差異，但是重要在於以「般若波羅蜜多」爲主題之論述，其實是早已出現。對於有關「般若波羅蜜多」之義，其特別強調般若妙智，與傳統三無漏學由戒定以至成慧，兩者看似有別，然三無漏學爲佛弟子之基調則無有差異，唯般若妙智（慧）無疑是將戒、定做出具體之表現。據云：

---

[10]　廖明活《中國佛教思想述要》，頁 27-28，（台北：臺灣商務印書館，2006 年）。

> 般若的主張，掃除一切執著，一切皆取否定的方式，但並
> 不對代表這些方式的純一的否定的原理，加以抽象化。無
> 寧是，般若是要否定這樣的原理，而孕育一切具體的實踐；
> 以慧作爲戒定的內容而表現其作用，倒不如轉換爲以戒定
> 作爲慧的內容而表現其作用，來得具體。[11]

　　般若波羅蜜多之論述內容，其所攝之範圍是遍及一切諸法，
於一切法皆不執，以證真空之境，唯於佛之真空境界，其主題是
不可思議，簡言之，是無法形容，亦可言是無法展現在具體行爲
上。而般若波羅蜜多之破執，是至於終究之佛境亦不可執，其所
一再強調是「般若妙慧」，唯如何將「慧」具體表現而出，此必由
戒、定而顯露，故如何之戒是「般若戒」，而如何之定是謂「般若
定」，此即是般若波羅蜜多之具體表現，而具體表現之行爲總括爲
戒與定，換言之，般若波波羅蜜多之作用結果，絕非只流於抽象、
絕對、真空之境而已，其是要真正具體落實於日常生活上之表現。
　　於佛法之發展過程中，由小乘而大乘，此爲佛教內部自省之
必然結果，如何由度己而至自度度他，更爲大乘佛法所標榜。惟
於整個大乘佛法中，因之義理發展之不同，又將如何分類，今依
印順法師將大乘佛法分爲三系，其對《般若》等經是安立於「性
空唯名論」中，其論說是：「依這一系說，一切法無自性空，爲最
根本而最心要的。離卻性空，生滅無常，不外是斷見。惟有從性
空中，貫徹常與無常，才能契三法印即一法印，安立佛法，開顯

---

[11] 吳汝鈞《佛學研究方法論》，頁 322，〈般若波羅蜜〉，（台北：臺灣學生書局，
　　2006 年）。

佛法的深奧。」[12]以「性空唯名」而安立「般若」，此中「唯名」是常，是代表法數、法義或法門；而「性空」即是無常，即一切法數、法義或法門，皆爲度眾而暫時設之，終究成空；今設「性空唯名」正爲融常與無常爲一整體，換言之。若僅執一邊皆爲偏見、斷見。此常與無常之融合，即是於佛法之根本三法印之肯定，然三法印之重點在「無常、無我、苦」，故就佛法而言，「法」爲度眾而權設當受肯定，然一切法又皆自性本空，此即在說明：於權設之「法」則不可執。而般若波羅蜜多之修學，其重點即在「離」，即對任何法數皆不執不著，唯因「不執」，故能圓融一切法；唯因「不著」，故能無礙所有相，此即是佛法最終所證悟之實相無相義。而有關「般若」部之經典，即有去執相與融通之兩大重點：能觀一切法本無自性，則能去執相；能去執相則能融貫一切法（所謂一切法，則當包括善法與惡法，常與無常等），此即是般若波羅蜜多之作用。

　　佛法以實踐爲重，如何通達一切殊勝善法，如何證得無上正等菩提、得成諸法實相慧，以悟入諸佛境界等，此皆需仰賴般若波羅蜜多之修學。般若波羅蜜多是一大智妙慧，此智重在觀照一切法自性本空，而達至覺悟之彼岸；若以菩提道之各種修學法門而言，則般若波羅蜜多顯然是一種修學上之再次提昇，由一次一次之提昇中，終究圓滿成佛道，則般若波羅蜜多所象徵之「融通淘汰」精神，不但是《大般若經》之特色，亦可謂是佛法之本質。若謂般若波羅蜜多即是「空」之展現，亦甚恰合，因佛法之「空」是於事物觀照中所得之結果，因一切事物皆因緣和合（各種條件

---

[12]　印順《無諍之辯》，頁 127，（新竹：正聞出版社，2003 年）。本書有大乘分三系之論說，分別爲：性空唯名、虛妄唯識、真常唯心。

之聚合），故不可謂無；然一切事物之存在卻又無法永恆不變，故其存在皆只能是「暫時性」；一切事務終究成空，是事物之現象，此亦即是真理。因此，就佛法而言，「空」不是否定一切，換言之，所謂「淘汰」並非是負面之消極義，而是正面之積極義，於事物而言，能觀「空」則能去捨情執，使人生有更正向性之發展，於此，印順法師於「空」有一論言：「佛法提供一種不主故常的超世間大事，空，不是抹殺一切，是淘汰。是從思想與行爲的改革中，摧破情執中心的人生。因爲空，才能實現覺悟的、自在的、純善的、清淨的。」[13] 顯然，「空」即是一種智慧，經過情執之淘汰，而能透悟一切事物之真相，才能真正相融於一切事物而無礙，於事物是如此，於人情亦然。

　　佛法之各宗中，皆有修學菩提道之內涵建構，然如何使一切菩提道之修學，能達成正知、正見與正覺之人生，則般若波羅蜜多正是提供通向此一妙智生命之活水源頭。以菩薩而言，欲登正覺之地，必廣修諸波羅蜜，要約有六波羅蜜，即布施、持戒、忍辱、精進、禪定與智慧，而其中智慧波羅蜜爲前五度之本，換言之，佛法重「智慧」，無智慧之五度，終將落爲「偏執」，而般若波羅蜜多即是一切法門智慧之源，亦是成就菩提道之真實智慧。

---

[13]　印順《性空學探源》，頁3，（新竹：正聞出版社，2003年）。

第二章 般若波羅蜜多之覺學

第一節 對般若波羅蜜多之覺知

一、般若與一般智慧之關係

　　中國於佛學之契入，能在義理上再發展，其入手處即是「般若學」，且自《大般若經》出現後，所謂般若波羅蜜多、般若波羅蜜或般若等之詞，其所代表者非是一般智慧而已，而是被視爲是一真智慧、妙智慧之義，亦是通往成正等正覺之智慧，故「般若」依音譯而得留，其義在「尊重」，若義譯爲智慧則是「輕淺」。[1]顯然，言般若，論般若波羅蜜多，是爲通往正菩提之道，此般若智必依行持而同論之，換言之，「般若」絕非單指理論上之某種智慧，而是必依「波羅蜜」（到彼岸）始可言之是真「般若」，故「般若」實是「般若波羅蜜（多）」之略詞，言般若，實則即是「般若波羅蜜多」之義。

---

[1] 宋・周敦義《翻譯名義・序》有云：「唐・奘法師論五種不翻：一、秘密故，如陀羅尼。二、含多義故，如薄伽梵具六義。三、此無故，如閻淨樹，中夏實無此木。四、順古故，如阿耨菩提，非不可翻，而摩騰以來常存梵者。五、生善故，如般若尊重，智慧輕淺。」（大正 54・1055 上）。

　　般若波羅蜜多既是一通往彼岸之最高智慧，故探究般若波羅蜜多所具涵之義，將更能彰顯佛門「尊重般若」之意義。惟般若波羅蜜既能引導學人解脫煩惱以臻至佛境，故於學人之行持中，各種行法與學人之態度等，其與般若波羅蜜多之關係究竟爲何？學人於修學過程中，應如何善用般若波羅蜜多，才能通至彼岸？般若波羅蜜多雖於諸法之觀照上是依「無」（不執）而得成，然所謂無，亦並非否定一切，更非是什麼皆不要，故如何應用諸修證法門與般若波羅蜜多相配合則更顯重要。

　　般若波羅蜜具涵甚多之意義，亦應可說，一切修證之法門、智慧與心態，皆可涵括於般若波羅蜜多中，故向以般若波羅蜜多是不可名之的；唯般若波羅蜜多既可通達一切法，故般若智亦必與一切智慧不相妨礙，此即如云：「諸佛一切智應當從般若波羅蜜中求，般若波羅蜜亦當從一切智中求。般若波羅蜜不異一切智，一切智不異般若波羅蜜。般若波羅蜜一切智不二不別。是故我等視是人，即是佛，若次佛。」[2]此即是佛教暢論之「中道」義，般若波羅蜜多與一切智，彼此是互爲助長的，一切智必依般若波羅蜜多之不執而得成，凡有所執，皆無法言是真般若、真智慧；而般若波羅蜜多亦必於一切智之不執而通達中呈顯，而所謂「不二不別」，一方面可爲般若波羅蜜多之觀照法，亦可謂唯有依「不二不別」之中道行持，才能不落入二邊，此即如：佛由人成，人成即佛成，故人與佛不能界分爲二。又如云：「般若波羅蜜能示導墜邪道眾生離二邊故。世尊！般若波羅蜜是一切種智，一切煩惱及習斷故。世尊！般若波羅蜜是諸菩薩摩訶薩母，能生諸佛法

2　《摩訶般若波羅蜜經》卷9，大正8‧288上。

故，……是般若波羅蜜中，出生諸佛、菩薩、辟支佛、阿羅漢、阿那含、斯陀含、須陀洹。」[3]般若波羅蜜多之所以能被視爲「諸佛之母」，其義在諸佛是依法而得成，而般若波羅蜜多即是「法」，[4]於法而言，有無量法門，一切法皆在般若波羅蜜多之增助下，可成就不同之果德，此乃法異則果異，然一切法之智慧皆要以般若智慧爲根本，故般若智與一切智確是不二不別。

　　般若向譯爲「妙智慧」，此妙智之作用是爲去執，唯此妙智之內涵爲何？又要如何而習得？據《摩訶般若波羅蜜經》所述：

> 菩薩摩訶薩欲得道慧，當習行般若波羅蜜。
> 菩薩摩訶薩欲以道慧具足道種慧，當習行般若波羅蜜。
> 欲以道種慧具足一切智，當習行般若波羅蜜。
> 欲以一切智具足一切種智，當習行般若波羅蜜。
> 欲以一切種智斷煩惱習，當習行般若波羅蜜。
> 舍利弗！菩薩摩訶薩應如是學般若波羅蜜。[5]

　　以諸佛之演法其目的在使衆生得一切種智，如《法華經》云：「過去諸佛以無量無數方便，爲衆生演說諸法，究竟皆得一切種智。未來諸佛當出於世，是諸衆生從佛聞法，究竟皆得一切種智。現在十方無量諸佛世尊，是諸衆生從佛聞法，究竟皆得一切種智。」[6]依「三智」義：一切智爲二乘智（爲空觀所成），道種智爲菩薩

---

[3]　《摩訶般若波羅蜜經》卷 11，大正 8．302 上-中。
[4]　龍樹《大智度論》卷 100，有云：「有般若在世，則爲佛在。般若波羅蜜是諸佛母。諸佛以法爲師，法者即是般若波羅蜜。」（大正 25．755 下）。
[5]　《摩訶般若波羅蜜經》卷 1，大正 8．219 上。
[6]　《法華經》〈方便品〉，大正 9．7 中。

智（為假觀所成），一切種智為佛智（空、假、中皆見實相）。[7]於
《大般若經》之論述，於慧於智雖各有分列，然其念茲在茲皆在
習行般若波羅蜜，且此妙智是為斷煩惱習。有關般若對此三智所
產生之彼此關係，據云：「般若能使聲聞、辟支佛即在一切智中具
足道種智而充實化其一切智，使一切智為活智；般若亦能使菩薩
即在道種智中具足一切種智而圓實化道種智，使道種智為活智。
如是三智層層昇進，只是一實智，而佛境可至。一實智者即是一
切種智。至一實智，則煩惱習盡斷而成佛。」[8]般若波羅蜜多雖以
去執為其主要作用，然般若妙智其「妙」在靈活通達，三智雖分
屬於二乘、菩薩與佛，但經過般若妙智之融通，則不同根器之學
人，皆可通達至佛智，故曰般若為「活智」，其「活」即是通達，
並非冥頑，以是不論二乘或菩薩皆要習行般若波羅蜜，皆可究竟
得成一切種智。三智在般若波羅蜜多之作用下，皆可臻至佛境，
唯般若波羅蜜多又特為菩薩摩訶薩說，此乃修證之歷程有其層次
性，此並非般若波羅蜜多之作用不全面性問題，而是於執之淘汰，
於智之證得，是有其階第的。三智終究皆可成一切種智，換言之，
於一切學人而言，三智於般若妙智下，理應於一心皆可得，如《大
智度論》所云：

> 問曰：一心中得一切智，一切種智，斷一切煩惱習，今云
> 何言以一切智具足得一切種智，以一切種智斷煩惱習？

---

[7] 參見《佛光大辭典》上冊，頁 625-626，「三智」條，（高雄：佛光出版社，1989
年）。

[8] 牟宗三《牟宗三先生全集 3‧佛性與般若（上）》，頁 30，（台北：聯經出版公
司，2003 年）。

答曰：實一切智一時得。此中爲令人信般若波羅蜜故，次第差別說。欲令眾生得清淨心，是故如是說。[9]

　　經由般若波羅蜜多之修證，其終究是呈顯一清淨心，此清淨心即是一切眾生之自性佛心圓智，故云：「一心中得」、「一切一時得」，此爲般若波羅蜜多之通達作用，亦是其不執一切法之最具體表現。

二、般若與三法印之關係

　　《大藏經》可謂是整體佛法之總彙代表，此中之內容涵括各宗各經論，然於各部經論之彙集中，有關「般若部」之經典收羅，可謂佔有一大席之地。且據佛之演法根本法印而論，無常、無我（空）、苦是主調，此中之無常是依一切事物之現象而論，因一切事物皆在遷流變化中，無有一事物可永恆不變，故無常爲佛法之第一法印。無我是就主體（我）而論，一切事物皆緣生緣滅，故實無有一永恆我之存在，而無我正可破除自我之執，此爲佛法之第二法印。而苦乃依所追求之過程爲論，於一切之人事物凡有所求，則必有罣礙，而求之目的是爲得，得若不能遂心時，苦之果必然產生，此爲佛法之第三法印。此三法印：無常、無我、苦，是佛法之基調，亦是代表早期聖典《阿含經》之主論；於斯之後，佛法不論有如何變化之發展，此三法印終是佛法之標幟。

　　觀之般若波羅蜜多，於有關闡述其義理之經典雖不少，但即

---

[9] 龍樹《大智度論》卷27，大正25．26中。

使是以「般若波羅蜜多」爲整個般若部經典之代表，其內涵義理
實亦不離三法印，分述如下：

1、般若波羅蜜多之無常義：

般若波羅蜜多是一觀照智慧，其本身並不具涵一切法；所謂
觀照智慧之對象當是一切之事物，而事物之現象即是無常。般若
波羅蜜多於觀照一切事物所得即是無常，然智慧必依行證（波羅
蜜多）而得成，故無常雖能依般若波羅蜜多智慧觀照而得，然般
若之所以爲般若，正因有波羅蜜多相應合，故於觀照無常後，必
有再進一步之行證，此即般若波羅蜜多之不執不著之作用。換言
之，在佛法印之諸行無常上，於般若波羅蜜多即成不執不著之修
證，故亦可謂：無常是觀事物所得之結果，而不執不著即是般若
波羅蜜多之行證方法。

2、般若波羅蜜多之無我義：

觀事物可得無常義，無常是依緣生而論，因緣生、因無常，
故可得知無我，此「我」代表一切法並無一實體性，亦即緣起性
空義。般若波羅蜜多亦是諸法之一，其本身即是「無我」，又因「般
若波羅蜜多非般若波羅蜜多」，故其作用在觀照智慧上，其作用在
依無我義而具蕩相遣執之修證，因一切相與一切執，皆可在般若
波羅蜜多之觀照下而化解，又因能去除執、相，故般若波羅蜜多
能通達一切法，其因即在本身不執一法、一相，換言之，在佛法
印之諸法無我上，依般若波羅蜜多之修證，即可證得通達一切法。

3、般若波羅蜜多之一切皆苦義：

依十二緣起之流轉門，由無明至老死，此中有因受而愛、取、
有，若無法取有，則「苦」必然產生，此乃因執一切事物爲實有
所產生之結果。於佛法印之一切皆苦義，般若波羅蜜多於觀諸法

無常、無我，故啓發其修證方法即不執不著與蕩相遣執而通達一切法，正因能知無常、無我，亦必知一切事物本無所有、不可得，而無有所、不可得，正是般若波羅蜜多之修證結果。換言之，佛法印之一切皆苦義，依般若波羅蜜多之修證後，可化除因執取有所產生之苦果。

於上之論述中，所欲闡述之理即是：在以「佛法」爲一整體之義旨上，其間之分派立宗，經論法門或各有不同，然佛法義之核心思想，理應不可相背離。觀之佛陀言三法印，其目的在解釋現象界一切事物之呈現，此中之無常、無我是觀事物後所得之結果，而苦是爲說明若執此結果則必產生之狀態。然佛陀言三法印之目的，除爲指明現象事物之結果外，其真正用意在引領衆生入修證之行，換言之，於解釋現象結果爲苦後，如何化除苦？或如何轉苦爲樂？才是佛陀開演法義之真正目的。修證之法，各宗派或有不同，但爲證入阿耨多羅三藐三菩提，則無有差異，簡言之，如何由現象之幻相轉爲實相，此才是佛陀之真正關懷處，故佛陀不願開示與解脫苦惱無關之形上學等之問題，其目的亦在此。

般若波羅蜜多之修證方法，實亦來自三法印，其與三法印之義旨方向是爲一致：由觀無常、無我、苦後而入於行證，此是佛陀之目的，此即是四《阿含經》所闡述之義；然於一切行、證之法中，亦不可執爲實有，此即爲般若波羅蜜多之作用，故由三法印至般若波羅蜜多之過程，兩者之主述內容或有不同，但兩者是有密切之相關連則是受肯定的。於整個般若部之經典中，般若波羅蜜多可總結是一「智慧」，此智非一般之知識、聰明或世智辯聰，此智是爲「覺悟」，亦可言之，佛陀言三法印是爲佛法定基調，然論述般若波羅蜜多是爲言「覺」，依「三法印」而「覺」，依覺而

行般若波羅蜜多之修證方法，換言之；亦唯有至論覺，才是佛陀言般若波羅蜜多之用意，因「覺」才是智慧之本身，故般若波羅蜜多決然是一覺悟之智慧，更是一修證之智慧。

　　依法而論，般若波羅蜜多亦是一法門，雖其本身並不具涵任何一法；唯就法而論，實不能單從某一面而論之，實則所謂法，當包含一切之教、理、行、果：教是指一切經律論，凡能表詮佛法之內容皆可謂教，故其所括甚廣，如佛教之相關藝術品亦是教之一種。理是義理思想。行爲行證之方法。果爲聲聞、緣覺、佛之聖果。此佛法之教理、行、果，可謂是佛法之普遍法則，換言之，不論佛法如何在不同時、空間中發展，此普遍法則理應不變，如是佛法才能言是佛法。唯當思之：佛教由基本三法印而發展，至依般若波羅蜜多所證得之空性，此絕對之佛境、實相，又當如何與三法印相印契呢？三法印是法，般若波羅蜜多亦是法，於絕對之不思議境，與應機之一切法，又當如何觀照才能統稱爲佛法而彼此不相背離呢？據論：

> 從相對而進入絕對界說，法是空性、真如，也稱爲一實相印。從絕對一法性而展開於差別界說，那就是緣起法的三法印－諸行無常性、諸法無我性、涅槃寂靜（無生）性。因爲無有常性，所以豎觀一切，無非是念念不住，相似相續的生滅過程。因爲無有我性，所以橫觀一切，無非是展轉相關，相依相住的集散現象。因爲無有生性，所以直觀一切，無非是法法無性，不生不滅的寂然法性。龍樹論說：三法印即是一法印。如違反一法印，三法印也就不成其爲

法印了。[10]

　　由相對而入絕對，此爲修持證悟之果；而由絕對展開相對，此爲大悲度衆之行，此兩者不相背離之點，即是：法空性，凡能於諸法不執，於佛境證悟不執，才能使佛法在發展中永遠有其適應性，此即爲三法印之法空性之義。

　　原始佛教之三法印，強調無常、無我（空）、苦，此是觀現象界所得之結果，如是觀照重點在於能知一切法皆由因緣起，亦將由因緣滅，故終究成空是觀一切法之結果，如是之觀點乃是立足於肯定一切法之立場上，唯一切法終究是空。三法印於言「空」之立論，與般若波羅蜜多於一切法皆不執取所論之「空」，其觀照立場是有所不同的。般若波羅蜜多是廣論「不住相」，於一切法當不可住，此中之不住當包含：常與無常、我與無我、淨與不淨、空與不空一皆不可執、不可住，其不住一切法，是涵括「不住、非不住」，此爲般若波羅蜜多之空義，是於一切法皆無所執，於一切之假名戲論皆脫落殆盡。於有關「空」義，《阿含經》與般若波羅蜜多之差異，如下所據之論云：

　　　空是形容詞；形容詞的名詞化，就是空性。在《阿含經》中，空三昧、空住等，都是空性，但沒有《般若經》空性的意義。空與無相、無所有，同爲解脫的要門，重在觀慧。《般若經》的觀慧，漸漸的重視空，演進到空與真如、涅槃、法性等爲同義異名。[11]

---

[10] 印順《以佛法研究佛法》，頁 2-3，（新竹：正聞出版社，2003 年）。
[11] 印順《空之探究》，頁 174，（台北：正聞出版社，1987 年）。

　　顯然，依《般若經》所論證之般若波羅蜜多，其不執是依觀空而得之智慧結果，此觀空智慧，即是依一切法皆虛妄不實而顯示；而空與真如、法性為同義異名時，此空即為諸法之「自性本空」，依自性空則是不常不斷、非常非滅，是超越時、空間，此亦即是諸法之實相義，故依般若波羅蜜多之修證，其究竟是呈顯一真空自性之清淨心，此則為《阿含經》所未論述。

三、般若分類之意義

　　般若代表智慧，雖言此智是為通往成佛之境，惟般若智之呈顯必依學人之修證而現出，故其內涵意義絕非僅能以「無」字而概說完盡，且觀「般若」尚有不同之分類即可得知，如：

> 般若有二種：一者共聲聞說，二者但為十方住十地大菩薩說。[12]
>
> 如三種般若，中是實相般若、觀是觀照般若、論是文字般若。[13]
>
> 云何三般若？般若名智慧。實相般若，非寂非照，即一切種智。觀照般若，非照而照，即一切智。方便般若，非寂而寂，即道種智。當知三般若，一一皆常樂我淨，與三德無二無別。[14]

---

[12] 龍樹《大智度論》卷100，大正25‧754中。
[13] 隋‧吉藏《三論玄義》，大正45‧13下。
[14] 隋‧智顗《金光明經玄義》，大正39‧3下-4上。

　　不論將「般若」如何分類，是共聲聞說，或但爲菩薩說，以
至有將般若界分爲三：實相、觀照、文字等，如是皆在說明，修
證至佛境是需要般若，然一切之行持方法亦皆不可背離智慧，無
有智慧之修證終將入爲偏執，故般若之分類，正是爲彰顯般若波
羅蜜多之所以能通達一切法，其重點在不執，故由有相之文字，
再觀照之無二無別，以至無相而臻實相，此中之歷程皆是般若波
羅蜜多之展現。般若既略分類爲三，故此中之任何一般若，皆是
般若波羅蜜多之內涵之一，任何一種般若，皆是智慧之表現，此
中雖有智之淺深不同，如道種智、一切智、一切種智之不同，然
皆不礙得成般若波羅蜜多。且般若之三類分，亦還可表現修證之
歷程，即：見山是山、見山不是山，見山還是山，如下述之：
　　1、文字般若：
　　般若是妙智慧，此智能證實相之理，依此智之不執不著即能
遍通一切法；惟以智而言，其著重點是心領神會、融會貫通，故
般若亦可謂是一種「理」，然一切之理，必依事相而呈顯，且依證
悟般若之歷程而言，首需以事相之憑藉爲說明，此即是「文字般
若」。文字是一總代稱，凡依言語音聲，文字事相者，皆可名爲文
字般若，亦可稱爲是「相」之般若，凡一切文字皆具詮法之作用，
此即佛典中之三藏十二部。若以般若學而言，六百卷《大般若經》
即是闡述「般若」義涵之文字，此中之文字雖是有形相，且依相
而言，亦終必有毀有滅，故任何之佛典終有滅壞之時，唯文字之
相其性亦本空寂，本不可執之；然文字能描述般若之理，令人依
文字而明理，因明理而得證悟，故文字雖終有滅而不究竟，但卻
是學人明般若、行般若、證般若之憑藉。

　　依般若之分類，文字是般若之一種呈現，文字是相，是一可見之實質，此於修行上，可譬爲是「見山是山」：學人於文字呈現上，可謂初識般若之堂奧，依文字所呈顯之般若，是如此吸引人，因依般若即能通達一切法，並依般若即能證得正等菩提。般若是如是之殊勝，般若學是如是之難得，此必引發學人急欲探究般若之內涵，而六百卷《大般若經》即是入門之寶典，學人必專心讀誦，所謂「般若波羅蜜多，非般若波羅蜜多，是名般若波羅蜜多」，如是相似之句法充遍整部《大般若經》，而學人亦在文字讀誦中而尋得對般若之肯定，於肯定中而受持之，於受持中使得信心轉更明盛，亦足見文字般若有大作用，此亦是以文字爲般若之階段。

　　2、觀照般若：

　　文字般若確有其大作用，然文字終歸只是文字之相，文字可探般若之內涵確爲事實，於修學之初階上，當不能廢捨文字之道，文字可呈顯般若之義，故曰「文字般若」，然文字之道非等於般若之道，故欲擁有般若智，則當不在文字上，而是在智慧之觀照上，故於文字般若後，而有觀照般若。《金剛經》之名句：「若以色見我，以音聲求我，是人行邪道，不能見如來。」[15]此即說明文字道是假道，無法依文字而證悟佛地，此並非否定文字道，而是說明文字非究竟，故執文字般若，終難有真般若之呈顯。所謂觀照般若，是觀照實相之智慧；此觀照智慧，最主要能予實相有真實之觀照，於實相無相上能真觀照而得知，歷經此一觀照，已能體悟文字不等於般若，一切有形有相終歸有毀有滅，文字並非是實相，此即是觀照般若之作用。

---

[15] 大正 8・752 上。

　　於修學上，由文字般若而入於觀照般若，此可譬爲「見山不是山」：學人在觀照般若下，明一切法皆因緣和合，本不可得，亦不可執；故所謂般若已無法依前之文字般若肯定爲是真般若智，前之所肯定之文字般若，至此已然被否定，此時再觀六百卷《大般若經》，《大般若經》非其經、非真般若經，《大般若經》只是一大部之文字假相而已，此中並無般若，故知《大般若經》中無「般若」，同理，《金剛經》中無「金剛」；《法寶壇經》中無「法寶」等，如是之體悟歷程，學人終能返身而求，原來般若智不在外，而在自身上而呈顯。

　　3、實相般若：

　　佛之開法只有一目的，欲令衆生證得正等菩提，而證得之依據即是明實相之理，故依一切智智而言，一切智慧無非皆爲明實相之智，此即所謂實相般若。般若智之特點在不執，一切文字般若與觀照般若亦皆不可執，依此才能證得實相般若。依實相般若之義，既爲實相，即是實性，亦是所證之理，若學人證得實相般若，則一切虛妄之相必當遠離，而所謂實相般若實亦衆生之所具。由文字而觀照而實相般若之證得，前之文字是依憑，次之觀照是破執，如是之兩歷程皆只爲證得實相般若之目的。故般若波羅蜜多非般若波羅蜜多，實爲彰顯依文字與觀照般若，皆非究竟之實相般若，因文字是相，觀照無非亦是向外察看之過程，言「相」則有滅壞，言「外」則非本具本悟，此皆與「吾」無關，故文字還是文字，一切之觀照終是爲外之法或物而已，唯實相般若才是究竟之自證得。

　　於修學上，由文字而觀照再入實相般若，此可譬爲「見山還是山」：實相般若爲衆生本具，對於已證悟者而言，一切皆無礙，

故能觀前之文字雖是相，但文字本身就是般若，文字不礙實相之
證悟，證悟實相者，亦不礙於文字之相；同理，於觀照諸法時，
亦能由有爲之法而得無相實相，故觀照亦是般若，實相之證得與
觀照諸法可相融無礙。至此，所謂文字、觀照與實相是三爲一，
是一亦可爲三，於「般若」之下，一切法皆有其存在之價值；於
會通之下，一切法不採否定之態度，而是要以不執而安置一切法，
此即是般若智之作用。

　　般若之妙智，需依波羅蜜多修證而透顯，唯於修證之歷程，
向有三慧、三般若以至三量之界分，然真正之般若妙智呈顯時，
是一清淨心，至此境時，是一全體皆明，已無階次之存在。據云：

> 中道離言故，非聞而能入也。中道絕對待故，非此量而能
> 深入也。中道本具故，不從修得也。般若非文字、觀照、
> 實相，三緣不能成。但文字無觀照，何成般若耶？但觀照
> 無實相，何成般若耶？
> 論入中道的方法，不能於中道上著一言，離四句、絕百非，
> 這即是入中道的方法。凡所有觀，皆不是觀中道。[16]

　　認識佛法、了解佛法，必由聽聞正法入手，此即是文字般若
之作用。由聽聞而後如理思惟，以建立正知見，此爲觀照般若。
由聞、思而修證，精勤修習以證真實，此爲實相般若。聞、思、
修爲修學三階次，然般若妙智之呈顯，是需離言去相而得成，此
即《金剛經》之論：「凡所皆相，皆是虛妄。若見諸相非相，即是

---

[16] 印順編《法海微波》，收錄守培〈評印順法師的中道方法論〉，頁24-25，（台
　　北：正聞出版社，1987年）。

如來。」[17]此中聞、思兩者，一為相、一為觀，此皆是妄，終是不究竟。故若問般若如何修證？中道如何得見？必曰：一切不修，名為證般若，一切不得，名為見中道。凡有所聞、有所思、有所修、有所得、有所見，皆非般若之真義，終無以言入中道，以是知有相之聞、思、修雖是成就般若之重要歷程，但非是般若妙智之本身。

四、般若義之內涵

　　依成佛而論，必為大乘，大乃相應於小而言。佛法雖有界分大、小二乘，然依大而言，必能容攝小；惟依成佛所論之大，更有殊勝之義，此大亦有圓融之內涵，故《法華經》開唯一佛乘，實無有其他聲聞、緣覺與菩薩乘，此乃約佛果圓滿而論。惟般若波羅蜜多是修證法門，此法門為大乘不共法，此乃立基於佛、菩薩之因行果德，是與人、天之有漏，聲聞、緣覺之偏善不同，唯發提心、行菩薩行，以成佛果之大乘法門，才是佛法之真實義。以般若為大乘不共法，此中當如何解讀「大」與「不共」？據論：

> 　　約大乘的意義說，實在是不可以大小的比對來表示的，是絕待的，不過強名為大而已。說到「不共」，也就有此二義：一、是人、天、聲聞、緣覺乘中所沒有的。二、在佛菩薩的心行中，統攝一切功德，無不成為大乘的特法。如《般若經》的〈摩訶衍品〉，總一切功德而名為大乘。[18]

---

[17] 大正 8・749 上。
[18] 印順《成佛之道》，頁 255-256，（新竹：正聞出版社，2005 年）。

　　依以上之引文再接續論於有關般若爲大乘不共法之內容如下：

> 般若波羅蜜，最尊最第一！解脫之所依，諸佛所從出。
> 般若本無二，隨機行有別；般若諸經論，於此最親切。
> 善哉真般若！善哉真解脫！依無等聖智，圓滿諸功德！[19]

　　佛法有淺深高下之別，此乃應衆生之機而然，唯以佛果之成而言，是圓滿、圓融的，然法之修證終是有其歷程，故於「成佛之道」，有界分爲：「歸敬三寶、聞法趣入、五乘共法、三乘共法、大乘不共法。」[20]此五個歷程，即是修證成佛由初信至證悟之徑，其中將般若列爲「大乘不共法」，而對般若之論述，約可概括有三方面：

　　1、般若行是隨機有差別：

　　依般若波羅蜜多之修證，是著重於不執上，既不執則一切無定法，此正可凸顯般若波羅蜜多不違三法印之空法性義，故般若雖界分爲大乘不共法，實則亦是依緣起法而開顯之勝義法門。以佛所開演之般若內容理應爲同一教典，唯聽者之根機有異，故修行終有次第之差別。惟依般若所證悟之佛境，是與諸佛爲一致，故曰：「般若本無二」。

　　2、般若爲解脫之所依：

　　般若爲「諸佛所從出」，此意味般若證悟之空性，是與二乘

---

[19]　印順《成佛之道》，頁 334-368，（新竹：正聞出版社，2005 年）。
[20]　此爲印順《成佛之道》之目次分列章別。（新竹：正聞出版社，2005 年）。

所趣入之空寂不同,故有:「般若但屬菩薩」[21]之論說,以顯般若必與菩提心相應,才能攝導一切諸功德,以解脫生死而趣向佛道。

3、般若為無等聖智:

《大智度論》有云:「般若波羅蜜菩薩成佛時,轉名一切種智。」[22]般若是妙智,此智能得阿耨多羅三藐三菩提,故般若妙智即是成佛之無等聖智、一切種智,是諸佛之真法寶藏。

般若所證之智、德、果皆與二乘不同,故般若雖不執一切法,但於修證之法門上,般若確是「大乘不共法」。

以《大般若經》為般若部經典之總匯,則是經之內容當可以概括有關般若思想之義理,此理應受到肯定。然就中土而言,有關般若思想最受廣面討論闡述之經典有二:一為《金剛經》,另一則為《般若心經》,而前者又大抵為《大般若經》所收錄,即〈第九會‧能斷金剛分〉,此〈能斷金剛分〉之內容,依其〈序〉中之言是:

> 法性絕言,謂有說而便謗。菩提離取,知無授而乃成。皆所以拂露疑津,翦萌心逕。賞觸類而不極,悕緣情而必盡。然金剛之銳,償二物之可銷。對除之猛,雖一念其無罣。[23]

以〈能斷金剛分〉之內容相較於《金剛經》,義理內涵重點大抵相同,唯《金剛經》更為詳明;兩者或稍有略微出入,然不

---

[21] 龍樹《大智度論》卷43,大正25‧371上。
[22] 龍樹《大智度論》卷43,大正25‧371上。
[23] 大正7‧979下。

變者在「金剛」之義上，而金剛除為言修證歷程需有如金剛不退轉之心志始可證之，其更重要處在「能斷」兩字上，換言之，金剛除具有堅定不可撼動之義外，其更能斷除一切之障礙。於修證而言，學人欲求法而行，且依如來相而取證，而法與相是修證之所憑藉，然般若波羅蜜多即在遣法執與相執，故法與相雖是修證之依據，但一切法與相亦是虛妄不實，而般若波羅蜜多之作用即在離法、去相，以達「法性絕言、菩提離取」之境地，故於有關〈能斷金剛〉或《金剛經》中，特別強調，一切法、相皆非法、相，是謂真正之法與相，此即在明示：有言說、有所授得，則為有念、有物，此終無法究竟。而「金剛」與「般若波羅蜜多」相結合，其用意約有如下數方面：

1、依金剛之志以行般若波羅蜜多：

於佛法之內涵而言，全體之法總稱為「佛法」，然是中尚界分有為無為法、有漏無漏法、世出世間法等，而佛法之修證歷程，是依世法以得成出世法，由有漏而轉為無漏，以破除有為之執成無為之自在，此修證歷程之重點在轉成、在破執上，換言之，如何觀行般若波羅蜜多最為重要。修證歷程既強調由觀而行，於觀照智慧與行深之行，此中之過程不離般若智慧與金剛心志，此兩者本互為關連，般若智慧之增長，能興助金剛意志之行修，而金剛意志愈堅強，亦能深固般若智慧。惟於《金剛經》中，或以「金剛」以喻「般若波羅蜜多」，或以「金剛般若波羅蜜多」為一總稱，此中不論所依之立場為兩者中之任何一種，但一皆不離兩字即是「金剛」；若以「金剛」為體，則般若波羅蜜多為用：以金剛為體，則其內涵即是性、即是心，此性可大而超天，亦可細入細菌，故以金剛而言，除其象徵意志堅定如百鍊不銷之金剛石外，金剛可

喻是一真空之性，於真空中，則所謂妙智慧亦只是假設名詞而已，
一切因緣皆壞，但此金剛之性不壞，人之幻身雖受苦，但此金剛
之性不受苦，唯具如是之知見，才能於生死中了生死，於輪迴中
脫輪迴，而所謂「觀照般若」，實乃只是返照此自性罷了！於般若
部之經典中，《金剛經》與《般若心經》可謂最普遍，亦影響最具
深遠，不論後人所釋如何不同，於行深般若波羅蜜多，當非只是
向外觀照諸法（諸法無量則永無窮盡處），而是必返歸性與心，唯
如是之觀行，才能得成真正觀自在菩薩，如是之行始可謂金剛般
若波羅蜜多行。

　　2、般若波羅蜜多之行證是「無住」與「生心」並重：

　　般若波羅蜜多本不具涵任何一法，其作用在觀照諸法之自性
空，並以是觀照法而通達一切法，此是般若波羅蜜多之觀照與行
證。惟般若波羅蜜多雖不具涵任何一法，且觀照諸法自性空，然
此並非依行修般若波羅蜜多之學人，是於諸法持否定之態度，觀
〈第九會·能斷金剛分〉，其所採取之態度是：「都無所住應生其
心」。[24]此中之重點在「無住」與「生心」並重，簡言之，即無與
生並存，此即佛法之中道義，不偏執於無或有（生），而是採一體
兩面之並存法。於諸法之觀照，先立基於「應無所住」，此乃說明
一切法皆因緣生起，諸法皆無實性，本不可住，更不可執，然若
於一切法只立於此「無所住」，則易落入頑空而否定一切法存在之
價值，故此「無住」是爲去執而論，能不執則無所住，不執並非

---

[24]　《大般若經》卷 577，有云：「世尊！諸有發趣菩薩乘者，應云何住？云何修
　　行？云何攝伏其心。佛告善現：菩薩如是都無所住應生其心。不住於色、不
　　住非色、不住聲香味觸法、不住非聲香味觸法應生其心，都無所住應生其心。」
　　（大正 7·980 上-981 下）

是否定一切法，不執是爲通達圓融故。顯然無住而不執，是爲其後之通達，故才有「生其心」之接續，若僅依「生」而言，此爲流轉之開始，故有生則必有後之老死結果，然此生是依前之無住而起，而前之無住是不執，當於諸法能立基於此時，其後之生其心，則已非是執取之心，而是前爲真空（都無所住），後即爲妙有（應生其心），當兩者並列時，則能既不落於頑空（只有無住，而無有生心），更不會成爲執有（只有生心而沒有無住），此才是般若波羅蜜多之真正行證法，且依此行證法即能通向成佛之道。

3、行修般若波羅蜜多於諸法之態度是三心不可得、諸相不可執：

依〈能斷金剛分〉之內容所述，其於諸法之態度，重點在不可執一切法，此中尚爲包含於三心亦不可得，[25]依過去心、現在心、未來心皆不可住，此乃因過去已逝，而未來尚不及之，而所謂「現在」亦在時間之遷流變化中，實亦無所謂「現在」之可住，此三心乃依「時間」觀念而論之。於諸法亦然，一切法既在時間之遷流變化中，則一切法確無有實性，終究在刹那遷變中，既在遷變中，又如何能住之？又如何能執之？以時間而觀諸法，所謂時間本來就不定，同爲「今天」，是昨天之「明天」，亦可成爲明天之「昨天」，故同爲「某日」，可以稱之爲昨天，或今天，或明天，三心亦然，在時間之遷變中，又何來所謂之過去、現在與未

---

[25] 《大般若經》卷577，有云：「彼諸有情各有種種，其心流住我悉能知。何以故？心流住、心流住者，如來說非流住，是故如來說名心流住、心流住。所以者何？過去心不可得、未來心不可得、現在心不可得。」（大正7‧984中）。

來心呢！[26]所謂諸相不可執，[27]於諸相中《金剛經》特列四相：我相、人相、眾生相、壽者相，[28]此四者爲眾生所最執著，故雖僅列此四者即代表一切之所執。而眾生最執著即是有一「我」，依我而有他「人」，依他則有廣大之「眾生」，且依執我故盼成爲「壽者」，唯此四者，各有所佔之空間，空間爲現象界之所有，故終究轉成爲壞、空，實亦本不可執之。〈能斷金剛分〉此依三心、四相以總論一切法皆在時、空間之遷變中，學人若能有此見地，始可入於行修般若波羅蜜多。

4、如星翳燈幻，如露泡夢電雲之般若波羅蜜多之觀行：

般若波羅蜜多是智慧之觀照，所謂觀照乃依智慧（心）觀察諸法之成、住、壞、空之整個歷程，能依般若照見諸法所得之理，即是觀照之理，此亦即是諸法之諦義；能依般若所觀照之理，而行之如理，此即爲如理之觀行。般若波羅蜜多即是如理之觀行，此中之「觀理」即是一切法終究自性本空，諸法皆本無法；而「觀行」即是如「露、泡、夢、電、雲」等。[29]依般若波羅蜜多所行之觀行，其譬喻之特點在於：短暫、不實、無實性、無所有等，如是之觀行目的，是爲求得自在，此即如《般若心經》所言：「觀自在菩薩，行深般若波羅蜜多時，照見五蘊皆空，度一切苦厄。色不異空，空不異色。」[30]菩薩摩訶薩如何才能「行深」？此行

---

[26] 《莊子》〈天下〉篇中記載惠施之思想有：「今日適越而昔來。」

[27] 《大般若經》卷 577，有云：「不應以諸相具足觀於如來。何以故？如來說諸相具足即非諸相具足。乃至諸相具足皆是虛妄，乃至非相具足皆非虛妄。如是以相非相應觀如來。」（大正 7・980 中-下）。

[28] 參見《金剛經》，大正 8・749 中。

[29] 《大般若經》卷 577〈能斷金剛分〉，有云：「諸和合所爲，如星翳燈紅，露泡夢電雲，應作如是觀。」（大正 7・985 下）。

[30] 大正 8・848 下。

深必依般若波羅蜜多，而所謂「深」即意涵精微再精微、精進再精進，亦唯有行深，才能得「觀自在」，而觀自在即觀照自在，於諸法皆能觀照通達圓融，此即是自在，自在亦即意謂一切皆能如理而行，如是即曰觀行具足，而般若波羅蜜多即是一觀行具足之行。《金剛經》以夢、幻、泡、影、露、電觀諸有為法，以喻諸法依據緣生而緣滅，雖曾短暫存在過，但終究成空是其結果，故諸法雖有其存在之作用，但卻不可執為永恆之有，此是「色即是空」義；但諸法終究成空之結果，亦不可否定諸法曾存在過，此是「空即是色」之義。色與空是事物之一體兩面，而般若波羅蜜多之觀照諸法，亦是採觀諸法之一體兩面，故終不執有、亦不落空，此即是般若波羅蜜多之觀行方法。

5、行修般若波羅蜜多之目的是為證得如來，惟如來不可依聲、色而得見：

般若波羅蜜多觀諸法皆如幻如化，而如幻如化之法即是有為法，有為則有造作，於造作中則必在因緣中，在因緣中則是蘊含在時、空間裡，而時、空間終不離遷流變化，故如幻如化之有為法，終究無法證得實相。於〈能斷金剛分〉中，除言諸法之不可執、無所有外，更有以「聲、色」為總論諸法之特點，一切有為法，不論其因緣所起各有不同，但總不離聲與色，諸法亦可謂是聲、色之法，聲、色亦總曰是物質，既是物質則必有毀有壞，故依聲、色之有為諸法，實無法契入實相無相。於〈能斷金剛分〉中有言：「諸以色觀我，以音聲尋我，彼生履邪斷，不能當見我。應觀佛法性，即導師法身，法性非所識，故彼不能了。」[31]此中之

---

31 《大般若經》卷577〈能斷金剛分〉，大正7‧985上。

我即是如來，此即是自覺如來，依佛之本懷，一切眾生皆本是佛，
而如來是佛之尊號之一，故一切眾生亦本具自覺如來，此如來即
我之本覺，此如來非僅單指向釋尊一人而已，亦非僅論於已成佛
者。顯然，於行修般若波羅蜜多之法，是一人人皆可修，亦是人
人皆可證得，唯已然指明聲、色爲邪道，此在說明：聲、色諸法
只是教說而已，此爲修教，故著重於望口講經，如是之法只是一
種教化而已；而如來之證得，是望佛指心，此即爲修宗，是不依
傍他人、諸法，是唯我獨宗，是真正自我自覺如來之證得，此亦
可印證：「天上天下，唯我爲尊」之內涵真義。[32]行修般若波羅蜜
多確實是爲證得人人本具之自覺如來，此爲〈能斷金剛分〉之所
說。

五、般若義之發展

　　依天台宗之判教，佛言「般若時」是於一切法（大、小乘義）
皆言說後，再以「般若」而滌蕩之；前於《華嚴經》時已論及性
起與六相（性、相兼說），而四《阿含經》則以四諦、十二因緣爲
主調。若依「性空」而論之，則此兩部份皆已涉及：華嚴之「六
相」包含「壞相」，一切相終究成空；而阿含更以無常、苦、無我
（空）爲主。般若雖以「空慧」爲內涵，然行修般若波羅蜜多，
並非僅爲證得空理（慧）而已，故有云：「《大般若經》六百卷，
汪洋浩瀚，爲佛陀說定慧之總匯。由十六會組成，其說法性在第

---

[32] 《長阿含經》卷1〈大本經〉，有云：「（佛）當其生時，從右脅出，專念不亂。
　　從右脅出，墮地行七步，無人扶持，遍觀四方，舉手而言：天上天下，唯我
　　爲尊，要度眾生生老病死，此是常法。」（大正1‧4下）。

六會，說般若在第九會，第十會言般若理趣，最後才說般若度第
十六會。就全面言之，佛陀說法性、說般若，是從因位說離相；
佛陀說法華、涅槃，是從果位證性空。」[33]般若波羅蜜多於法之
觀照是採「無二無別，自性離故」而圓融通達一切法，此方法可
證得空慧，然亦如《金剛經》中所常出現之句法列舉如下：

> 如來所說身相，即非身相。[34]
>
> 莊嚴佛土者，即非莊嚴，是名莊嚴。[35]
>
> 佛說般若波羅蜜，即非般若波羅蜜。[36]
>
> 如來說三十二相，即是非相，是名三十二相。[37]
>
> 如來說第一波羅蜜，即非第一波羅蜜，是名第一波羅蜜。[38]
>
> 所言一切法者，即非一切法，是故名一切法。[39]
>
> 如來說諸心，皆爲非心，是名爲心。[40]

　　以上僅就《金剛經》中特有之句法略引數句以供參考，其句
法之特色是：是某某，即非某某，是名某某。第一個某某是一名
相，亦或是一種智慧，亦可代表是任何一法。而第二個某某，其

---

[33] 黃公偉〈漫論般若思想之本質與般若波羅蜜的功德觀〉，收錄於《現代佛教學
　　術叢刊45·般若思想研究》，頁113，（台北：大乘文化出版社，1979年）。
[34] 大正8·749下。
[35] 大正8·749下。
[36] 大正8·750上
[37] 大正8·750上
[38] 大正8·750中。
[39] 大正8·751中。
[40] 大正8·751中。

重點在「非」某某，換言之，佛對任何一名相、法門或智慧之闡述，皆無法表達完盡，任何之言說皆無法充份顯露佛所要呈顯之內涵真義。而第三個某某，是經過第二歷程之不執著依言說文字所闡述之任何一法門之義後，此才是佛所欲顯現之名相、法門之真義，故第三歷程著重在「是」某某，此「是」某某，實已經過「非」之融通淘汰後之肯定。以般若部之經典爲例，則如何證得「般若波羅蜜多」是爲最重要；若以般若波羅蜜多爲圓滿之證得，則般若波羅蜜多亦可代表是一主體之自覺境界，而「非」即是予言語之否定，換言之，所謂：「佛說般若波羅蜜多，即非般若波羅蜜多，是名般若波羅蜜多。」即可釋之爲：主體之自覺境界，是言說所無法表達的。同理，相應於其他的名相或法門，其義約有二：一、爲名相、法門皆非等同於實證，唯有實證得出，才是佛言一切法之目的。二、爲佛言一切法皆不可執之，佛言一切法是爲指引學人入般若波羅蜜多之境地。於言說之不可窮盡上，在禪宗亦有論述：「言語道斷，心行處滅。」如是皆在呈顯言語與心識皆非究竟，而不可思議之境，自非言語文字所可窮盡完善，故有維摩詰之「默然無言」，以表「不二」之境。[41]亦是禪宗所論：佛四十九年未曾言一字，如是皆在表達佛境在悟、在入，而不是言語與心議所可描繪與評斷。

　　中國接觸佛法，是由《般若經》而入手，僧肇曾對當時最著名之般若三宗－本無宗、心無宗、即色宗提出批評，此乃意味：般若之妙義於是時之人尙屬初契階段；唯隨著般若部經典逐漸之

---

[41]　《維摩詰所說經》卷中：「文殊師利問：仁者當說，何等是菩薩入不二法門？時維摩詰默然無言。文殊師利歎曰：善哉！善哉！乃至無有文字語言，是真入不二法門。」（大正 14・551 下）。

增集，其受後人之重視程度亦隨之而昇，其中最具代表即是《六祖壇經》，其敦煌本之全名是《南宗頓教最上大乘摩訶般若波羅蜜經六祖惠能大師於韶州大梵寺施法壇經》，此中已標明《摩訶般若波羅蜜經》，以下即依敦煌本之《六祖壇經》，依次條列有關「般若」之論述：

> 惠能大師於大梵寺講堂中昇高座，說摩訶般若波羅蜜法，受無相戒。
> 善知識！淨心念摩訶般若波羅蜜法。
> 自取本性般若知之。
> 善知識！菩提般若之知，世人本自有之。
> 般若之智除卻愚癡迷妄，眾生各各自度。
> 般若除卻迷妄，即自悟佛道成。
> 總各各至心，與善知識說摩訶般若波羅蜜法。
> 摩訶般若波羅蜜者，西國梵語，唐言大智慧彼岸到。
> 常行智慧即名般若，一念智即般若生。
> 我修般若無形相，智慧性即是。
> 悟此法者，悟般若法，修般若行。
> 善知識！摩訶般若波羅蜜，最尊、最上、第一，無住、無去、無來，三世諸佛從中出。
> 般若常在不離自性。
> 若欲入甚深法界、入般若三昧者，直修般若波羅蜜行。
> 般若之智亦無大小，為一切眾生自有。
> 心修此行，即與般若波羅蜜經本無差別。
> 汝若不得自悟，當起般若觀照。

般若三昧自在解脫名無念行。[42]

　　有關《壇經》是否爲惠能所說，雖論者有不同意見，然大抵可言是：「《壇經》的主體部分，也就是《壇經》之所以被稱爲《壇經》的大梵寺說法部分，主要爲惠能所說的。大梵寺說法，不是弟子間的應機問答，而是開法（或稱開緣）的記錄。開法是公開的，不擇根機的傳授。」[43]惠能之開法傳禪，是般若與無相戒相結合：般若波羅蜜多之修證，在觀一切法皆自性離，以是強調一切法皆不可住、無所有、無所得，亦即是所謂不住相，此爲依般若波羅蜜多之作用所產生之行證效果，而《壇經》所言之「無相戒」，即是一切修證皆返歸至「自性」上，故是自性懺、歸依自性三寶、自性四弘誓願、自性五分法身香、自性三身佛以至見自性佛，此皆是依自性般若所結合之無相戒法。依般若與無相戒所結合之禪法，此是《壇經》之特色，然亦是般若法門以不執爲其作用，與後世禪法相應合所產生之結果；而《壇經》之無念爲宗、無相爲體、無住爲本，更可謂是般若行之延伸，故般若不離自性爲世人本有、若能於心而修即是般若行、若不得自悟則當起般若觀照等，如是皆在展現般若波羅蜜多確實是無相之行證法門。

　　雖言最高之圓境無法言盡之，然所謂「般若波羅蜜多」之義，亦賴佛之闡述，故有六百卷《大般若經》之存在，而有關「般若波羅蜜多」之義，中土譯爲：「大智慧到彼岸」，宗寶本《六祖壇經》中則加以闡釋爲：

---

[42]　大正 48・337 上-345 中。

[43]　印順《中國禪宗史》，頁 137，（台北：正聞出版社，1987 年）。

善知識！菩提般若之智，世人本自有之。只緣心迷不能自悟，須假大善知識示導見性。

善知識！世人終日口念般若，不識自性般若。猶如說食不飽，口但說空，萬劫不得見性。

摩訶是大：心量廣大，猶如虛空，無有邊畔，亦無方圓大小。諸佛剎土，盡同虛空。世人妙性本空，無有一法可得。自性真空，亦復如是。

般若者：唐言智慧也。一切處所、一切時中，念念不愚，常行智慧，即是般若行。般若無形相，智慧心即是。若作如是解，即名般若智。

波羅蜜者：唐言到彼岸。解義離生滅，著境生滅起。如水有波浪，即名爲此岸。離境無生滅，如水常通流，即名爲彼岸，故號波羅蜜。

善知識！迷人口念，當念之時，有妄有非，念念若行，是名真性。悟此法者，是般若法。修此行者，是般若行。不修即凡。[44]

依《壇經》之闡述「般若波羅蜜多」，其義有數點：

1、般若智爲世人本有：

《壇經》之特點在將一切法門皆收歸入「自性、自心」中，故強調三寶爲「自性三寶」，[45]言三身是「一體三身自性佛」。

---

[44] 《六祖壇經》〈般若品〉，大正 48·350 上-中。

[45] 《六祖壇經》〈懺悔品〉有云：「以自性三寶常自證明。勸善知識，歸依自性三寶。自心歸依覺，名兩足尊。自心歸依正，名離欲尊。自心歸依淨，名眾中尊。」（大正 48·354 上-中）。

[46]論四弘誓願亦是「自心、自性四弘誓願。」[47]於般若智亦肯定「世人本自有之」，唯人心迷而不能自悟，善知識之作用在「示導見性」，依《壇經》之論述理路，真正之善知識不在外，而是自性、自心才是最大之善知識。同理，論般若智亦然是「自性般若」，此為《壇經》之特色，與《大般若經》所言之般若是空慧義，兩者之不同在：《大般若經》強調以「不執」而通達一切法，而《壇經》是以自性而本具一切法；《大般若經》於法是採觀照法，而《壇經》是往自心、自性而探求。

　　2、以虛空論比自性：

　　於《大般若經》中並不特別言般若波羅蜜多為「摩訶」之義，《大般若經》所言之般若波羅蜜多是於法之觀照，其重點在藉由般若波羅蜜多之不執智慧，而融通一切法。若以融通一切法而言，則般若波羅蜜多其所能涵蓋之範圍，實是不可盡數，因眾生無量，則法亦終無盡，而無量無盡之法，皆可在般若波羅蜜多之「無二無別」之觀照下而通達之，故《大般若經》雖不特別強調般若波羅蜜多之「摩訶」義，但以能融通一切法之般若波羅蜜多而言，則其亦必可當之「摩訶」無有疑慮。唯《壇經》強調自性、自心，且將之譬於虛空，故言「心量廣大，猶如虛空」，又言「自性真空，無有一法可得。」強調自性自心雖為《壇經》之特色，但將自性與法做結合時，則實無有一法可得；此與般若波羅蜜多於法之觀照，是不執一切法，既不執任何一法，故實亦無有任何一法可得，

---

[46]　《六祖壇經》〈懺悔品〉有云：「於自色身歸依清淨法身佛，於自色身歸依圓滿報身佛，於自色身歸依千百億化身佛。此三身佛，從自性生，不從外得。」（大正48‧354中）。

[47]　《六祖壇經》〈懺悔品〉有云：「自心眾生無邊誓願度，自心煩惱無邊誓願斷，自性法門無盡誓願學，自性無上佛道誓願成。」（大正48‧354上）。

兩部經典雖有契入點之不同，但「不執」可謂相同。

　　3、強調行持之重要性：

　　以般若波羅蜜多為一名相，或為一智慧觀照皆僅象徵其內涵之一而已，唯若抽離實證行持力，則般若波羅蜜多即不可名之為般若波羅蜜多，因《大般若經》是強調般若與波羅蜜多之連結，換言之，無法實證波羅蜜多，即無有般若，足見「空慧」須待實證，而於法之不執不著即是空慧之流露。於此，《壇經》除言般若智外，更言般若法與般若行，此中著重在「口念心行」，唯《壇經》是傾向於念念之生滅上，換言之，所謂波羅蜜，不在於如何行持某法門，而在於念念是否著境或離境，此為《壇經》之特色，不在致力向外追求某種法門，而是如何照顧好自己之心念才是重點。而《大般若經》，雖以甚多之篇幅論述敷展般若波羅蜜多之內涵義旨，與於法之觀照方式，但於全經最後六會（第十一會至十六會），則一一闡述六波羅蜜多分，且以〈般若波羅蜜多分〉為總結，換言之，唯有善盡行持布施、淨戒、安忍、精進、靜慮之五度，才可總歸名為「般若波羅蜜多」。於行持力上，《大般若經》是以六度為基礎，此理論架構甚是明確；而《壇經》則著重在念念之照顧上，兩者在不同時空因緣所產生之經典，雖有內涵之著重不同，但強調行持，以能達至彼岸才是究竟，則為相同，於此亦可得知：佛門之「般若」，必以「覺」而成就之。

六、佛言般若之用意：覺即智慧之本身

　　依早期聖典《阿含經》而論，佛法是具有深濃之出世義，唯佛法所謂之出世，並非是避世或離世，而是以脫離世間煩惱為出

世，換言之，實無有任何一人可真正出離世間，人於現象界生存，此即是世間，故出世之真義，必然是於世而不染世，於世間之欲、濁中，而能入於莊嚴之覺悟，而欲求覺悟之境，則需仰賴般若智慧。佛教之根本架構是「法」，離開法則無有佛教之立基處，唯「佛法」是一統稱，此中當包含依世間法而暢論出世間法，此兩者絕無法劃分爲二法，佛法是不二之法，換言之，菩提般若之智必由世法中之覺悟而建立。如是之論述，亦可表明：雖言觀照諸法終是無常、無我、苦而不可得，然此並非否定世間法，而是唯有依世間法之觀照智慧，才有入於出世法之覺悟境地。同理，觀之般若波羅蜜多，其內涵雖不具任何一法，但如是並非是般若波羅蜜多否定一切法，相反地，其智慧之觀照是依世法而求得，簡言之，般若智慧是由一切法中而悟得。唯佛演法之目的，不在一切法，演一切法是適機而多元化，然於多元法義之背景下，如何覺悟才是重點，此即演暢般若波羅蜜多之用意，故般若波羅蜜多不具涵任何之法義，因一切法義之內容，佛於前已應機演暢，如何由法中而開悟，此即是言「般若」之真正用意，換言之；所謂般若智即是「覺」，而覺之內容即是能於一切世法、一切相中而呈現，故佛開演世間之無常，亦開演佛有如來之相好；一方面開演世法之污濁，而另一方面亦肯定佛淨土之莊嚴清淨，此之兩面皆是法，皆不可執之，然欲論般若之理趣又不能無所依憑，據《大般若經》〈第十會・般若理趣分〉所云：

> 世尊爲諸菩薩說一切法甚深微妙般若理趣清淨法門。此門即是菩薩句義。云何名爲菩薩句義？（一切法）空寂清淨句義，是菩薩句義，所以者何？以一切法自性空故，自性

遠離，由遠離故自性寂靜。由寂靜故自性清淨。由清淨故，
甚深般若波羅蜜多最勝清淨。如是般若波羅蜜多，當知即
是菩薩句義。諸菩薩眾皆應修學。[48]

復依遍照如來之相，宣說般若波羅蜜多一切如來寂靜法
性，甚深理趣現等覺門。依調伏一切惡法釋迦牟尼如來之
相，宣說般若波羅蜜多攝受一切法平等性，甚深理趣普勝
法門。復以性淨如來之相，宣說般若波羅蜜多一切法平等
性觀自在妙智印，甚深理趣清淨法門。依一切三界勝主如
來之相，宣說般若波羅蜜多一切如來和合灌頂，甚深理趣
智藏法門。依一切無戲論法如來之相，宣說般若波羅蜜多
甚深理趣輪字法門。依一切如來輪攝如來之相，宣說般若
波羅蜜多入廣大輪甚深理趣平等性門。依一切廣受供養真
淨器田如來之相，宣說般若波羅蜜多一切供養甚深理趣無
上法門。依一切能善調伏如來之相，宣說般若波羅蜜多攝
受智密調伏有情，甚深理趣智藏法門。依一切能善建立性
平等法如來之相，宣說般若波羅蜜多一切法性甚深理趣最
勝法門。依一切住持藏法如來之相，宣說般若波羅蜜多一
切有情住持遍滿，甚深理趣勝藏法門。依究竟無邊際法如
來之相，宣說般若波羅蜜多究竟住持法義平等金剛法門。
復依遍照如來之相，宣說般若波羅蜜多得諸如來秘密法
性，及一切法無戲論性大樂金剛不空神咒金剛法門。初中
後位最勝第一甚深理趣無上法門。[49]

---

[48]　《大般若經》卷 578，大正 7・986-987 中。
[49]　《大般若經》卷 578，大正 7・987 中-990 中。

　　《大般若經》於第十會立一〈般若理趣分〉，顯然，言「般若」必有其意趣，亦必有其所據之理，於其〈序〉中有云：「般若理趣分者，蓋乃皦諸會之旨歸，縮積篇之宗緒，眇詞筌而動眷，燭意象以興言，是以瞬德寶之所叢，則金剛之慧爲極，晞觀照之攸炫，則圓鏡之智居尊。」[50]此乃肯定以第十會爲「諸會之旨歸」，於《大般若經》之十六會中，末六會爲「六波羅蜜多」，此爲行證之法門；而前之九會各有其論述主旨內涵，此中內容洋洋灑灑，所涉及之法義，有十二因緣法、五蘊、十八處，以至三十七菩提分法，並論及三摩地等，可謂是集佛法義之大成，唯前九會所論述之法義內容雖廣，但一皆以般若波羅蜜多爲引領，則爲一致。唯九會之內容龐複，雖所論不離般若波羅蜜多，且其於般若波羅蜜多之觀照下，一切法皆不可執、無所得，而般若波羅蜜多即是以此不執、無所得觀照諸法且通達一切法，然此只是般若波羅蜜多之修證過程，而過程並非是結果，故言是以「金剛之慧爲極」，此乃說明，般若智之證得需有如金剛不退轉之慧始能證得，而此「金剛之慧」其作用在：「晞觀照之攸炫」，但結果才是：「圓鏡之智居尊」，而圓鏡之智即是佛智、是實相智。故於前九會之論述有關般若波羅蜜多與諸法之關係後，於第十會則名曰〈般若理趣分〉，而所謂「般若理趣」即是對般若波羅蜜多之所以爲般若波羅蜜多之理論趣向做一總述。以下即就〈般若理趣分〉之內容分析爲數點，以明般若波羅蜜多之理趣方向：

　　1、般若波羅蜜多是以清淨法門爲理趣：

　　般若波羅蜜多之特性在能通達一切法，所謂通達即是圓融，

50　　《大般若經》卷 578，大正 7・986 上。

而欲求圓融，則無法依法相或法義而言通達、圓融，因一切之法相、法義，必有其所執有之相與義，當諸法各依自執之相與義，則諸法是不能臻至通達、圓融之境。故般若波羅蜜多欲求通達諸法，則不能依循諸法所據之法相、法義之路，其所據是：「一切法空寂清淨」，換言之，般若波羅蜜多是立基於一切法自性空，自性空則自性清淨，正因般若波羅蜜多爲空、爲清淨，以是之故才能通達一切法。

2、菩薩摩訶薩是依般若波羅蜜多不執、自性空之理趣而得
　　成就：

雖言菩薩當修證一切之菩提分法，然此爲菩薩行證之初階，必再歷經般若波羅蜜多之自性空、清淨之融通後，才能成就爲菩薩摩訶薩，故有謂：「般若波羅蜜多，當知即是菩薩句義，諸菩薩衆皆應修學。」此乃說明，唯有不執一切法，而以自性空寂清淨爲句義，而此即是般若波羅蜜多之理趣；所謂「菩薩句義，菩薩應修學」，此中之句義，即於一句一句中而釋其義理，菩薩之內涵義理，是依據般若波羅蜜多於諸法之自性空寂而建立，此即是菩薩應學之義理，亦是般若波羅蜜多之理趣。

3、依如來相而成就勝法門，以示般若波羅蜜多於諸法依不
　　執不著爲理趣：

於〈般若理趣分〉中特論述「如來之相」，「如來」，是佛之尊號，如來是依自性而來，亦依自性而去，能往來自在即是如來，故如來是佛德性之成就。惟佛之成，當具萬德莊嚴，依其德故有其相好之呈現，此即所謂如來之相，依如來之相所宣說之般若波羅蜜多，終不離是「一切如來寂靜法性」，此爲如來之特性，亦是般若波羅蜜多之特性，一皆以自性空寂清淨爲內涵，故依般若波

羅蜜多之修證，可成就如來之相；而如來之相呈現其所宣說之法即是般若波羅蜜多，此兩者是互爲關連性的。亦正因如來之「相」與般若波羅蜜多之「自性空寂清淨」是互有相關連的，如是亦在說明：般若波羅蜜多雖不執任何一切法，且以觀照諸法之自性空寂清淨故而通達一切法，然此皆在說明，般若波羅蜜多並非否定一切法，因如來之相是依諸法而成就之，換言之；般若波羅蜜多是肯定如來之相與一切法，故於〈般若理趣分〉中，如來相之呈現是莊嚴、清淨、殊勝，於眾生之執相而言，相好莊嚴正是吸引眾生願往成佛之道而行之動力。惟如來相之成，是依自性空、不執而得成，故於一切之如來相皆不可執，此中是不著相，而非是去捨相，此即爲論述如來相之真義，顯然，於修證般若波羅蜜多是重視其過程的，並非僅以自性空寂爲論而已，其過程即是：依相（不執一切相以至如來相）而成相（實相）此即是般若波羅蜜多之理趣。

　　4、如來相與諸法內涵之關係，以呈顯般若波羅蜜多所含攝之義理趣向：

　　於〈般若理趣分〉中，依如來相之不同，其所宣說之法性或法門亦有所不同，如下所呈列：

如來相之特點	所成就之法性或法門
遍照	寂靜法性、現等覺門
調伏惡法	平等法性、普勝法門
性淨	平等法性、清淨法門
三界勝主	和合灌頂智藏法門
無戲論法	甚深理趣輪字法門

輪攝	平等法性、廣大輪法門
真淨器田	供養甚深理趣無上法門
能養調伏	甚深理趣智藏法門
善建立	平等法性、最勝法門
住持藏法	甚深理趣勝藏法門
究竟無邊際法	平等法性、金剛法門
遍照	秘密法性、金剛法門

　　如來相之特點，總論即是殊勝、莊嚴而不可思議；而所宣說
之法門，亦可總論爲是：遍無量之法門，此中尚包含密教法門。
顯然一切法皆爲般若波羅蜜多所肯定，依諸法所成就之如來相亦
爲般若波羅蜜多所肯定，而般若波羅蜜多之特點作用唯在說明：
於一切法不可執，唯有不執任何一法、一相，才能有無量諸法與
無量如來相之立基處。既然肯定諸法與如來相，則般若波羅蜜多
所含攝之內容，亦將是無量諸法與無量如來相，而不執不著與觀
照諸法皆本自性空，此爲般若波羅蜜爲使諸法皆能受肯定所採
取之方法，此觀照法即是一種智慧之方法，此即是「般若」之義；
而依般若慧而行般若行，則一切法皆可通達融合，此即是般若波
羅蜜多之義理趣向。

　　由上所分析〈般若理趣分〉之內容，其總論是：般若之理趣
在「智慧觀照」，而不在捨離諸法、諸相，而智慧觀照之前提是
「覺」，能覺者，則不必去捨一切法與相，事實上，無人可以離開
相，循「去相」之路是一條罣礙之路，是一條不通之路，因基本
之人身即是相，若連人身（相）亦當去捨，又何來佛道之成？又

何來諸法之立存呢？故依〈般若理趣分〉所言之般若理趣，並不循去相、去法之路，而是肯定如來相之成就，能肯定如來相，則必肯定一切菩提分法，乃至密教之法，此即般若之理趣實在唯有一「覺」字，能覺者，能依相而成相，亦能依相而不執相，此即是一條通達之路，此即是覺悟之路，此亦如《六祖壇經》所言之：「佛法在世間，不離世間覺，離世覓菩提，恰如求兔角。」[51]總之，不在法、相之問題，而在覺與不覺上，故六百卷之《大般若經》於觀照諸法之論述上，佔全經之甚大部份，而〈般若理趣分〉於諸如來相與殊勝法之肯定，卻只有一卷（第 578 卷），顯然，佛所言之般若波羅蜜多，就是覺、就是般若智慧、就是般若行，能「覺」，則一切法皆本無礙，此即是佛陀言般若之真正理趣。

第二節　般若波羅蜜多之學習要點

一、般若波羅蜜多與六度（一切善法）之關係

菩薩之修證有其方法，亦有其階次，於佛法之整體總合論之，將菩薩之修證歷程，總分爲「五十二階位」。[52] 此中以前五

---

[51] 《六祖壇經》〈般若品〉，大正 48・351 下。
[52] 參見《佛光大辭典》上冊，頁 1044，「五十二位」條：「大乘菩薩之五十二種階位。即十信、十住、十行、十迴向、十地、等覺、妙覺。此等菩薩之階位，諸經論所說不一。」（高雄：佛光出版社，1989 年）。

十位為「自利」，至等覺位為「自利利他」，臻妙覺位則為「全然利他」，且不論各宗於修證階次各有不同之論說，但由自利而至利他，是菩薩終以利樂有情為業，此為各宗一致之肯定。而於「自利」上，即已佔「五十位」，此中已蘊涵於全然利他之前，足見「自利」之修證是何其重要，惟自利之修證方法，多不勝枚舉，然「六度」是一重要指標，此六種方法有一明確之行持方式，而六度於菩薩之修證上，可謂是一「顯」之方法，條目明晰，容易有一依循之徑，故歷來於菩薩之修證上，六度可謂是代表「一切清淨善法」，[53]聲聞、獨覺代表「自利」，菩薩代表「自利利他」，如來代表「全然利他」，而聲聞、獨覺、菩薩、如來皆當不廢六度之修證，故以六度為「總攝一切清淨善法」，此理正為說明六度法門是清淨善法之呈顯。惟六度是「清淨善法」，故此六度可生清淨五眼，亦必然可再顯發六神通法等一切善法，此皆是「顯」之部份；若再向前追問，一切善法又由何而生？則佛之答如下：

> 舍利子！若正問言：何法能攝一切善法？
> 應正答言：甚深般若波羅蜜多，何以故？
> 舍利子！甚深般若波羅蜜多是諸善法生母、養母，能生、能養布施、淨戒、安忍、精進、靜慮、般若波羅蜜多及五眼等無量無邊不可思議勝功德故。[54]

---

[53] 《大般若經》卷8，有云：「舍利子！若菩薩摩訶薩，欲得如是清淨五眼，當勤修習布施、淨戒、安忍、精進、靜慮、般若波羅蜜多。何以故？舍利子！如是六種波羅蜜多，總攝一切清淨善法：謂聲聞善法、獨覺善法、菩薩善法、如來善法。」（大正5‧44下-45上）。
[54] 《大般若經》卷8，大正5‧45上。

　　六度以至五眼、六神通等無量無邊之不可思議勝功德，此皆是法門勝功德之彰顯，而般若波羅蜜多則是「生、養」六度、五眼以至六神通等，換言之，般若波羅蜜多可謂是一催化劑，其身份代表是「隱」。若勉強以「形上、形下」而為喻之，則般若波羅蜜多可譬為形上之「道」（隱），其能創生長養一切修證之「善法」（顯）；惟就形上、形下而喻之，則兩者是密不可分，形上之道，需藉由形下而呈顯；而形下若無形上為依憑，則終究不成其形。換言之，六度須以般若波羅蜜多為依憑，則六度才能成為清淨之善法，六度若無般若波羅蜜多為根柢，則六度將落為「執」；同理，般若波羅蜜多是智之呈顯，若無六度之清淨善法，則般若波羅蜜亦將掛空而無意義。以六度為「總攝一切善法」，此乃予六度之肯定，此亦意謂：佛教重「法」，故佛教三寶之第二寶即是「法」；然又以「甚深般若波羅蜜多」為諸法之「生母、養母」，而般若波羅蜜多是不執不著之智，其義重在：無法。由六度而般若波羅蜜多，由法而無法，此為佛法之一整體，故釋尊雖以諸行無常、諸法無我（空）、一切皆苦為其說法之主軸，但又不廢捨終其一生行遊教化之佈法。

　　「六度」僅為「一切善法」之一部份，然依六度而至一切善法，此中之重要關鍵，即在般若波羅蜜多。就法數、法相、法門而言，六度與一切善法，皆是一種法數、法相或某一法門，然般若般若波羅蜜多並非一般之法數，所謂法數、法相、法門，是某一理論或修行方法之建構，然般若波羅蜜多並非法數、法相之建構，其雖無建構一切之法數，然一切善法皆由其而「得生」，此如《大般若經》卷569，有云：

> 一切善法皆由般若波羅蜜多而得生故。……一切諸佛皆由
> 般若波羅蜜多而得生故。若人供養如來形像所獲功德，不
> 如供養甚深般若波羅蜜多。何以故？三世諸佛皆因般若波
> 羅蜜多而得有故。[55]

　　般若波羅蜜多與一切善法之關係是：般若波羅蜜多能「得生」
一切善法，依此之關係而論般若波羅蜜多，則般若波羅蜜多顯然
是一「虛層」，此「虛」並非虛無義，此「虛」爲相應於一切善法
之「有」而言；若一切善法是法相、法數之建構，是有一理論依
據，則般若波羅蜜多顯然就是一切善法之「源」，般若波羅蜜多是
於一切法上之觀照智慧，並非如一切善法有其理論之內涵，然正
因於般若波羅蜜多所具有之「得生」一切善法之義，而諸佛之修
證本賴一切善法而得成之，故亦可言曰：因有般若波羅蜜多，才
有三世諸佛之得成，換言之，般若波羅蜜多能「得生」一切善法，
此「得生」義，則含有「能增長、能現出」一切善法之義，此即
如《大般若經》卷571，有云：

> 甚深般若波羅蜜多，亦能容受一切佛法。……
> 甚深般若波羅蜜多，亦復能現一切佛法。……
> 甚深般若波羅蜜多，生世出世一切善法。若天人衆、若天
> 人王、四向四果及諸獨覺。菩薩十地波羅蜜多，諸佛無上
> 正等菩提，一切種智，力、無所畏并十八佛不共法等，無
> 不皆依甚深般若波羅蜜多而得成辦。[56]

---

[55] 大正 7・942 上。
[56] 大正 7・952 下。

　　就實相無相而言，一切法皆爲假名施設，實無一法之存在，故「無法」是佛法之究極，正如《金剛經》所云：「一切有爲法，如夢幻泡影，如露亦如電，應作如是觀。」[57]以「法」而言，則終究成空，而般若波羅蜜多能「得生」一切善法故，以是知般若波羅蜜多已不能以「法」義而觀之，亦不能以「相」義而觀般若波羅蜜多，因以「法」或「相」皆無法得見「如來」，此即如《金剛經》所云：「若以色見我，以音聲求我，是人行邪道，不能見如來。」[58]諸佛如來之得成是依甚深般若波羅蜜多而成辦，而諸佛如來之證得是「諸法實相慧」，故若以聲色、形像之世法而論般若波羅蜜多，則非般若波羅蜜多之義涵。但就得成諸佛如來而論，則般若波羅蜜多顯然具有究竟成就如來實相之內涵深義，既以「實相」而論之於般若波羅蜜多，則般若波羅蜜多其所具有之「不執不著」（空）之義，即於此而彰顯，前之論其爲「虛」，其義亦在此。觀諸經論於釋「般若波羅蜜（多）」義有云：

> 般若波羅蜜示諸法性，無法有法空故。[59]
> 是般若波羅蜜，在佛心中，變名爲一切種智，菩薩行智慧，求度彼岸故，名波羅蜜。佛已度彼岸故，名一切種智。……諸法實相，即是般若波羅蜜。[60]
> 悉遍知諸法實相智慧名般若波羅蜜。[61]

57　大正 8・752 中。
58　大正 8・752 上。
59　《摩訶般若波羅蜜經》卷 11，大正 8・302 中。
60　龍樹《大智度論》卷 18，大正 25・190 上。
61　龍樹《大智度論》卷 85，大正 25・655 下。

　　以上所列之引證，以般若波羅蜜為「法性」、「諸法實相」與
「諸法實相智慧」，此皆在說明：依修學般若波羅蜜多，可得成諸
法實相慧是為確然的。此中並將般若與波羅蜜分別論述，並依之
而言佛與菩薩之差別：就「智」而言，佛已斷一切諸煩惱習氣，
智慧眼淨，故得一切種智，實得諸法實相慧；而菩薩未盡諸漏，
慧眼未淨。就「行」而言，佛「已度彼岸」，故名「般若波羅蜜」；
而菩薩是「求度彼岸」，尚處修行歷階，故名波羅蜜。換言之，唯
般若與波羅蜜相融合為「般若波羅蜜」，始可稱之為「摩訶般若波
羅蜜」。[62]而亦唯有般若波羅蜜多才能證入「實相智慧」，而所謂
「實相」，依佛之證悟而言，當指：「佛陀證悟之本來真實，乃主
體之自明，非客體之客觀認識。」[63]以證悟而言是「主體之自明」，
故非言語、文字所可表達之，亦非經由思議而可得悟之，是以依
自證者之主體朗現為論，而欲學般若波羅蜜多者，其採用之方法，
當是以無方法為方法，換言之，應當「離諸分別，絕諸戲論」，[64]
唯不落有為法之分別中，始可謂之學般若波羅蜜多；同理，欲演
說此甚深般若波羅蜜多，其首要之條件是「令求聽者，離取著心。」
[65]能離分別戲論與離取著心，此即是學甚深般若波羅蜜多之「法
印」（方法），亦正因如是之修學態度，才能使般若波羅蜜多與一

---

[62] 如龍樹《大智度論》卷 18，有云：「般若言慧，波羅蜜言到彼岸。以其能到
　　智慧大海彼岸，到一切智慧邊窮盡其極故。」（大正 25‧191 上）。

[63] 杜松柏《佛學思想綜述》，頁 174，（台北：新文豐出版公司，2002 年）。

[64] 參見《大般若經》卷 575，所云：「甚深般若波羅蜜多，無相無為，無諸功德，
　　無生無滅⋯⋯離諸分別，絕諸戲論。諸法實相，無障無礙，當學如是甚深般
　　若波羅蜜多。」（大正 7‧971 下）。

[65] 參見《大般若經》卷 575，有云：「以無相印，印定諸法，令求聽者，離取著
　　心。然後為說甚深般若波羅蜜多。」（大正 7‧973 中）。

切善法相應合，且助長一切善法之得成。

二、般若波羅蜜多與大菩提心、菩提道之關係

　　菩薩摩訶薩修學般若波羅蜜多，可依於般若波羅蜜多之智行觀照一切法空，於泯除諸法之差別相而能融通一切法數，以契入真如實相證得無上正等菩提。[66]顯然，般若波羅蜜多是一善觀照之智，此智能善觀照諸法之實相、空性，才能以般若波羅蜜多一法而融通一切法，惟此善觀照智當依生於善覺悟、善觀照之大菩提心，或曰無上正等覺心，此即如《大般若經》卷568，有云：

> 諸菩薩摩訶薩，行深般若波羅蜜多。乃至夢中尚不忘失大
> 菩提心。況於覺時當有忘失。何以故？一切善法生於此心，
> 即是無上正等覺心。若無此心，則無有佛，無佛無法，無
> 法無僧，由此心故有三寶。[67]

　　此引文之所論，在強調「心」：大菩提心、無上正等覺心與一切善法之關係。般若波羅蜜多是增長一切善法之源，而一切善法又由大菩提心所生，換言之，般若波羅蜜多與大菩提心同為成就一切善法之推手，兩者（般若波羅蜜多與大菩提心）於一切善法之關係，當有相似之處：般若波羅蜜多非關法數，同理，於大菩

---

[66] 參見敦煌石室本《般若心經》：「行深般若波羅蜜多時，觀察照見，五蘊體性，悉皆是空。……三世一切諸佛，亦皆依般若波羅蜜多故，證得無上正等菩提。」（大正8‧850中-下）。

[67] 大正7‧932上。

提心而言，亦非形相所可比擬。於般若部之經典中，有特以「心」
為經題之名者，即是《般若心經》，其雖以「心」為經名，然全文
並未言及「心」字，其內容主要在強調「觀察照見」，而「觀察照
見，五蘊體性，悉皆是空」，是於行深般若波羅蜜多時而得然如是；
惟《般若心經》雖不言「心」，只論觀照，但觀照之主體即是「心」；
此「心」（大菩提心）成就一切善法，而佛門之佛、法、僧三寶亦
依此心而有。顯然，般若波羅蜜多與大菩提心之共同特色，是在
「觀照」上，般若波羅蜜多是觀照之智，而大菩提心是觀照之依
據，唯此觀照依據之主體（心），是不落於一切形相，是以「心起、
心滅」為其成就觀照之智。[68]於佛法中，有關「心」之論述，各
宗經論各有不同，其名稱與內涵亦差異甚多，如《入楞伽經》之
「如來藏心」；[69]如唯識宗之「三界唯心，萬法唯識」；[70]又如《大
乘起信論》之「一心開二門」；[71]又有天台宗之「一心三觀」；而
禪宗更以「直指人心，見性成佛」為宗旨，並以「傳心」為其傳
法大要等，各宗經論於「心」之內涵論述雖各有不同，甚至如宗
密大師將「心」分為四義：肉團心、緣慮心、集起心與真實心，[72]

---

[68] 《金剛經》有云：「善男子、善女人！發阿耨多羅三藐三菩提心，應如是住，
如是降伏其心。……如來所說身相，即非身相。佛告須菩提：凡所有相，皆
是虛妄。若見諸相非相，則見如來。……無有定法名阿耨多羅三藐三菩提，
亦無有定法如來可說。」（大正8・749上-中）。

[69] 《入楞伽經》卷1，有云：「寂滅者名為一心，一心者名為如來藏。」（大正
16・519上）。

[70] 《成唯識論》卷2，有云：「由自心執著，心似外境轉，彼所見非有，是故說
唯心。如是處處，說唯一心。」（大正31・10下）。

[71] 《大乘起信論》卷1，有云：「依一心法，有二種門。云何為二？一者心真如
門，二者心生滅門。」（大正32・576上）。

[72] 唐・宗密《禪源諸詮集都序》卷1，有云：「凡言心者，略有四種。」（大正
48・401下）。

而如是之差異，是「心」之理論建構上各有不同之述陳，但爲成就無上正等覺心（或稱大菩提心）則爲一致之肯定；換言之，論「心」之不同，是言說理論之部份，於「心」主體之證悟，則爲相同之方向目標。

行深般若波羅蜜多所欲修學證悟之心即是真實心、大菩提心、無上正等覺心，此乃依證悟之結果而論之。但於尚屬修學階段時，般若波羅蜜多之觀照智與依「心」所產生之生滅「法」，於修學上所應採取之方法即是「伏心、伏法」，此如《大般若經》卷568，有云：

> 佛告最勝！天王當知。諸菩薩摩訶薩行深般若波羅蜜多，心正無亂。所以者何？是諸菩薩善修身受心法念住。……於一切法，心爲前導。若善知心，悉解衆法，種種世法，皆由心造。心不自見種種過失。若善若惡，皆由心起。心性速轉，如旋火輪。飄忽不停，如風野馬。如水瀑起，如火能燒。作如是觀，令念不動。令心隨已，不隨心行。若能伏心，則伏衆法。[73]

於佛法之修證過程中，般若智可總曰是一「空慧」，此觀空之智慧，若運用於一切法上，則一切法終究成空，惟事物（一切法）之呈現，將執之爲真實存在，是衆生之自迷，而此自迷，是因「心」執所產生之無明，故《大般若經》以行深般若波羅蜜多時，其所產生之心，名曰「心正無亂」，此「心正」之義，主要在闡述：心

---

[73] 大正 7・933 中-下。

不逐隨一切法而起。於「心」而言，本無形質可名之，而「正」
只是在表明：惟因能行深般若波羅蜜多，則「空慧」之運用必能
產生效果，於一切法之觀照上，能依「四念住」[74]而修，此四念
住中，「心念住」可稱之爲「前導」，因「法由心造」，能伏心則能
伏法，至此，亦可觀之行深般若波羅蜜多之修學，其中般若智之
空慧觀照，是肯定四念住之修學，而四念住又包含於「三十七道
品」中，[75]而「三十七道品」所條列之修行方法，皆爲趨入寂靜
涅槃之境，故亦稱爲「三十七菩提分」；換言之，三十七道品是爲
成就菩提道，而般若波羅蜜多亦可謂是菩提道之修學方式，雖言，
般若波羅蜜多之修學，是一觀照之智，是於事物之不執不著所產
生之空慧，惟此「空慧」之「空」，是相應照於一切法之究竟觀照
所產生之現象，然於「般若波羅蜜多」之修學，則是一肯定之方
法。正因般若波羅蜜多是一種菩提道之修學方法，故所謂「嚴淨
佛土」、「莊嚴菩提座」與「爲化菩薩」等，皆可依修學般若波羅
蜜多而得成。[76]

---

[74] 《佛光大辭典》上冊，頁 506，「三十七道品」條之四念住：「身念住，觀此
色身，皆是不淨。受念住，觀苦樂等感受，悉皆是苦。心念住，觀此識心，
念念生滅，更無常住。法念住，觀諸法因緣生，無自主自在之性，是爲諸法
無我。」（高雄：佛光出版社，1989 年）。

[75] 《佛光大辭典》上冊，頁 506，「三十七道品」條：「道品又作菩提分、覺支，
即爲追求智慧，進入涅槃境界之三十七種修行方法。循此三十七法而修，即
可次第趨於菩提，故稱爲菩提分法，包括四念住、四正勤、四如意足、五根、
五力、七覺分、八正道。」（高雄：佛光出版社，1989 年）。

[76] 《大般若經》卷 569，有云：「法界之心，攝一切法，如虛空心，嚴淨佛土。
無所得心，得無生忍。無進退心，得不退轉。遠離相心，不見有相。三界平
等心，莊嚴菩提座。」（大正 7・938 中）。又卷 570，有云：「若諸菩薩行深
般若波羅蜜多方便善巧，於一切法，心緣自在。心緣無相而修菩提。不見無
相及菩提異，故名平等。……緣離貪法，爲化聲聞。緣離瞋法，爲化獨覺。
緣離癡法，爲化菩薩。」（大正 7・942 下）。

　　以廣義而論之般若波羅蜜多，則般若波羅蜜多爲菩提道之修學方法，此當無有疑慮。惟般若波羅蜜多是依大菩提心而起，而所謂大菩提心，亦可言是「如虛空心、無所得心、無進退心、遠離相心與三界平等心」，如是之「心」之描繪，相應於菩提分法之條列，則有關菩提道之內容是採肯定式，而於依般若波羅蜜多修學所產生之「心」，則較驅向於無分別、無競求上，於此，則能顯示般若波羅蜜多是一特殊之智，此智乃異於世俗之看法。世俗之觀念，一切皆有別、有高有低，然就行深般若波羅蜜多方便善巧之菩薩而言，三界皆平等，此乃源於「心」之觀照而然，而如是之心，即是大菩提心；既言「平等」，則於「法」上當不起分別，此是般若波羅蜜多之精神，既於「法」上不起分別，則所謂般若波羅蜜多之名，亦是「假立客名」而已。[77]若依此而觀般若波羅蜜多與大菩提心、菩提道之關係，則恰如一學者之主張：「從般若空觀的思想出發，根本的要求還是無念（無想）或無分別。」[78]一切有關菩提道之修學方法（名），皆是相應於某一度化對象而「假立客名」，既爲暫時之假立，故唯有依無分別之心，才能具足善巧一切法皆自在，而此無分別之心即是大菩提心，亦即是般若波羅蜜多，而菩提道即依之而成辦。若以修學菩提道爲一肯定，則一切之肯定，必先立足於非肯定上，故般若波羅蜜多是一「空觀之智」，而此「空智」是依無分別之大菩提心而起，如是之三者（般若波羅蜜多、大菩提心與菩提）關係，其連續點即在於：不執與

---

[77] 《大般若經》卷402，有云：「不見般若波羅蜜多名，不見行，不見不行。……但假立客名，分別於法而起分別。……菩薩摩訶薩修行般若波羅蜜多時，於如是一切不見，由不見故不生執著。」（大正7．11中-下）。）

[78] 姚衛群《佛教的般若思想及其在中國的發展》，頁60，北京大學哲學系博士論文，收錄於《中國佛教學術論典4》，（高雄：佛光山文教基金會，2001年）。

無分別，且以如是之「點」而融通一切法，此即是般若波羅蜜多之作用，而其結果亦爲成就菩提道。

三、學習「般若波羅蜜多」，即能通達一切法

「般若波羅蜜多」具有一百八名，[79]此一百八名皆代表般若波羅蜜多之內涵真義，依歸納可分類爲如下之大項：

1、具有「根源」義：

如：最勝般若波羅蜜多、如實生、一切佛母、出生一切菩薩、出生一切聲聞緣覺、長養攝持一切世間、出生諸禪定。

2、具有「智」義：

如：一切智、一切相智、具一切智智。

3、具有「真如自性」義：

如：實際、真如、無壞真如、無異真如、實性、自性、無性自性。

4、具有「空」義：

如：空無相無願、內空、外空、內外空、空空、大空、勝義空、有爲空、無爲空、畢竟空、無際空、散空、無變異空、共相空、自相空、不可得空、無性空、自性空、無性自性空、諸法自性猶如幻夢。

5、具有「法」義：

如：法性、法界、法定、法住、法無我、法相。

6、具有「離戲論」義：

---

[79] 一百八名見於宋・施護譯《聖八千頌般若波羅蜜多一百八名真實圓義陀羅尼經》（大正 8・684 下-685 中）。

如：不顛倒、離心意識、無戲論、離戲論、過諸戲論、離十相語。

7、具有「神通」義：

如：起作神通、作淨天眼、作淨天耳、作他心智、作宿命智、作漏盡智、運四神足、超過三界。

8、具有「功德」義：

如：無盡福行具足、聖清淨、吉祥、諸根清淨、諸力具足、圓滿十力、十遍處莊嚴、妙住一切正遍知覺。

9、具有「不生滅」義：

如：無起作、不生、不滅、不斷、不常。

10、具有「聖道法」義：

如：運用智慧、安住四念處、具四正斷、嚴七覺支、示八聖道、施七聖財、圓滿九次第定、具十自在、安住十地、運用十智、善作調伏十種勝怨、善觀緣起、如陶家輪。

11、具有「無」義：

如：無性、無等、無等等、無憍、無我、無攝藏、無所有、本來無所作、寂靜慧無所趣、無繫無染與虛空。

12、具有「非」義：

如：非眾生、非壽命、非長養、非士夫、非補特伽羅、非語言、非語言道、非一義、非多義、非來、非去、非尋伺、非無二。

13、具有「無二」義：

如：無二、一切法同一味。

此一百八名之起首讚頌是：「歸命最勝諸佛母，般若波羅蜜多

法；過去未來及現在，一切諸佛從是生。」[80]般若波羅蜜多雖言
具有「一百八名」，然此「一百八名」是代表無量數之略舉，實則
是包含一切殊勝善法；因於一切殊勝善法而成就三世無量諸佛，
此亦意謂：三世一切諸佛各依其願力與修證善法而得以成等正
覺，而般若波羅蜜多即是一切善法之總稱，亦可謂是成就一切諸
佛之「佛母」，此中「佛母」之義，即是「諸佛之母」，亦即是：
一切諸佛之源頭、根本。依佛法之義，「佛」之證悟成就需歷經百
劫千生，於不同示現之身而修證無量之法門，在總具「圓滿」之
下而證得佛果；此亦如代表「大行」之普賢菩薩，其偈頌有言：「三
世一切諸如來，最勝菩提諸行願，我皆供養圓滿修，以普賢行悟
菩提。」[81]此中「我皆供養圓滿修」即代表無量法門修學於證悟
成佛上之必要性。今稱般若波羅蜜多爲「最勝諸佛母」，然於法門
修學而言，般若波羅蜜多亦代表某「一」法門，而《大般若經》
即是以般若波羅蜜多爲法門之名稱。惟特殊之處在於般若波羅蜜
多是一切殊勝善法之總稱，故般若波羅蜜多雖看似是「一」法，
實則若能學得般若波羅蜜多一法，即等於可通達一切法，如《大
般若經》卷 566 所云：

> 最勝天王白佛言：世尊！云何諸菩薩摩訶薩修學一法，能
> 通達一切法？
> 爾時世尊告最勝曰：天王當知，諸菩薩摩訶薩修學一法，
> 能通一切法者，所謂般若波羅蜜多。若菩薩摩訶薩修學般

---

[80] 大正 8・684 下。
[81] 四十《華嚴經》（又名：〈入不思議解脫境界普賢行願品〉）卷 40，大正 10・847 下。

　　若波羅蜜多，則能通達布施、淨戒、安忍、精進、靜慮、
　　般若、方便善巧、妙願、力、智波羅蜜多。[82]

　　此中由修學般若波羅蜜多「一法」即能通達菩薩之「六度」
－布施、淨戒、安忍、精進、靜慮、般若，而菩薩之六度，以名
相而言是「六種方法」，然此六度彼此互牽互繫，故又總曰是「六
度萬行」，此乃意謂菩薩以修「六度」即可成就「萬行」（無量之
善行），而今修學般若波羅蜜多，亦可通達六度以至萬行，若僅以
此而相較六度與般若波羅蜜多，則兩者可謂不分軒輊。惟般若波
羅蜜多與六度不同處是：六度是以六種法門爲根柢，菩薩依此六
度之修持，即可圓滿一切之善行，以此而觀六度，則六度顯然是
一正向積極之修持方法，是於法門上之一種肯定，故有六種名目
之列舉；然般若波羅蜜多，其重點不在列舉法門，亦不以某些特
定法門爲主項，其特點是一種「智」，是一種於「法」之觀察所採
取之方法，而此智亦是「大智慧到彼岸」（般若波羅蜜多）之智，
是一種不執不著之智，亦可謂是一滌空之智，此即是般若波羅蜜
多之智。[83]雖然，在佛法之修學上，各宗本各有其修持之方法，
而不同之修持方法，皆是成就佛三十二相、八十種好之根源，以
至三千威儀，八萬四千細行亦然如是，以是而觀於修證歷程上，
則各法門必受肯定，此即是以菩薩欲修證臻至佛境之必然；然就
佛法之修證而言，法門之肯定是初階，而於肯定中所產生之執，

---

[82] 大正 7．922 中。
[83] 牟宗三《牟宗三先生全集 3．佛性與般若（上）》，頁 4，有云：「《大般若經》
　　主要地是講般若智之妙用，般若智之妙用即是蕩相遣執。經中所提到的法
　　數，是要就著這些法數而表示：實相一相，所謂無相。即表示般若智之妙用。」
　　（台北：聯經出版公司，2003 年）。

則又必待去捨之，而般若波羅蜜多之智即是以「法」之本性而觀，則一切法皆是因緣和合，故終究成空。般若波羅蜜多之滌蕩後，而知即是「實相無相」，「實相」為事物真實之相，惟此實相義，又並非是有某一事物之存在，故又以「無相」喻之；然又恐學人以「無相」為空無所有，以是又以「實相」而喻「無相」。此「實相無相」正可說明般若波羅蜜多所通行之法，除具有原六度之名目外，更可再加上方便善巧、妙願、力、智等波羅蜜多，正因「不執」（實相無相），才能返歸一切事物不變之本性（實相）而觀之一切法（無相），故依般若波羅蜜多之修學，其結果將是：「學一法，通達一切法」，亦能「淨修一行，即備眾法。」[84]然如是之結果皆源於般若波羅蜜多智是了知「一切法自性本空，無生無滅。」[85]依表相而視之般若波羅蜜多，則般若波羅蜜多看似「一法」，實則般若波羅蜜多是依「自性空」而呈顯，正因「自性空」，故一切法終究是「一法」，而一法必可通達至一切法。[86]

四、學習般若波羅蜜多與無所得相融為一

《大般若經》暢論般若波羅蜜多，並強調般若波羅蜜多法為菩薩摩訶薩所應修學，而菩薩摩訶薩能以般若波羅蜜多一法而通達一切法，唯所謂般若波羅蜜多法，此「法」非法義，此「法」是一觀照，能依般若波羅蜜多觀照一切法不執不著，如是，才能

---

[84]　《大般若經》卷 569，大正 7・939 下。
[85]　《大般若經》卷 566，大正 7・925 下。
[86]　龍樹《大智度論》卷 44 釋《大般若經》有關「一切法」之義有云：「菩薩分別知此諸法各各相，是法皆從因緣和合生故無性，無性故自性空。菩薩住是無障礙法中不動，以不二入法門，入一切法不動故。」（大正 25・382 中）。

依一法而通達一切法。此中，已一再明示：般若波羅蜜多與一切法數是不同的；惟般若波羅蜜多既非一般之法數、法相義，然《大般若經》又一再以菩薩摩訶薩當「修學」之，並立有〈學觀品〉，其卷3，有云：

> 若菩薩摩訶薩欲於一切法，等覺一切相，當學般若波羅蜜多。
>
> 佛告舍利子言：諸菩薩摩訶薩應以無住而爲方便，安住般若波羅蜜多。所住能住，不可得故。
>
> 應以無捨而爲方便，圓滿布施波羅蜜多。施者受者及所施物，不可得故。
>
> 應以無護而爲方便，圓滿淨戒波羅蜜多。犯無犯相，不可得故。
>
> 應以無取而爲方便，圓滿安忍波羅蜜多，動不動相，不可得故。
>
> 應以無勤而爲方便，圓滿精進波羅蜜多，身心勤怠，不可得故。
>
> 應以無思而爲方便，圓滿靜慮波羅蜜多，有味無味，不可得故。
>
> 應以無著而爲方便，圓滿般若波羅蜜多，諸法性相，不可得故。
>
> 復次舍利子！諸菩薩摩訶薩，安住般若波羅蜜多，以無所得而爲方便，應圓滿（一切法），如是諸法，不可得故。
>
> 修行般若波羅蜜多，如實知（六波羅蜜多），得大果報。以無所得而爲方便，修行（一波羅蜜多，能圓滿五波羅蜜多）。

諸菩薩摩訶薩，欲得此等無量無數不可思議希有功德，應
學般若波羅蜜多。[87]

據如上〈學觀品〉所論之內容，可思之問題如下：

1、學與觀並用之意義：

佛學強調智慧，一切法當依智慧爲根抵，此即是「般若」義。
以般若而言，文字是般若之一種表現，但觀照更是使般若能成爲
般若波羅蜜多之重要依據，換言之，能使般若波羅蜜多相應於菩
提道上之修學，則「學」與「觀」必將結合爲一整體。般若波羅
蜜多能以一法而通達一切法，其精神主要在於一切法上之觀照能
無二無別、不執不著故，然如是並非以般若波羅蜜多唯只要觀照，
而不待修學。唯般若波羅蜜多之學不同於一般法數之學，一般法
數之學，是學法數之義；而般若波羅蜜多之學，是學「無二無別、
不執不著」之學。一般法數之學，是執有之學，此爲第一層之學，
是於一切法正面之學；而般若波羅蜜多之學，是不執之學，此爲
第二層之學，是於一切法之再反思、觀照之學。般若波羅蜜多之
「學」與「觀」相結合，即立基於上之所謂第一層與第二層之意
義。[88]《大般若經》立〈學觀品〉，正可明示：般若波羅蜜多之作
用雖在不執上，正因不執則可相融一切法，然所謂不執，並非空
無所據，而是先有一切法，才有後之不執；以是而知，般若波羅
蜜多並非否定一切法，而是於法而言，此爲學，當能觀照一切法

---

[87] 大正 5‧11 下-16 下。於原文之引證中，另參考《大般若經綱要》卷 1，頁 53-55，
（台北：佛陀教育基金會，1996 年）。

[88] 參見牟宗三《牟宗三先生全集 29‧中國哲學十九講》，頁 1-2，「第一序的講
法，是直接從正面敘述；第二序的講法，是重新加以反省、衡量，帶點批導
性的。」（台北：聯經出版公司，2003 年）。

之不執，此即爲觀，故依般若波羅蜜多而言，是先知一切法（學），再知一切法無所得（觀）故而成就之。

2、等覺一切相之意義：

依菩薩摩訶薩修證階次而論，各宗經論雖各有不同，然大抵以五十二階位爲一總說，並以等覺而至妙覺爲最究竟，以「妙覺」而論佛之境地，此當不落言說之不可思議境。今《大般若經》以般若波羅蜜多之修學，可以達到「欲於一切法，等覺一切相」，此中是否意謂：因修學般若波羅蜜多，只能至等覺之境，無法臻入妙覺？若持此之論，則是否代表般若波羅蜜多是非究竟之學呢？依《大般若經》所論，修學般若波羅蜜多可證得諸法實相慧，可悟入諸佛境界，此當無有疑慮。惟就法或相而言，此爲可論、可議，然般若波羅蜜多主在於一切法、相能依平等、不執、無二而觀照之，故於法或相而言，其「等覺一切相」之「等覺」，顯然是就一切法、相能平等看待，此乃依法、相而論等覺義。若依般若波羅蜜多唯菩薩摩訶薩可修學之，而「等覺」正代表菩薩已修行至極位，其所悟之菩提道內容，已與佛無異，是鄰極於佛，唯一旦登入佛境，則已無法依言說、文字而述不思議境，故於度眾而言，菩薩之等覺與佛之妙覺，則亦可謂是十四夜月與十五月圓之異。般若波羅蜜多既爲菩薩摩訶薩所修學，且菩薩基於「留惑潤生」上，其能「等覺一切相」已是修學觀照之究極。

3、以「無」爲應學：

菩薩之修行，其中六度是最根本，亦是最重要之修證方法，唯六度是一正面積極之學。而般若波羅蜜多是以「無住」爲方便，而安住於般若波羅蜜多；般若波羅蜜多亦即依此「無住」而論之六度，其相應布施、持戒、忍辱、精進、禪定、智慧之六度，所

採取之方便法是：無捨、無護、無取、無勤、無思、無著，並以唯能依此「六無」才能真正圓滿六度。此中，所透露出之修證關鍵在「無」。依佛門之論，「無」並非一切皆空、一切皆無、一切皆否定，無即不執，於六度而言，於主體、客體與中間所產生之物，皆爲「不可得」，換言之，欲安住般若波羅蜜多，需以不可得（無可得）爲方便，此不可得即不執，即於一切法行持之過程，務要達到「三輪體空」，此「空」亦非否定或虛無義，而是不執，即緣於一切法所衍生之點點滴滴，皆知是促成「法」之完成；唯於「法」一旦完成其任務，於法之一切故即應捨，此論點亦即是立於觀一切法終究成空而言，法只是過程，執之則成凝滯，不執才能悟入佛境，而般若波羅蜜多正是依「無住」而知「不可得」，由不可得而「不執」，以如是而究竟圓滿一切法，而六度之修證，正依於般若波羅蜜多故，才能因修行一波羅蜜多，而圓滿五波羅蜜多，如是之結果，皆因於「無住」（不執）而然。

4、「應學」與「無所得」相融爲一：

《大般若經》論「學」與「觀」，故強調般若波羅蜜多於「學」而言，當指正面積極吸收義，孔子於「學」亦曾論述：「學而不思則罔，思而不學則殆。」[89]孔子論學與思並重，此可相應於般若波羅蜜多之「當學」與「觀照」，此皆在說明：菩薩摩訶薩之修學，正面之學與再一層之觀，皆不可廢捨。惟就般若波羅蜜多而論，其學是指於一切法「不執」，其觀是指於一切法「不可得」，此中之「應學」與「無所得」是否有衝突？依般若波羅蜜多之修學，「應學」是必需之事，一切菩薩摩訶薩皆當修學般若波羅蜜多；而修

---

[89]　《論語》〈爲政〉。

學般若波羅蜜多時，則能了達應以「無住爲方便」，故知一切法終究爲不可得，此爲因修學般若波羅蜜多之結果。「應學」與「無所得」是般若波羅蜜多之一體兩面，換言之，「學」、「觀」與「無所得」，皆是般若波羅蜜多之內涵真義，正因有「學」，則知一切法；又因能「觀」，則知一切法不可執；亦正因不可執，才能圓滿一切法，以是於〈學觀品〉中，雖以六度爲主述，但卻涵括眾法之論陳，故強調「欲於一切法，等覺一切相」當學般若波羅蜜多，亦正因能涵容一切法、一切相，才能成就無量數不可思議希有功德，而如是之結果，正因能以「無所得爲方便」故。就般若波羅蜜多而論，「應學」與「無所得」，不但不衝突，正可謂是相融爲一，唯有相融爲一體，才是般若波羅蜜多之殊勝處。

第三章　般若波羅蜜多之觀照

第一節　般若波羅蜜多之觀照方法

一、般若波羅蜜多之「無」義

　　般若波羅蜜多是一觀照之法，亦依如是之觀照法，能使修證般若波羅蜜多一法而通達一切法，此中觀照之關鍵點在「無」，亦即是「無二無別」，亦即是「無住」、「無著」等，對於般若波羅蜜多所論之「無」，先據云：

> 若僅以「無」義而言，則表於「有」的突破，之後所顯現的另一種「現象」；決不是一般人所說的「沒有」，更不是對於「存在」的「已有」而予以「否定」，也就是說，不是否定的意思。般若學中，提示「無字」的諦義，分述了偏於斷見者的「聖智：世間」之無，以及超有無相對義的「聖智：出世間」之無。[1]

---

[1]　白雲《般若學疏義》，頁 194，（高雄：金禧廣播公司，2000 年）。

　　「無」是佛法之重心，釋尊開法之基本三法印，即暢論：無常與無我，探究「無」顯然是深入佛法之必備功課，唯所謂「無」，甚或是大乘法中所論之「空」，此無與空，又當如何界定？此兩者之義涵又是否相同？先依釋尊開法之立基點而論，眾生因執有一「我」，故佛以「無我」而破執之，若「我」是執，而「無我」顯然並非僅否定我之存在，因「我」雖爲四大和合，其存在確是一種現象，唯釋尊所曉欲大眾是在：觀四大和合之我存在，是一暫時性而已，以深觀之，則並無有一永恆之我存在，換言之，釋尊之「無我」義，其主要作用在破執我，故「無」絕非沒有或否定之義，此理易明。

　　唯就般若波羅蜜多之「無」而論，一切法之設是應機而形成，依佛法而論，一切法可總分爲世間法與出世間法，釋尊雖以世間法爲有漏、不究竟，故特贊美出世間法爲正見、無漏，且要學人以追求出世間法爲究竟；然出世間法之「出」，是遠離、突出之義，且以遠離煩惱爲出世間法，而並非是捨世或避世甚至是逃世，釋尊強調於世而不爲世所染爲出世間，故言：「我雖生世間，不爲世間著。」[2] 又言：「佛者是世間，超渡之勝名。」[3] 此中皆在說明：佛法實不強分有「二法」，唯就法之分判，有了義與不了義、有究竟與非究竟，然佛法終究只肯定一圓融之法，因無人可獨出於世間，因吾人所處之地皆是世間、皆是凡塵，故釋尊強調在心態上之去執，而非於世間法上捨離或逃避，此爲佛教觀一切法之態度。

　　然佛法之「無」究當如何釋之才恰當，據論《大般若經》說「無」之差別義，約有四類，如云：

---

[2] 《雜阿含經》卷 4〈第 101 經〉，大正 2・28 中。
[3] 《雜阿含經》卷 4，〈第 100 經〉，大正 2・28 上。

1、未有：眾生因無明而有煩惱，往往諉過他人，或者不
　應該；其實，煩惱緣於迷惑，惑即是不明了，故而諉
　過或否定；倘若，不以主觀的我而面對煩惱，則可以
　發現煩惱之前，煩惱之時，煩惱之後，原本是「未有」，
　因「色、受」而「有」；亦如「瓶」的形成之前，之時，
　之後，因「泥、作」，分別「未有」或者是「有」的相
　同道理；故說「無」不是沒有。

2、滅已：眾生不以為有無明而有煩惱，往往藉「時、空」
　的流變，或目標於心念的轉移，認為煩惱有如燈滅；
　殊不知「燈亮」與「燈滅」，仍為「物、作」之舉，設
　若「燈滅」為「已了」，那麼？「燈亮」又是為何呢？
　未滅滅已，猶如「煩惱與菩提」，相約於「燈滅與燈亮」，
　說明「惑與覺」或者是「暗與明」的饒益性；故說「無」
　不是沒有。

3、異相：煩惱即菩提，基於菩提是從煩惱中因而覺悟所
　現；但是，不可再作菩提即煩惱之說；因為，菩提現，
　煩惱即已消失。如果，菩提即煩惱，那便是「一而二，
　二而一」的錯誤言說；所以說，煩惱之時，若能及時
　覺醒，則所顯現者，即是菩提；一旦菩提顯現了，煩
　惱即便消失；說得簡明一些，煩惱生起時，身心不安，
　菩提顯現時，身心安逸，二者現象完全不同；故說煩
　惱無或菩提無的時候，不是說煩惱沒有了，或者菩提
　沒有了！

4、畢竟：眾生有煩惱也有菩提，這是依「業、道」而言；

　　若以「眾生皆有佛性」，何以淪於眾生，則肯定於「造
　　業」所至，若轉眾生而超凡入聖，則肯定於「行道」
　　的原故，因此，畢竟眾生，本來清淨，緣於無始無明，
　　染污造作，所以淪為眾生；一旦轉造業而行道，染污
　　清淨，則便超凡入聖！故說是眾生，非眾生，畢竟無
　　有眾生，是名眾生而已。[4]

　　以下即就上文所引之四義，以分別論之於般若波羅蜜多於法
上「無二無別」之觀照特性：

　　1、般若波羅蜜多本身並「未」內涵「有」任何一法：

　　就《大般若經》而論，般若波羅蜜多是全經之主體，並以能
修學般若波羅蜜多「一法」即可通達一切法，然所謂般若波羅蜜
多是「一法」之說，實乃針對「般若波羅蜜多」是一佛學名相，
或可言其是一專有名詞，唯此名相或名詞，並非是一法數可供敷
陳論述。雖言：「《大般若經》是教吾人以實相般若。」[5]然般若波
羅蜜多是一觀照方法，是於一切法皆無執無著，以是而通達圓融
一切法。就此無執無著與無二無別以論之般若波羅蜜多，則般若
波羅蜜多確實本身並「未有」內涵一法或一切法，其因是：若般
若波羅蜜多本身具涵某一法數，則般若波羅蜜多本身即是一執，
有執即無法再通達圓融一切法。又：般若波羅蜜多若能包涵一切
法，則般若波羅蜜多與其他之一切法相較，則般若波羅蜜多相對
於一切法而言，只是內涵更多法數之某一大法而已，此亦是一執，

---

[4]　白雲《般若學疏義》，頁194-196，（高雄：金禧廣播公司，2000年）。

[5]　牟宗三《牟宗三先生全集4‧佛性與般若（下）》，頁576，（台北：聯經出版
　　公司，2003年）。

反成爲更大之執。以是而知，般若波羅蜜多之「無」特性，是觀照一切法皆返歸於其本始狀況，就般若波羅蜜多而言，於觀照一切法之前、之時、之後，般若波羅蜜多仍只是般若波羅蜜多，並「未有」更動其本始之意義，故其無執無著、無二無別之觀照法，正是爲凸顯般若波羅蜜多本身並非是一法數之意義，以此可觀知般若波羅蜜多「無」之特性。

　　2、般若波羅蜜多是觀照一切法而非是「滅已」一切法：

　　於修學之人而言，可擇適合自己之法而修持之；然釋尊之開法是因應學人不同而開設，故於法而言，當有一切法，於一切法而言必各有其作用，此其乃予一切法之肯定，此亦是肯定法存在之正面意義。惟般若波羅蜜多以「無」之角度而觀照一切法，並能通達圓融一切法，然所謂般若波羅蜜多能通達一切法之義，並非是否定一切法，亦非將一切法相融合爲另一大法，當然更非是採捨棄一切法之態度。般若波羅蜜多以「無」之立場視一切法而通達一切法，並非無視於一切法之存在，而是立足於一切法各有其作用，然一切法之存在亦皆是爲解惑而有其價值，當覺悟後，則一切法亦當應捨，此亦即所謂：「法尚應捨，何況非法。」[6]又云：「凡所有相，皆是虛妄。」[7]此乃皆在說明法、相之存在雖有其必要性，但此必要性亦皆是暫時性，於修悟證果者而言，則實不需一切法。般若波羅蜜多之作用亦然如是，若學人於法有執，則般若波羅蜜多即在去執，正因學人能於法相之去執，才能不凝滯某一法，既不凝滯才有通達圓融之境。般若波羅蜜多是爲助長學人臻至佛地，在由迷轉悟之間，在由執一法而至通達一切法之

---

[6] 《金剛經》，大正 8‧749 中。
[7] 《金剛經》，大正 8‧749 上。

過程，其中之關鍵即是般若波羅蜜多，而般若波羅蜜多採「無」之觀照法，是於法本身能滅惑而論，惑一旦滅已，唯登覺境，則法之存在亦無其必然性，既無必然性，則法當不可執之；唯若就有惑者言，法當有其存在之價值，故法之存在與否，當視學人而定，實亦不可執之；故般若波羅蜜多採「無」之觀照法，實並非否定一切法，是不執一切法。

　　3、般若波羅蜜多與一切法是「異相」之關係：

　　一切法皆為解脫煩惱故有，此為釋尊開法之立場；一切法皆為通達佛境，此亦為法之作用與目的。惟一切法各有其蘊涵之法數內容，此即是造成法與法之不同故，正因各法各有不同，此亦是產生執之主因，各人各因所執之法而視不同之法為不究竟，故法本為治惑，然執之則產生之惑將更深。而般若波羅蜜多是不具涵法數內容，其本身所代表即是去執後之境界，故若問般若波羅蜜多具涵何種內容？則答案將是不可窮盡，因般若波羅蜜多既能通達一切法，則一切法之法數內容皆可象徵般若波羅蜜多。唯般若波羅蜜多與一切法之不同是：般若波羅蜜多是臻於佛境之推手，故般若波羅蜜多是象徵不執、圓融，亦可謂是已然至覺境之境地；而一切法皆是為對治一切煩惱故有，兩者顯然有階次之差別。因此，若問般若波羅蜜多與一切法之關係究竟為何？則一切法之存在是為對治而有，當覺境顯現時，亦不再需要一切法；而般若波羅蜜多本身即是象徵一覺境，故此兩者：一為對治故有，一為不執之境，兩者所呈現之「相」確有不同。唯就一切法而言，一切法因不執故可與一切法相通達，此即是般若波羅蜜多之作用；唯就般若波羅蜜多而言，雖可通達一切法，但絕不是代表一切法皆不存在，一切法之存在，是一種象徵意義，而般若波羅蜜

多又是代表另一種境地，兩者雖可相融通達，但絕不是捨一方而入於一方，此亦可謂是「異相」之關係。

4、般若波羅蜜多爲「畢竟」之境：

依天台宗所判爲圓教義之《法華經》而論，一切衆生皆是佛，無有二乘或三乘，而佛之所以開三乘法皆爲方便，實然依遠劫本願，則只有唯一佛乘，此即是《法華經》會三乘爲一乘說，而佛之所以開權，終只爲顯實而已，故依圓教所論，一切衆生皆本是佛，此亦是《法華經》所謂開佛知見之主旨。就一切法而言，皆爲對治衆生煩惱而設；唯於衆生而言，其遠劫本願是佛，然近迹是衆生又確爲事實，故依衆生而言，由本願是佛而爲近迹衆生，其轉變（或爲流轉）關鍵即是「迷」，因迷，故有煩惱，有煩惱即爲衆生。唯諸佛之化導，在使衆生能轉煩惱爲菩提，故依究竟佛道而言，依一切衆生之遠劫本願而論，則實然並無衆生或煩惱之存在，而爲對治煩惱而存在之一切法，實亦本無，此即所謂法，實亦非法，強名爲法而已。而般若波羅蜜多之特性，是不具涵一切法數，其主要作用是依無執故能通達一切法，其是覺境之象徵，若以究竟佛道而言，實不需一切對治煩惱之法存在，唯然只有般若波羅蜜多之境地。

以上所論述之「無」四義：未有、滅已、異相與畢竟，用之於般若波羅蜜多之觀照方法「無二無別」上，則皆在凸顯般若波羅蜜多與一般法數不同，其重點在不具涵一切法，又不執一切法，以是故能通達一切法、包融一切法；其精神在開悟覺境，故能成就諸法實相慧。般若波羅蜜多雖採「無」之觀照法，但又非否定一切法，其具有佛法「無」之特性，亦正因「無」，才成就般若波羅蜜多之作用與特性。

二、般若波羅蜜多之觀照法：無二無別，自性離故

　　般若波羅蜜多之所以能以一法而通達一切法，其因在般若波羅蜜多於「法」上之觀察不同於一般法門之義，如《大般若經》卷566，有云：

> 爾時世尊告最勝天王曰：天王當知！若菩薩摩訶薩修學般若波羅蜜多，則能行妙法施波羅蜜多：謂以淨心無所希願，為他說法，不求名利，但為滅苦；不見我能為彼說法，不見彼聽，無二無別，自性離故。
>
> 天王當知！若菩薩摩訶薩修學般若波羅蜜多，則能行淨戒波羅蜜多，謂諸菩薩作是思惟：佛於淨教毘奈耶中，說別解脫相應戒經，菩薩應學不見戒相及能受持；不著戒見，亦不著我，無二無別，自性離故。
>
> 天王當知！若菩薩摩訶薩修學般若波羅蜜多，則能行安忍波羅蜜多：不見我能忍及可忍，無二無別，自性離故。
>
> 天王當知！若菩薩摩訶薩修學般若波羅蜜多，則能行精進波羅蜜多：心不自高，於他不下；不見能行，及所行法，無二無別，自性離故。
>
> 天王當知！若菩薩摩訶薩修學般若波羅蜜多，則能行靜慮波羅蜜多：見滅外境界，內心寂靜；不見能行及所行法，無二無別，自性離故。
>
> 天王當知！若菩薩摩訶薩修學般若波羅蜜多，則能行般若波羅蜜多：謂諸菩薩正智觀色受想行識，不見色生、不見

色集、不見色滅，受想行識亦復如是；不見能行及所行法，
無二無別，自性離故。

天王當知！若菩薩摩訶薩修學般若波羅蜜多，則能行方便
善巧波羅蜜多：諸菩薩摩訶薩衆，少欲喜足，專求法利，
爲有情說，供養如來，由此便成六（布施、淨戒、安忍、
精進、靜慮、般若）到彼岸，不見能行及所行法，無二無
別，自性離故。

天王當知！若菩薩摩訶薩修學般若波羅蜜多，則能行妙願
波羅蜜多：謂諸菩薩諸有所願，不爲世間所受快樂，亦不
爲己求出三界，修二乘道，證涅槃樂；菩薩如是發妙願時，
不見能行及所行法，無二無別，自性離故。

天王當知！若菩薩摩訶薩修學般若波羅蜜多，則能行力波
羅蜜多：謂諸菩薩能伏天魔，推諸外道，具足福德智慧力
故；不見能行及所行法，無二無別，自性離故。

天王當知！若菩薩摩訶薩修學般若波羅蜜多，則能行智波
羅蜜多：能以一法知一切境，達一切境不離一法，所以者
何？真如一故。是諸菩薩修此智時，不見能修及所修法，
無二無別，自性離故。

是名菩薩修學一法能通達一切法。[8]

　　依天台宗之判教論，再依近世之印順法師及各學者論「般若」
之特點，皆以就已有之經論及一切法數進行融通、淘汰，此爲般
若波羅蜜多之作用，其作用主要在不執不著上，然所謂不執不著，

---

[8]　大正 7・922 中-925 下。

即就某一法皆能客觀評其價值，既有某一客觀之價值存在，然適合於此，未必即適合於彼；昔適用，今則不然，此即一切法各有其客觀存在之意義，但亦必有其限制，而般若波羅蜜多之不執不著，即能依一切法之存在具有恰當之觀照，故不執不著是能就全體法數進行客觀之觀照，既能客觀之觀照，則必能不執不著，此即是依般若波羅蜜多所產生之結果。就全體法數而言，不執不著是可融通一切法之重要依據，然就個別之法而言，又當如何觀照之？《大般若經》就一一法之列舉中，首由六度論之：布施波羅蜜多、淨戒波羅蜜多、安忍波羅蜜多、精進波羅蜜多、靜慮波羅蜜多、般若波羅蜜多，再依次為方便善巧波羅蜜多、妙願波羅蜜多、力波羅蜜多、智波羅蜜多等，法數是無法全數列舉完盡，然於一一法之觀照上，若依般若波羅蜜多則採取之方式皆是：無二無別，自性離故；此「無二無別，自性離故」即是般若波羅蜜多於一一法上之觀照方式。就每一法數而言，各有其產生之主體、對象與物，此依各法產生之一切種種，就「法」而言是由法而生起，但又不等於原有之法，然法本為度眾而起，故就悟道者而言，一切法皆只是短暫之過程與存在，而般若波羅蜜多之作用，即要就每一法之究竟觀照，一旦眾生悟道後，則一切法終歸散滅，故亦無所謂有說法之我與聽法之彼，更無所聽之法存在，在如是之一切法本自性空上，則一切之我、彼與法皆本無二無別，既已無「法」，又何來之我說法、彼聽法之事呢？故依般若波羅蜜多之觀照各別之法，在「自性離故」，則「無二無別」，為必然之結果，既能知每一法皆「無二無別，自性離故」，則菩薩摩訶薩自能於一法而通達一切法，而此「一法」可為某一法數，然每一法皆必要以「無二無別，自性離故」而觀照之，才能由一法通達一切法，

然如是之融境則必來自於般若波羅蜜多之修學，故所謂以「一法」而通達一切法，此「一法」亦必終歸爲「般若波羅蜜多」。

正因般若波羅蜜多於法之觀照採「無二無別，自性離故」，此顯然並非在法義、法相上而分別，其乃是就一切法終究是「自性離」而觀之，以「自性離」而觀一切法，則一切法必可相融，此爲般若波羅蜜多之特殊處，唯至此，可再進一層逼問，般若波羅蜜多究竟具有一切法否？今引牟宗三先生之論說：

> 菩薩以不住法住般若中，具足六度，乃至一切其他法數；上達知佛境界，具足三智；住十八空，知諸法如、法性、實際，乃至得無上正等正覺；皆是實相般若之力。在此種住而具足某某、知某某、得某某中，我們綜結一句，亦可以說：般若具足一切法，般若遍滿一切，一切盡攝於般若中。以何方式具足、遍滿、統攝一切法？曰：以不離不捨不壞亦不受不著不可得一切法而具足一切法。[9]

般若波羅蜜多之特點在「不住」，不住亦即不執、不著，如是之不住，是於一切法皆然如是，然亦因不住才能通達、遍攝一切法；而一切法則代表一切法界之各有所需，依佛法之證悟佛境而論，能通達、融攝才是「圓」之究極，故般若波羅蜜多能通達一切法，其境已然是「佛」，此中亦已然包含具足一切法。唯般若波羅蜜多並非是某一法相，若般若波羅蜜多爲某一法相，其將無法再通達、具足、遍攝一切法，故若言般若波羅蜜多能具足一切法，

---

[9] 牟宗三《牟宗三先生全集 3・佛性與般若（上）》，頁 73，（台北：聯經出版公司，2003 年）。

其所謂「具足」義，並非是擁有，若以般若波羅蜜多爲擁有一切
法，則般若波羅蜜多將成爲某一包含一切法之法相，如是則般若
波羅蜜多將成窒礙，其亦將無法再融攝其他法界之一切法，故以
般若波羅蜜多爲能具足一切法，其具足之義亦非肯定一切法皆包
含在般若波羅蜜多中。故當以般若波羅蜜多是修證上最終蕩除執
相之作用，則得成正等正覺之境，必然依於不執不著之後而得成
之，以是亦可得論：般若波羅蜜多能具足一切法，此乃就佛果之
圓證而言之；然般若波羅蜜多之具足一切法，必依不住、不執、
不離、不捨而成之，此乃就佛境自在而觀照之。故龍樹論述般若
波羅蜜多爲「不住法住」，亦因不住法住般若波羅蜜多而能具足六
波羅蜜以至一切法。[10]以是知般若波羅蜜多是以一切法之自性離
爲觀照，因自性離而不住一切法，以是而融通一切法，此即般若
波羅蜜多言能「具足」一切法之義。

三、般若波羅蜜多觀一切法皆空故不異

　　佛教因於經論豐富、派別紛多，故就法義而言，此中亦各有
不同，然不論法義內涵之差異有多大，皆代表佛法之一端則皆同。
各宗派或各經論，各依其一義而解讀佛法，雖各爲一端，然此亦
是探究佛法之必經過程，此即如莊子所謂：「天下多得一察焉以自
好」，[11]此一察亦即是一端，既爲一端（一察）則將無法窺得全貌，

---

[10] 龍樹《大智度論》卷 11，有云：「問曰：云何名不住法住般若波羅蜜中能具
　　足六波羅蜜？答曰：如是菩薩觀一切法非常非無常，非苦非樂，非空非實，
　　非我非無我，非生滅非不生滅，如是住甚深般若波羅蜜中，於般若波羅蜜相
　　亦不取，是名不住法住。」（大正 25‧140 上）。
[11] 《莊子》〈天下〉。

故莊子謂之：「道術將爲天下裂。」[12]就佛法之內容而論，一切法亦皆只是「一孔」，於學人而言，如何才能於一切法皆圓滿修證之，此確爲一大問題。然在廣大之佛法中，當以哪「一孔」爲最易通達至一切佛法呢？此即是於法觀照上之智慧，而莊子所謂「道術將爲天下裂」，其因在各以「一察」而「自好」，此自好亦即自執義，正因自執，故以一察之觀照，則所見之「道」終將不全。於佛法而言，般若波羅蜜多亦是某一法門，亦是一察、一孔、一端而已，然般若波羅蜜多之作用是「不執」，不執某一察、一孔，其方法即是透由般若波羅蜜多之不執一法之觀照，以如是之故因而能通達一切法。亦正因般若波羅蜜多不執一法，故於一切法亦無所謂「相應與不相應」，若言「相應」，則般若波羅蜜多即是某一法義而已；若言「不相應」，則般若波羅蜜多即無法通達一切法。般若波羅蜜多雖亦是一法、名，然般若波羅蜜多卻又與一切法之「一孔見」不同，其是於任何一法（一孔）之執見後，以般若波羅蜜多之智而再反省、再觀照，故般若波羅蜜多非是一法義，亦非一孔見，其不執一法義或一孔見，其主要精神是融通義，故就「法」而言，亦實無有一法可與般若波羅蜜多相應或不相應，據《大般若經》卷 4-7〈相應品〉，有云：

> 世尊！修行般若波羅蜜多菩薩摩訶薩，與何法相應故，當言與般若波羅蜜多相應。
> 佛告舍利子：修行般若波羅蜜多菩薩摩訶薩，與（一切法）

---

12 《莊子》〈天下〉。另參見牟宗三《牟宗三先生全集 29．中國哲學十九講》，頁 8，有云：「人在限制中表現，在限制中表現就是在一通孔中表現，所謂一孔之見。」（台北：聯經出版公司，2003 年）。

空相應故，當言與般若波羅蜜多相應。

諸菩薩摩訶薩修行般若波羅蜜多，不著（一切法）。

諸菩薩摩訶薩修行般若波羅蜜多，不爲（一切法）故修行般若波羅蜜多。

修行般若波羅蜜多諸菩薩摩訶薩，諸相應中與空相應，最爲第一。與般若波羅蜜多相應，最尊最勝無能及者。

諸菩薩摩訶薩，如是相應普能引發無量無邊佛法。[13]

　　般若波羅蜜多既是一「空慧」，故其著重點當在「空」，而「空」是於一切法、一切事物皆不執不著所產生之一種境界，於「空」而言，執一法或一物皆無法入空境，既無法入空境，則必無「空慧」之產生（唯有空慧始有空境）。若以此「空慧」爲般若波羅蜜多之立基點，則當問到：般若波羅蜜多當與何法相應時，其答案亦只能以「空相應」回答；然既爲「空」，則亦無所謂空與不空，或相應與不相應之問題，因一切之空或不空、相應或不相應，亦皆是某一法，如是皆非般若波羅蜜多之智所產生之觀照境界。若順著般若波羅蜜多與「空相應」後，若再向前追問時，則必然是：修行般若波羅蜜多，不見一切法若相應、若不相應，此即點明般若波羅蜜多，不見一切法若相應、若不相應，此即點明般若波羅蜜多是不著一切法，既是不著，故亦無所謂與法之相應或不相應，此是代表般若波羅蜜多之性格，是不見有一切法、不著有一切法，其性格是超越而通達、圓融，故於某一法有凝滯，皆非般若波羅蜜多之精神。

---

[13] 參見大正 5・20 下-37 中。

　　依理，當論述至般若波羅蜜多不見一切法或相應、若不相應時，有關般若波羅蜜多不執一切法之性格可謂已完全呈顯。然又爲何需再明示：修行般若波羅蜜多，於諸相應中與「空相應」最爲第一？所謂般若波羅蜜多與空相應最爲第一，並非是以「空」相應爲一法，而是唯有以「空」才能符合般若波羅蜜多之精神，故亦可謂：般若波羅蜜多相應，即是空相應，而空相應亦即是無相相應、亦即是無願相應，而無相、無願亦可總曰是「空」。般若波羅蜜多之不同於一般之一切法，正是其與「空相應」相應故，因「空」而不執，因不執故普能引發無量無邊佛法，此中有一重點即是：「空」與「一切法」之關係，據〈相應品〉所論「五蘊爲空」之義如下：

> 諸色空，彼非變礙相。
> 諸受空，彼非領納相。
> 諸想空，彼非取像相。
> 諸行空，彼非造作相。
> 諸識空，彼非了別相。
> 是色不異空，空不異色。色即是空，空即是色。受想行識不異空，空不異受想行識。[14]

　　五蘊「空」，是佛法於一切有爲法皆是因緣和合，故終究成空，此是觀照事物所産之智慧；而般若波羅蜜多於五蘊之觀照亦是「空」，然般若波羅蜜多與「空」相應，並非僅在觀事物終究是空

---

[14] 《大般若經》卷4，大正5‧22上-中。

上而已，般若波羅蜜多之空慧，是「不執」一切法，故就五蘊「空」之觀照，般若波羅蜜多除強調五蘊空外，更各以「非變礙、非領納、非取像、非造作、非了別」而表達五蘊空之義。所謂「空」，並不只是一般觀事物終究成空之義，其以「非」來否定於觀五蘊之過程中所產生之相：所謂依色則有變礙相產生、依受則有領納、依想則有取像、依行則有造作、依識則有了別，能觀五蘊之相亦非真實義，然此亦非般若波羅蜜多之空相應之義。依般若波羅蜜多所觀之五蘊空，既非只是一般之終究成空義，更非依五蘊所產生之相之否定（非）而已，其重點在「色不異空，空不異色」上，以「不異」而言五蘊與空之關係，所謂「不異」，依白話譯文即是「不是不一樣」，五蘊與空，兩者本為不一樣：空是為五蘊之描述，兩者確是不一樣；然兩者又有密切之關係；因五蘊終究成空，故以「不異」而論般若波羅蜜多觀五蘊與空之關係，能觀五蘊而知是「空」，但又能肯定五蘊為「法」之存在，而般若波羅蜜多既不因觀一切法成空而有斷滅之產生，既能知五蘊終究成空，故於五蘊之產生過程亦不執有、亦不執空，此即是般若波羅蜜多之所謂相應之義，亦即是五蘊不異空之義。而「不異」正可謂是般若波羅蜜多之精神，因於一切法，各有其存在之價值，如何能於一切法而融通，此即是般若波羅蜜多之作用，「不異」正可說明：一一法各有其作用，故是為不同；然一一法亦終究成空，此又為一一法之最終觀照。一一法既各有其不同價值，故各執一法亦只能觀得一見，又如何窺得真理之全貌；既能明一一法各有其見，故唯有不執，才能再相應、相融於另一法之存在目的，唯當於一切法皆能融通自在無礙，才能融一切法為全體真理，而般若波羅蜜多之修學，就是在觀一切法之「不異」而相融一切法，而「不異」

就是般若波羅蜜多之空相應。

佛法可謂是依「空」而起家，其三法印之內容，無非在論述「空」，因無常故空，因無我故空，因空故苦，此爲三法印（《阿含經》）之空義。若觀一切世間皆無常空，是爲佛法之主論，則《阿含經》於五蘊皆無所有故空之理論，已有詳明之述，唯依般若波羅蜜多觀一切法皆虛妄不實，但有假名，都無自性，故依無自性可言空，此即「無自性空」；唯依般若波羅蜜多之觀諸法皆自性離，因自性離故空，此即「自性空」；一爲無自性空，一爲自性空，兩者皆爲《般若經》所述，唯就「自性」之內涵，《大智度論》有二種之分類：

> 自法名諸法自性。自性有二種：一者，如世間法地堅性等；
> 二者，聖人知如、法性、實際。[15]

上之所言之兩種自性，一爲世間法之地堅性、水濕性，此一方面顯事物皆有其性，地若不堅則不成地，水若不濕則不成水等，然如若欲求堅或濕之自性實體，則實不可得，故此即爲無自性。另一爲聖人所證之真如、法性，此爲本是如此，故可名爲自性。對於此二種自性，其間之內涵差異，據論：

> 這二類自性，一是世俗自性：世間衆生以爲自性有的，如
> 地堅性等，不符緣起的深義，所以要破斥而論證爲沒有自
> 性的。二是勝義自性：聖人所證見的真如、法性等，是聖

---

[15] 龍樹《大智度論》卷46，大正25·396中。

人如實通達的，可以說是有的。[16]

顯然由般若所論證之空，於世俗法是為破除妄執，但於聖界則持肯定之態度，亦可言：般若波羅蜜多之作用，是為破世間之執而言空，依空而呈顯第一義，此即是真空，真空則不空，真空即妙有，此妙有即是一清淨心之呈顯，此即是：「如、法性、實際，世界故無，第一義故有。」[17]如是皆在說明：般若法門之特色，不在著重於法相之探究，而是觀破世間之妄執，以契入真如實相。佛言般若波羅蜜多之妙義，其對象是菩薩摩訶薩，此即意味：般若是屬於菩薩，而不屬於佛；此乃在於：雖依般若波羅蜜多之修證亦可證入佛境，然般若波羅蜜多是一修證行門，強調於諸法之觀照作用，此是行持之展現，與佛果正覺圓融境界是為不同。唯由般若波羅蜜多之觀照智慧，以至通達實相之慧。其所代表之深義為何？如下之論：

> 從般若是觀慧與實相相應慧說，可有二義：
> 一、證真實以脫生死：一切眾生，因不見性空、如、實相，所以依緣起因果而成為雜染的流轉。要解脫生死，必由空無我慧為方便。從有漏的聞思修慧，引發能所不二的般若，才能離煩惱而得解脫。
> 二、導萬行以入智海：大乘般若的妙用，不僅為個人的生死解脫，而重在利他的萬行。菩薩綜合了智行與悲行，以空慧得解脫；而即以大悲為本的無所得為大方便，策導萬

---

[16] 印順《空之探究》，頁 180-181，（台北：正聞出版社，1987 年）。
[17] 龍樹《大智度論》卷 1，大正 25・59 下。

行，普度衆生，以此萬行的因華，莊嚴無上的佛果。[18]

　　爲證真實以脫生死，此爲三乘之所共；爲導萬行以入智海，此爲菩薩獨有，故般若波羅蜜多之修學，是菩薩由解（空慧、無所得）以入行（普度衆生）之實證法門，亦可言：觀空是爲行，而非僅住於空境。

　　佛法由釋尊論無常、無我、苦爲根本法義，其總曰即是一「空」字。佛法雖觀世界、諸法皆終究成空，然更論述「真空」之境，此真空之境唯諸佛由證空可臻至之。於「空」之論述，佛教觀一切法界皆是成、住、壞、空，此爲一劫；於劫之內涵可大、可小，小可至一日之成、住、壞、空，其大可至宇宙之成、住、壞、空，唯不論是小劫或大劫，皆代表是一循環，而其結果終是空。佛法之立基點雖是無常，然由無常而思常，故有佛法身常住、佛壽量甚大久遠等思想，以至僧肇有〈物不遷論〉，其內容是以抽離時間而觀萬物，則萬物皆是住一世，於當下皆是永恆，於此觀照下則萬物並未遷流變化，唯僧肇之用意在以「物不遷」而論證佛之功業是道通百劫，是永恆不朽的。顯然佛教對於宇宙之生滅及劫量時間問題，除論述其無常性外，亦闡述其永恆、無量與無限之概念。[19]依現象世界之存在與人壽命之長短，則必在時間之遷流變化中而呈顯，唯世界之成、住、壞、空此過程是永遠不斷向前推進的，如是之循環是永不終止的，此一方面是無常（刹那皆在變

---

[18] 印順《般若經講記》，頁 10-11，（台北：正聞出版社，1987 年）。

[19] 方立天《中國佛教哲學要義》，頁 599，於敍述〈中國佛教的宇宙結構論〉中，曾提出佛教於時間之要點有四：「一、時間和事物及其運動不可分離的思想。二、時間的永恆觀念。三、時間的無限觀念。四、在劫難逃的思想。」（高雄：佛光文化公司，2004 年）。

化），然當時間永不佇止於某一時刻上，此一方面亦是永恆（世界
永遠在向前進）。由世界永恆、時間永恆，以顯無限與無量之存在，
故當觀一阿僧祇劫之長遠，反凸顯人生百年之短暫，而般若波羅
蜜多之修證，是由不執以證畢竟空，而終入佛境之真空，此即是
由短暫以證無限之過程。

四、般若波羅蜜多之應觀、不觀與無執

　　般若波羅蜜多在觀照諸法皆空，以致不執一切法。然觀諸法
皆空是依一切法是爲緣起，而得觀知爲終究成空，故般若波羅蜜
多必先由論假名以顯空，再由空而顯中，以達究竟解脫。換言之，
於緣起、於空、於中、於諸法實相、於解脫，此是層層相環扣，
而般若波羅蜜多於如是諸法所扮演之角色，即是不執，因不執，
才能使緣起、空、中、諸法實相、解脫而通達圓融，此是般若波
羅蜜多之作用。以下之引文於諸法之觀照通達上有甚明確之論述：

　　　即性空而觀於假名之事相，則自歷然而悟必然之緣起，得
　　　法住智。即假名而觀乎性空之寂滅，則證入離言本寂而得
　　　涅槃智。要「先得法住智，後得涅槃智」。「不依世俗諦，
　　　不得第一義」。獲二諦無礙之正見，善識緣起之因果必然，
　　　而後乃證入空寂之本然：此佛法行解之坦途，不容稍事亂
　　　轍者也。約佛法以解脫爲本而言，則正見緣起，所以離戲
　　　論而證空寂，固不以善辨因果爲已足。故解不至空，則學
　　　不知宗；行不至空，則不足以言解脫。此所以《雜含》歎
　　　「緣起甚深」，而緣起之寂滅爲「倍復甚深」。《大品》說「深

奧者，空無相無作是其義」。龍樹說「大分深義，所謂空也」。
然證真有道，必得二諦中道之正見，深解幻有乃性空之假
名，空寂乃假名之性空。善辨中邊，不以觀因果而滯有，
以空爲不了；亦不觀空寂而落空，視因果如兔角。而後乃
能一切法趣有，一切法趣空，善備資糧，直趨解脫。[20]

　　般若波羅蜜多所欲凸顯之諸法不執，其終究之境即是圓融，
於不落兩邊而且趨解脫之道。

　　般若波羅蜜多是於一切法之不執而融通一切法，就修學之人
而言，對於佛法之一切法皆當盡心修習之，再以般若波羅蜜多而
觀照之，才能於一切法而不執，亦因不執而入不思議佛境，此爲
般若波羅蜜多之精神作用。般若波羅蜜多雖是一觀照智慧，但此
觀照之智不會憑空而得、而有，其中「當學之、應學之」，即是強
調般若波羅蜜多需依修學始可成就之，故就當學與應學而言，般
若波羅蜜多亦可謂是一法門，唯此法門不同一般之法相、法數之
敷陳與修證階次之建構，般若波羅蜜多之當學、應學是學以「無
所得」爲方便，此即爲般若波羅蜜多之「學」部份。至於般若波
羅蜜多論「觀」（應觀）之部份，如云：

　　菩薩摩訶薩修行般若波羅蜜多時，應如是觀：
　　實有菩薩，不見有菩薩、不見菩薩名。不見般若波羅蜜多、
　　不見般若波羅蜜多名。不見行、不見不行，何以故？舍利
　　子！菩薩自性空，菩薩名空，所以者何？色自性空，不由

---

[20] 印順《無諍之辯》之〈空有之間〉，頁 111，（新竹：正聞出版社，2003 年）。

空故？色空、非色。色不離空，空不離色。色即是空，空
即是色。……

此但有名，謂之爲空。此但有名，謂之爲色受想行識。[21]

　　般若波羅蜜多之「應觀」，是於一切「名」（菩薩、般若波羅
蜜多、行、不行、五蘊）皆不見之，此不見並非否定一切名，而
是以一切名爲「自性空」而言「不見」，依「自性空」而論，不但
以上所列舉之一切名皆終「自性空」，即或是「空」，此亦是「名」，
若以般若波羅蜜多觀照之，亦是「不見」。依般若波羅蜜多之觀照，
所謂佛、菩薩、五蘊、十八界、四大、十二緣起、六度、十八空、
四念住、四聖諦、十地、五眼、六通、十八佛不共法、三十二相、
八十種好、四果等，皆「但有名」，[22]既爲是「名」，亦必爲「自
性空」，而「不見」之，此爲般若波羅蜜多之「應觀」。

　　般若波羅蜜多之應觀，是於一切名而不見，但「名」之成立，
是確然有之，此爲於名之肯定，亦是於立一切法之肯定，惟對於
「名」之所立，是爲隨世俗而假立，所謂隨世俗而假立，於佛法
而言，實爲度衆方便而立，既爲方便而立，故「不執」是最重要
之態度。[23]般若波羅蜜多之應觀，是於一切名不見，由不見故不
執，此不見當包含「我」及「一切法性」，不論依我或一切法性所
產生之「名」，一皆無所得，既無所得故，則必爲不見，既爲不見，

---

[21] 《大般若經》卷 3〈學觀品〉，大正 5‧17 中-下。於原文引證中另參見《大般
　　若經綱要》卷 1，頁 56-57，（台北：佛陀教育基金會，1996 年）。
[22] 參見《大般若經》卷 3〈學觀品〉，大正 5‧17 下-18 中。
[23] 《大般若經》卷 3〈學觀品〉，有云：「……亦但有名。謂爲有情，乃至見者，
　　以不可得空故，但隨世俗，假立客名，諸法亦爾，不應執著。」（大正 5‧18
　　中）。

則亦必無執著。此般若波羅蜜多之應觀，是依應觀而不觀見而無執著，如是之智慧過程，是聲聞、獨覺所無法達到，因聲聞、獨覺著空，以自度爲主，以追求涅槃（中道止息義）爲目標，無法於一切法融通自在，如是之修行，非爲般若波羅蜜多之善修行，故亦不名爲菩薩摩訶薩。[24]

　　唯菩薩摩訶薩才可稱之爲善修行般若波羅蜜多，聲聞、獨覺不能稱之，此中之關鍵在「應學」與「應觀」之不同差別上。菩薩摩訶薩之「應學」，是於學而不執，其學是以無所得爲方便，不是爲學而學，而是學一切法卻不執一切法，其以無所得故，終可圓融、圓滿一切法，如是之境唯佛慧堪之，亦唯菩薩摩訶薩可堪修行之。於「應觀」上，菩薩摩訶薩於觀一切法時，於一切名皆不見之，此不見即是「不觀見」，此不觀見，並非真不觀見，而是於觀見一切法名皆不執而言之「不觀見」，故菩薩摩訶薩之「應觀」亦可謂是「不執觀」。足見，稱菩薩摩訶薩爲善修行般若波羅蜜多，其「應學」即不執學，其應觀即不執觀，亦因「不執」而界分菩薩與聲聞、獨覺之不同。聲聞、獨覺於法之修證與菩薩本無差異，就佛法而言，一切學人皆當修證圓滿一切法，始可悟入佛境，故就一切法而言，聲聞、獨覺與菩薩皆當修證之；惟此中之差異即在於一切法之學、觀之心態上，聲聞、獨覺有執，執涅槃之成就，然佛之壽命是甚大久遠，無量無盡，佛實未曾滅度，爲度眾生始言滅度，此即是佛慧、佛壽命，故依證悟之終究而論，所謂無上

---

[24] 《大般若經》卷 3〈學觀品〉，有云：「菩薩摩訶薩如是修行甚深般若波羅蜜多，除諸佛慧，一切聲聞、獨覺等慧所不能及，以不可得空故，所以者何？是菩薩摩訶薩於名所名，俱無所得，以不觀見，無執著故。舍利子！諸菩薩能如是修行般若波羅蜜多，名善修行般若波羅蜜多。」（大正 5．18 中）。

正等菩提，並非至此即終了，從此無事，而是亦不執無上正等菩提此法、此名，而此亦即是菩薩摩訶薩善修行般若波羅蜜多故，故菩薩摩訶薩之念是：「我當修行（一切法），乃至我當永拔一切煩惱習氣，證得無上正等菩提，方便安立無量有情於無餘依涅槃界。」[25]菩薩摩訶薩不以追求涅槃爲自安樂，此即不執涅槃之法、名，此亦即是菩薩摩訶薩之學、觀心態。

第二節　般若波羅蜜多觀諸有情界之相

　　以整體之三藏而論，則所謂佛法甚是豐富，然於《大般若經》中卻一再表明於諸法實無所得，再加以三法印之無常、無我（空）、苦義之闡述，佛法之終究歸趣恍如就是：終究成空、無所得，此爲佛觀諸法之悟得。然萬相森羅又歷歷可見，故佛除論述空、無所得之義外，對於現象界之「有」當如何待之、視之，此又爲佛法另一欲呈現之貌，故所謂有與空之兩面，亦可代表是佛法之全面，唯兩者間終有側重肯定之不同，如《大般若經》所云：

　　　萬流則無非佛法，不壞假名之繁總，而開實相之沈廖。正
　　　明如來法無，況菩薩法。菩薩法無，況二乘法。二乘法無，
　　　況凡夫法。法尚不有，何有菩提？尚無菩提，云何可趣？

---

[25]　《大般若經》卷3〈學觀品〉，大正5‧19中。

尚無可趣，何有證得？尚無證得，何有證者？是故有之斯殊，無之斯貫。[26]

上之引文爲〈第七會‧曼殊室利分〉之內容，其義在說明：佛法不捨、不取之精神。人所存在之現象界，無法僅以「終究成空」而一語帶過，雖成、住、壞、空是循環定律，然於成與住之當下，又宜如何面對此萬流呢？以「不壞假名而說諸法實相」即是肯定萬流（有）與實相（無相）之並存，然萬流之有終是假名短暫，唯若無一切之假名繁總，則亦無法體悟實相之得，且若無假名之存在，則亦無所謂欲探究實相之必要性。正因現象萬流繁總，故其間所顯在「殊」，此亦是造成執著紛爭之起因，而佛之本懷，在使眾生能由有而透視無，當能悟觀萬流終非實有，一切本無所得時，則判別高下之情即寂，此境即佛所欲呈顯之義，故曰：「有之斯殊，無之斯貫」，依「有」則一切萬流名有殊別，依「無」則一切皆寂而相融通貫。

一、觀有情界無增無減

依修學者而言，當學一切菩提分法，當證菩提，既肯定修學、證得，則於有情界中當如何自處待之呢？今依〈第七會〉之文云：

> 曼殊室利白佛言：我觀如來，即真如相。若以此等觀於如來，名真見佛，亦名禮敬親近如來，實於有情爲利樂故。

---

[26] 《大般若經》卷574〈第七會‧曼殊室利分‧序〉，大正7‧964上。

佛告曼殊室利：汝作是觀，爲何所見？

曼殊室利白言：世尊！我作是觀，都無所見。於諸法相，
亦無所取。

時舍利子謂曼殊室利言：仁能如是親近禮敬、觀於如來，
甚爲希有。雖常慈愍一切有情，而於有情都無所得。雖能
化導一切有情，令趣涅槃，而無所執。雖爲利樂諸有情故
擐大甲冑，而於其中不起積集散壞方便。

時曼殊室利白舍利子言：如是如是！我爲利樂諸有情故，
擐大甲冑，令趣涅槃，實於有情及涅槃界所化所證，無得
無執。所以者何？諸有情界，無增無減。雖有爾所諸佛世
尊，經爾所時，說爾所法，度脫爾所諸有情類，皆令證入
無餘涅槃，而有情界亦無增減，何以故？以諸有情自性離
故，無邊際故，不可增減。[27]

　　依究竟涅槃而言，則只有「一相」，既爲一相則亦無所謂生死
之問題，[28]在此立論之下，確實無一切法，以如來法尚無，更何
況其他諸法，至此，當亦無所謂菩提可趣、可證得與證得之人等
問題。然如何由凡夫至究竟涅槃之境地，此中則有過程，此中則
有修證之殊別，故於萬流中，當如何觀相與觀諸有情界，則爲重
要之關鍵，敘之如下：

　　1、觀諸法相而無所取，是謂真觀相：

　　凡一切之所見皆是相，相依因緣而起，故有千變萬化之相，《金

27　《大般若經》卷 574〈第七會・曼殊室利分〉，大正 7・964 中-下。
28　《大般若經》卷 574〈第七會・曼殊室利分・序〉，有云：「狀其區別，則菩
　　提萬流。斷其混茫，則涅槃一相，一相則不見生死。」（大正 7・964 上）。

剛經》有名言：「凡所有相，皆是虛妄。」此並非否定相（實亦無法否定），而是「相」總在剎那變化中，無有永恆性，故以「虛妄」爲相不具常態之表徵。觀之現實世界裡，釋尊於印度教化時，其相亦在遷流變化中，且將隨歲月而逐步老邁，故所謂：「我觀如來，即真如相」，此乃於當是時釋尊之示相能不執取，亦唯有不執取於變化之色身時，才能觀如來之色身即是真如相，亦唯有能觀真如相即名真見佛，否則佛又何在？唯一般凡夫，執相過重，總以「佛」當是威德照耀，無法還歸佛由人成之修證經歷，故無法真心禮敬週遭之一切人、事、物；同理，於一切塑造之佛像，若以其爲假造，則不敬之，又如何於具色身之人而尊其爲佛呢？「相」終是虛妄，唯有心誠敬之，則諸佛皆在，此爲敬他人之自性佛，如是之禮敬、親近是謂真親近禮敬如來，以此教導有情，始能臻至於相不執取之當下，而觀得真如相、得見真佛之境地。

2、觀諸有情界，無增無減：

有情世間本遷流變化，於歷史巨輪之推動下，一切事物皆有增有減，又或曰是「去舊革新」，此爲現象界之自然呈現。於有情世間中，常嘆「歲月摧人老」，亦有：「長江後浪推前浪，一代新人換舊人」之語，此爲現象界之生生不息之象，雖有興嘆之感，但亦代表生生之道，此爲人生之自然現象，故於中國之《易經》哲理中，其第六十四爲未濟卦，代表尚未停止，將再返歸第一卦而循環。一切之人情世故就在如是之循環、遷流中而輪迴不已，釋尊之深悟在此，循環、遷流是生命之現象，但觀此永不停歇之輪迴，似乎亦蘊涵著一股無可奈何之嘆！而般若波羅蜜多之作用，即在使每一輪迴之生命，每一當下遷流之事物，皆能獨立抽離而出，使每一當下即成永恆，無增無減。現實之生命如何置之

於永恆不遷之狀態呢？即於一切之苦樂感受之下，皆能欣然感恩而接受，於苦、樂之觸中，無有第二念，唯有當下之我，於外在之一切皆無得無執，如是之境界是可藉由修證而臻至，而修證之成唯在精勤，故言佛需歷劫而修證得成；此必要親證，無法取代，必要腳踏實地，無法一步登天。學人依般若波羅蜜多觀一切有情皆「自性離」，正因能觀一切皆自性離，如是則無有一切「相」之存在，既無有相，則無有執取；且由觀諸有情而至觀諸法界，亦然如是，一切法界亦皆自性離，故本無有增減之相，如是則無所謂來去之問題，實更無所謂欲求往生某淨土之舉。且觀有情所處之世間，涵融於整個太虛中，究竟何為某特殊之法界呢？實無量之太虛皆是法界，太虛既本無有增減，則法界亦然如是無有增減。

二、為有情界故說般若波羅蜜多

依般若波羅蜜多之不執作用，有情界之一切存在各有其理、其價值，此乃依一切本然存在而言：一切存在皆必合理，此一方面是予現象界一切存在之肯定，另一方面亦在彰顯《般若經》「不壞假名而說諸法實相」之義；若以有情界無增無減而觀一切有情界，則一切有情界之存在，亦可謂是諸法之實相，有關有情界之設立內涵為何？如《大般若經》云：

> 舍利子言：若諸有情無增減者，何緣菩薩求大菩提，欲為有情常說妙法。
> 曼殊室利言：有情都不可得，何有菩薩求大菩提，欲為有情常說妙法，何以故？諸法畢竟不可得故。

佛告曼殊室利：若諸有情都不可得，云何施設諸有情界？

曼殊室利白言：世尊！有情界者，但假施設。

曼殊室利！設有問汝：有情界者，爲有幾何？汝云何答？

世尊！我作是答：如佛法數，彼界亦爾。

曼殊室利！設復問汝：有情界者，其量云何？復云何答？

世尊！我作是答：有情界量，如諸佛境。

曼殊室利！設有問言：諸有情者，爲何所屬？復云何答？

世尊！我作是答：彼界所屬，如佛難思。

曼殊室利！設有問言：有情界者，爲何所住？復云何答？

世尊！我作是答：若離染際所應住法，即有情界所應住法。
[29]

以上引文有關有情界設立之內涵，其義如下：

1、有情界但假施設：

依真空之境，實無有一物。但佛法義理敷陳之奧妙亦在此，既爲真空，則真空不空，此真空之境是有生機的。若強以老子之道比喻之，則如云：「有物混成，先天地生。」[30]又云：「道之爲物，惟恍惟惚。其中有象、其中有物、其中有精、其中有信。」[31]如是皆在說明：形上之道，並非空無一物，其雖「寂兮寥兮」，但是「有物」混成。此雖爲老子描繪道體之述，然可以看出：所謂無形無相，並非表示其是死寂，如是之思維爲中西所同。佛法之真空義亦是如此，「真空妙有」是一體言之，依真空所言之妙有，

29　《大般若經》卷574〈第七會・曼殊室利分〉，大正7・964下-965上。

30　《老子》第25章。

31　《老子》第21章。

此有並非是一執著，故以「妙」而言此「有」為不可思議，換言之；於真空之境中，是蘊涵有不可思議之存在。依佛法之究竟義而言，一切終將入於真空之境，而真空是無法以形相言之、描繪之，但觀有情界之存在，卻又如是真確在吾生存周遭，故在一方面要肯定真空之境，另一方面又要為有情界之存在而做說明，則佛法所提出之說明是：「有情界者，但假施設」。此中之假施設即是權設，是指暫時性之存在，此乃於般若波羅蜜多之觀照下，一切有情界皆是假施設，既為暫時性，故不可執之，然前段之引文又云：觀諸有情界，無增無減，此兩者看似矛盾，實為一體兩面。於觀有情界但假施設，此是依不執一切法而言；但觀有情界無增無減，則是依自性離故而論，如是之兩面，即是佛法觀一切法之全面。

2、有情界既不可得，而其設立之故是但為有情常說妙法：

依真空之境，有情界無增減，但有情界之存在又為權設，有情界亦可總曰只是某一法而已，而一切法皆為權設，故本不可得、無所有。若以此而觀之有情界，則試問有情界之設立目的又是為何呢？既是有情界，則其所居者，必為有情眾生，一切有情眾生，依佛之本懷，一皆是佛，唯於遠劫本懷早已忘失，故佛開近迹示現，其目的只有一個：但度有情眾生能憶念遠劫早已成佛之事實。此為佛之本壞，亦是整個佛法設立之因，唯眾生在長劫流浪中，早已忘失本願，故浮沉於生死輪轉無有停歇。而有情界之設立，是但為有情眾生故，於有情界之權設、無常、苦惱之特色，眾生以為皆本如是，而諸佛菩薩之開演法義，實為使眾生明一切法畢竟不可得，此中連諸有情界皆不可得，而假施設之，是但為度眾生故。論述至此，其實有關般若波羅蜜多之用意，已甚明朗，亦

可謂佛法之主要目的亦大抵彰明：佛法之設立目的只有度眾脫離苦惱而已，故觀一切有情界乃至一切法，無非在不可執。若能由有情界中因聽法而開悟證得，則有情界、一切法確亦無所謂當捨與否之問題；同理，若於有情界之執著未盡，於有情界中欲再探究另一諸佛菩提境界，且以爲此可執之、可住之，如是只是由一苦惱之地，再跨入另一苦惱之地。般若波羅蜜多之不執作用，不只是在有情法界如是，實於一切諸佛法界亦然，而如是之妙義，即諸佛菩薩欲爲有情眾生所說之內涵。

　　3、有情界即是佛界：

　　諸佛菩薩示現於有情界中，所說之妙義是：如何由凡夫登聖界，如何由權設之有情界轉入無增減之境，如何由苦惱以證菩提等，此爲佛法之所說，亦是吸引眾生之方法。一切眾生在苦惱之有情界中，有一解苦之行法，有一寂靜涅槃可求，終能使眾生願向菩提行之動力，然如是立一殊勝不可思議之境，於釋尊而言，皆只是權法而已。當般若波羅蜜多之義開顯時，不執是其內涵作用，此中之不執是指於一切法皆不可執，即或是佛法之最終目標：菩提、涅槃亦不可執。在般若波羅蜜多之觀照下，一切法皆可不執，依不執故可融通一切，因此，依般若波羅蜜多所觀照之有情界，若問有情界之法數、量、所屬、所住爲何？其答案是：「如佛法數、如諸佛境、如佛難思」等，如是皆在說明：若捨有情界即無佛界可求，或亦可謂：有情界即是佛界。如是之義，亦可謂是：佛法終究重人事以成佛道，依憑此土以成淨土，由迷以轉悟，此中並非是二分法，而是唯有不執，才能真正自由往來於眾生界與佛界。若於眾生界尚不能捨、有執之存在，又如何入於佛境呢？同理；若空執佛果可證，此亦無法入於真空境地，因真空之境，

是無佛、無衆生，既已無佛，又何來之佛果可證呢？當佛法義開
顯至般若波羅蜜多時，於諸法皆已明、已習之下，唯有不執才能
使自己真正站立起來，依心悟而心明，依心明才能再予佛法注入
生生不息之生命，亦才能真正襄助衆生超脫苦惱，確實無有定法，
此爲般若波羅蜜多之立論目的。

三、依證諸法空，則諸法無勝劣

有情界雖爲假名施設，但有情界之設立，是爲度衆，亦即是
菩薩爲度衆生而說妙法，此中之妙法即是般若波羅蜜多。由依自
性離，則觀有情界無增無減；再論有情衆生所處有情界設立之故，
以顯菩薩與衆生之關係存在，亦是佛法雖以無法爲究極，但亦論
及有佛有菩薩、有衆生之故。既論及衆生，則必再涉及衆生當如
何修證？如《大般若經》云：

> 曼殊室利！汝修般若波羅蜜多，爲何所住？
> 世尊！我修般若，都無所住。
> 曼殊室利！無所住者，云何能修？
> 世尊！我由無所住故能修。
> 曼殊室利！汝修般若波羅蜜多，於善於惡，何增何減？
> 世尊！於善於惡，無增無減，於一切法亦無增減。
> 世尊！般若波羅蜜多出現世間，不爲增減一切法故。修學
> 甚深般若波羅蜜多，不爲棄捨異生等法，不爲攝受一切佛
> 法。所以者何？甚深般若波羅蜜多，不爲捨法得法故起。
> 修學甚深般若波羅蜜多，不爲厭離生死過失，不爲欣樂涅

槃功德。所以者何？修此法者，不見生死，況有厭離。不
見涅槃，況有欣樂。修學甚深般若波羅蜜多，不見諸法有
劣有勝、有失有得、可捨可取。修學甚深般若波羅蜜多，
不得諸法可增可減。所以者何？非真法界，有增有減。
佛告曼殊室利：諸佛妙法，豈亦不勝？
世尊！諸佛妙法不可取故，亦不可言是勝是劣。如來豈不
證諸法空，諸法空中，何有勝劣？[32]

以上引文之義要約如下：

1、修學般若波羅蜜多，於一切法皆無增減：

依佛法之意，觀諸一切法是有分有別，故總曰有世間法與出
世間法，亦可簡言之，於法是有勝、劣之分，且釋尊一再強調：
唯出世法爲勝、爲無漏，如是皆在引眾生能捨世法而走向無漏正
法，此爲佛言法之意。然當眾生於習眾多之菩提分法時，如是之
法，於佛法而言，才是「法」（合於正法），除此，皆爲「非法」
（不合正法）。若以菩提分法爲正法，而修學般若波羅蜜多，是否
亦意謂著所修之法爲正法？然細思般若波羅蜜多之內涵，其並非
是如一般菩提分法有其修證之內容，般若波羅蜜多並非是法數、
法相，亦可嚴格言之：般若波羅蜜多並非是某一「法」，其作用是
「觀照」，且因能觀照諸法皆自性離，故於一切法皆不可執。若般
若波羅蜜多非如一般之法數義，則般若波羅蜜多亦不可言是勝法
或劣法，且依其觀照之作用，在觀一切法皆不執上，則修學般若
波羅蜜多是以諸法之自身而觀之，並非在法與法上做比較。若般

---

[32] 《大般若經》卷 574〈第七會‧曼殊室利分〉，大正 7‧965 上-中。

若波羅蜜多於諸法上做比較，則必有勝、劣之分；然若般若波羅蜜多能於諸法分出勝、劣，則般若波羅蜜多即成一種執，即執何法爲勝？何法爲劣？如是則無法達到融通一切法之作用。故修學般若波羅蜜多，是「不爲增減一切法，亦不爲棄捨異生等法」，若般若波羅蜜多能增減、能棄捨諸法，則是般若波羅蜜多與諸法作比較，如是則與般若波羅蜜多之觀照作用不相應，如是之理，皆建構在般若波羅蜜多本無所執、無所住，若要強言如何修學？則當是：依無所住而曰修。

2、諸佛妙法亦爲不勝：

依判教論，佛法有淺深高下之別，然此乃立足於衆生根器之差別而然。若一切法皆爲度衆，則「法」無法分別勝劣，其因在：能度衆解苦才是重點，並非高妙之法即能度一切衆，故釋尊悟道後四十九載之行遊教化，其法之設立皆依學人之因緣而不同。而判教論之建構，與其言是爲釋尊一代之時教做淺深高下之判攝，不如言是爲安置諸法故，然不論是判法義之勝劣，或爲安置法故，皆可看出佛法之一大重點：即法義內容多元且豐富，此正可應無量衆生而有無量諸法之事實，如是亦皆能明白：佛法是以無定法爲其立基點，而法義之開演是依因緣而起，故無「法執」是修學之一大功課。佛法之內容雖豐富多元，但一皆以能成佛證菩提爲最終目標，此乃以能成佛爲最高之勝法、妙法，然如是欲探求有一佛道可成、可一菩提可證，依般若波羅蜜多之觀照下，實所謂佛道、菩提亦是自性離，故本無佛道可成，更無菩提可證。若依諸法性空，則成佛道是一法門，證菩提亦是一法門，既已證性空，故佛道不可成、菩提不可證則成本然，因一切法皆本不可取。故依般若波羅蜜多修學，必能觀諸法皆無勝劣，諸法既不分勝劣，

如是才能真正入於「不厭離生死，不欣樂涅槃」之境界。能於一切法確然無所執，才是真正依般若波羅蜜多而修學，此爲真自在、真融通，如是亦是謂爲真解脫，確然能行於世與出世間而毫無罣礙。

四、依有情世間而成就佛法

當佛法是開演菩提分法時，則展現之面是積極向上精勤，此中之目標是佛道可成、菩提可證。然當開演般若波羅蜜多，則一切法不可執，此中連菩提分法、佛道、菩提亦皆無所有、不可取，至此，堅心不定者，易生鬆散心，故佛必再開示：一切法皆是佛法，若能於一切法中皆自在自得，則佛道亦然如是，此如《大般若經》云：

> 佛告曼殊室利：汝已親近供養幾佛？
> 世尊！我已親近供養佛數量同幻士心心所法。以一切法皆如幻故。
> 曼殊室利！汝於佛法豈不趣求？
> 世尊！我今不見有法非佛法者，何所趣求？
> 曼殊室利！汝於佛法已成就耶！
> 世尊！我今都不見法可名佛法，何所成就？
> 曼殊室利！汝豈不得無著性耶！
> 世尊！我今即無著性，豈無著性復得無著。
> 曼殊室利！汝不當坐菩提座耶！
> 世尊！諸佛於菩提座，尚無坐義，況我能坐。何以故！以

　　一切法皆用實際爲定量故。於實際中，座及坐者，俱不可
得。

　　曼殊室利！言實際者，是何增語？

　　世尊！實際當知即是僞身增語？

　　曼殊室利！云何僞身可名實際？

　　世尊！實際無去無來、非真非僞、身非身相，俱不可得。
僞身亦爾。是故僞身即是實際。[33]

　　以上引文之義要約如下：

　　1、一切法皆是佛法，故於世法可成就佛法：

　　依般若波羅蜜多之作用，諸法皆自性離故不可取、無所得，
在如是性空之觀照下，則諸法皆無勝劣，此中當包括成佛、證菩
提之法。若佛道不可成、菩提不可證，則佛法所立之一切法又爲
何呢？而一切有情世間之存在又有何意義呢？至此，爲使衆生於
法不執、無勝劣之分，故再繼續開演：一切法皆是佛法，此並非
將成佛、證菩提原崇高地位往下降，而是在說明：佛道之成就，
即在依於一切法中；若能於一切法不執，則能於有情世間不執，
當能不執世間一切之功名權利時，我執自能去捨，當法執、我執
皆去捨後，清淨心即呈顯，如是即是成佛之道，故以一切法皆是
佛法，是在說明：唯有依不執不著之清淨心即是，而不是在論議
法之勝劣。

　　2、一切法皆無實際，故不可執：

　　佛經於佛之描述是：佛證得菩提，坐菩提座、轉妙法輪、度

33　《大般若經》卷574〈第七會・曼殊室利分〉，大正7・966中。

無量眾生，如是之描述皆是於法之正面說明。然在般若波羅蜜多之觀照下，一切皆不可得，此中於佛描述之不可得，是指佛德之證悟爲不可思議而不可得。於世間法中，所謂「實際」，是意指能量化、能數知、能思議，既以實際爲定量，則必有限，有限則終成滅壞，故總曰「實際」不可得。佛德既不可思議，更無法量化，且再依般若波羅蜜多而觀照之，則確然能明白：無有一法可得，此中所謂一切法，當指有情世間之一切法，以及一切之菩提分法，乃至成佛之法等，一皆無有實際，而不可得。

五、菩提、法界俱離性相：不可思議與五無間，性無差別

人無法脫離有情世間，有情世間雖言是煩惱世間，但佛之成是轉煩惱爲菩提，故有謂「煩惱即菩提」，此乃說明事物之一體兩面，而佛法即是不二之法。佛由人成，成佛是依於有情世間；故捨人則亦無佛可成，若去離有情世間亦無有佛道可成。至此，已然肯定有情法界之存在，唯於有情法界當如何證得呢？再如《大般若經》所云：

> 舍利子言：曼殊室利！佛於法界豈不證耶？
> 不也。大德！所以者何？佛即法界，法界即佛。法界不應還證法界。又舍利子！一切法空說爲法界，即此法界說爲菩提。法界、菩提俱離性相。又舍利子！若造無間，當知即造不可思議，亦造實際。何以故？不可思議與五無間俱即實際，性無差別。既無有能造實際者，是故無間不可思議，亦不可造。由斯理趣，造無間者，非墮地獄。不思議

者，非得生天。造無間者，亦非長夜沈淪生死。不思議者，亦非究竟能證涅槃。何以故？不可思議與五無間，皆住實際，性無差別。[34]

依上引文之義約略如下：

1、能觀法界自性離，則有情法界即是佛界：

佛教有「法界」之說，所謂「界」即有領域範圍之義，故言法界即是有盡、有限、有量。於佛教之各宗派中，言「法界」最具代表者為華嚴宗，其依四法界：理法界、事法界、理事無礙法界、事事無礙法界為根柢，並再演繹為：重重無盡法界，因每一法界皆有無量微塵數法界，其義總在：法界無法窮盡之，且不同法界皆有無量數之成佛者。然不論於法界是如何論述，依法界之義，皆是各種條件因緣所成，其皆自性離，故亦可總曰：一切法界即是一切法空。雖言如是，然成佛又必依於法界以成之，故如云：「佛即法界，法界即佛」，顯然，此是予法界之肯定，而華嚴宗亦終以事事無礙法界為最圓融之境，亦是肯定現實之有情世間，即是成佛之界。在此立論下，若能觀有情法界皆自性離，則能不執一切有情法界，此境地即已等同於佛。

2、不可思議與五無間，性無差別：

佛法又名不二之法，此所謂不二是指不執、不落兩邊。唯世俗之觀點總喜分善、惡二法，故凡夫於修學佛法過程中，總是欣羨佛德之不可思議，並懼怕造五無間罪，如是之欣羨與懼怕之間，是於一切法皆有善惡之判別。於法之善惡判別，是修學之初步，

---

[34] 《大般若經》卷574〈第七會・曼殊室利分〉，大正 7・967 中-下。

故佛教有：「諸惡莫作，眾善奉行，自淨其意，是諸佛教」之行法標目，此中之修學方法即是止惡行善，此是於法相之觀察，則法法必有不同。而依般若波羅蜜多之修學，所觀照之法，是依其法性之自性離，在此觀照下，則不可思議與五無間罪皆本法空而不存在。唯般若波羅蜜多之作用，又並非要使學人以爲任意造罪無所謂，而佛德並不需證，若如是以爲，則亦是執，因執法空亦是執。般若波羅蜜多是在破欲求佛德不可思議者之執，亦在破以爲造五無間則終無成佛可期者之執，唯有不執、並依自性離，才能在自我修學上無有罣礙而轉增明淨。

六、菩提之性不可現見，故非可證得：非坐可得，不坐便捨

依般若波羅蜜多觀之諸法，則諸法皆不可得，此中菩提不可得，五無間亦不可得，此乃依性無差別而論之。故凡言法有差別，是依相而有不同，一切相皆因緣和合故；若言諸法之性，則一切皆空，以終究之空而言，故諸法皆無差別。然依般若波羅蜜多修學，亦是爲證得菩提，故於菩提之性當如何瞭解呢？再依《大般若經》所云：

> 佛告曼殊室利：頗有因緣，可說菩薩坐菩提座，不證無上正等菩提。
> 世尊！亦有因緣可說。謂菩提中，無有少法可名無上正等菩提。然真菩提性無差別，非坐可得，不坐便捨。無相菩提，不可證故。
> 曼殊室利復白佛言：無上菩提即五無間，彼五無間即此菩

提。所以者何？菩提無間俱假施設，非真實有。菩提之性
非可證得、非可修習、非可現見。彼五無間，亦復如是。
又一切法，本性畢竟不可現見，於中無覺、無覺者，無見、
無見者，無知、無知者，無分別、無分別者，離相平等，
名爲菩提。五無間性，亦復如是。由此，菩提非可證得，
言可證得、修習、現見大菩提者，是增上慢。[35]

依上引文之義約略如下：

1、菩提非坐可得，不坐便捨：

佛法之修學是有殊勝之目標：證得無上正覺菩提。爲如是之
殊勝目標，釋尊以其一生之示現而告曉世人：菩提可證、佛道可
成。且自釋尊後，歷代皆有大德，將其一生獻於弘法利生上，其
目標亦是爲此殊勝菩提之悟得，以至於今亦然。雖在不同時、空
間之轉移中，此向上殊勝修證之路，法門異路已多樣化，甚至已
讓人有眼花撩亂之感。但若能細思佛所留下之正法，亦當能明白：
菩提若依其性而言，當不可能以現見，菩提既非法相義，故任何
自認爲其法門才是最捷徑成佛之道，依佛意此皆是增上慢語。菩
提若以性而言，則絕不落於形相上，故有：「真菩提性無差別，非
坐可得，不坐更捨」，此中除否定依坐菩提座即可成佛外，最重要
處在：真菩提，此中之真菩提是指真性，真性即真菩提，是一切
眾生本然本具，故本不待修，亦不需修，更非可得或可捨之，若
能有如是之見知，才能不惑於外在之諸多異法門。

2、一切法離相平等，名爲菩提：

35　《大般若經》卷574〈第七會・曼殊室利分〉，大正 7・968 上。

　　諸佛皆依般若波羅蜜多而生，而諸佛之成是因證得菩提，若言菩提不可證，佛道不可成，是否即亦謂一切皆無所事事即可，若如是則成執頑空。般若波羅蜜多之觀照作用，在觀一切法皆自性離故，依此自性離，則一切差別法終可轉成平等，因一切法其性皆本平等，如是之觀照，是般若波羅蜜多之觀照，而如是之修學所成，即名爲證得無上正等菩提。當然，依般若波羅蜜多之觀照，實無有一法名爲無上正等菩提，但由凡夫以至成佛，其間之差異，唯在於法之觀照上，是否能依法自性離相平等，能具有如是之見地，則非凡夫，故強曰爲菩提，強名爲佛，實則皆是本心平等之顯露而已，一切外學不能加之、無法添之。

七、菩提即我，我即菩提：於菩提不求相與證

　　修學佛法之目的，在使自己覺悟，並依自覺而覺他，此中所關心處皆在自我生命上，且所謂覺他，那個「他」亦必自性自度，故一方面言：佛度眾生，以是於四弘願上有：眾生無邊誓願度；但另一方面又強調：佛實無度眾生，一切皆要眾生自我開悟，他人無法替代，故覺他所涉及亦是個己之生命。顯然，佛法之終究處在：「自我」身上，而佛法之開演，亦是爲此目的而然，既論及自我，則此我當如何證入呢？其入手處爲何呢？此如《大般若經》所云：

> 佛告曼殊室利：汝觀何義，欲證無上正等菩提。
> 世尊！我於無上正等菩提，尚無住心，況當欲證。
> 我於菩提無求趣意，所以者何？菩提即我，我即菩提，如

何求趣？

佛言：汝能巧說甚深義處，汝於先佛，多植善根，久發大
願，能依無得，修行種種清淨梵行。

曼殊室利白佛言：若於諸法有所得者，可依無得修淨梵行。
我都不見有法可得，及無所得，如何可言能依無得淨修梵
行。[36]

依上引文之義約有如下：

1、於菩提不可求住與欲證

於修學佛法上，菩提之證得是一殊勝目標。然細思：菩提即
是覺，而所謂覺，是一種自我之開悟，此是心之問題，心（真心）
本無形質，更不可以色見，心既不可見，其所悟得，又如何能落
於言說？故真正之覺，絕無法留存於經典上，而經典上之記錄與
傳抄，皆只是覺之迹而已，如是並非否定經典之作用，而是以心
之悟覺而言菩提，則菩提實無法住之，更無有欲證之事。實所謂
覺，是攸關個人之所悟，既無法完全形之文字、言說，如是則全
然是個人之自我境地。若以此立場而觀釋尊之法義，亦能明白：
雖言四十九年而實無言一字之意義，此中之深義在：佛之真正悟
覺之境，無法言說，而經典之內容只是依自覺而強留下之迹而已。
然經由迹亦能儘量推究釋尊之本懷、本義：菩提唯在自心上，不
必向外求，更不需求住與證得，因菩提本然具有，菩提即我，我
即菩提。

2、一切法可得、無所得，皆不可見：

　　釋尊引領衆生依法修證成佛，故衆生以爲有法可得，以是一切之菩提分法皆爲衆生所求、所行、所證，並依此而界分行證之高低。然般若波羅蜜多之修學，又一再強調：一切法自性離故無所有，亦不可得。至此，於法究竟是可得或無所得呢？般若波羅蜜多雖強調一切法不可得，此乃爲去執故，然真正之去執，是於可得或無所得皆不可執。因可得之法，其自性離，故不可見；而無所得之法，其本就不可見，於真正修學般若波羅蜜多者，是無法依一切菩提分法而證得菩提，亦不依無所得而淨修梵行，因得或不得皆不可見故。

八、觀如來非真實，無二不二：依無相無不相之覺見如來

　　佛法之設是爲引領有情世間之有情衆生能擁有正覺之人生，故佛法中有殊勝目標、有不可思議境界以吸引衆生。然釋尊開法之目的，不是爲法之本身，而是使法成爲良藥，當衆生病除後，藥即應棄，於修證而言，則法亦當捨。當般若波羅蜜多之作用，已開演至「菩提即我」、「於菩提不求住與證」時，往下即要再論及所謂佛、如來等事，如《大般若經》云：

> 佛告曼殊室利：汝今謂我是如來耶！
> 不也。世尊！我不謂佛是實如來。所以者何？夫如來者，以微妙智，證會真如。妙智、真如，二俱離相。真如離相，非謂真如。妙智亦然，非謂妙智。既無妙智及無真如，是故如來亦非真實。何以故？真如、妙智俱假施設。如來亦

爾，非二不二，故不謂佛是實如來。[37]

依上引文述其義如下：

1、如來為假名施設，非二不二：

稱佛為如來，此為讚譽佛能往來自由，所謂如來即如其（自性）所來，亦如其（自性）所去；如來既言是自性之自由往來，唯自性本不可得，故如來實亦不可得。依修證而論，如來是「以微妙智，證會真如」，所謂妙智是指心悟，所謂真如即是自性，此妙智與真如俱皆離相，故妙智亦無，真如亦無，如來既是依妙智而證真如，唯兩者（妙智、真如）俱皆非真實，是故如來亦非真實。依於般若波羅蜜多之觀諸有情界之相，當由法界、菩提俱離相，而論一切法亦皆離相，此中重要之歸趣在：依法之性而論，則一切皆無差別。故當再論及「如來」之證時，如來亦不代表殊勝於其他諸法之證得，如是之推論亦當可知。唯「如來」亦同其他諸法一樣，皆是假名施設，如是皆是立足於般若波羅蜜多觀諸法不執上而論，既言是諸法，則當指一切法，此中亦當包括菩提、如來、妙智與真如等，至此，是假名施設也好，是終究非真實也罷，一皆不可執，是以如來是非真實，或謂佛即是如來，此兩者皆不可執，是以如來是非真實，或謂佛即是如來，此兩者皆不可執，故總曰是：非二不二。

2、不可以相見如來：

如來之「如」，即是真如，若依於個人而言，可言是個人之真主宰。依佛法之論，依般若波羅蜜多之觀照，十法界無一是實法，

---

[37] 《大般若經》卷574〈第七會·曼殊室利分〉，大正 7·968 上-中。

一切皆虛妄相；今以所處之地球法界而論，此中之空氣、塵亦是虛妄之相。般若波羅蜜多觀如來非真實，然又言「非二不二」，此乃在說明：不可依虛妄之相而得見如來，此亦如《金剛經》之名偈：「若以色見我，以音聲求我，是人行邪道，不能見如來。」[38]其義在：一切相（色、聲）皆是虛妄，是本無所有，是依塵而有；唯如來當是指自性真如，其必依無相（無妄相、真空）無不相（任何事物皆有其主宰性：實相）之理而得見之，故依般若波羅蜜多所證之如來，當是指自性如來，亦可言即是真空如來，至此境地，已悟證性體本空，故如來不可以相見，則成必然之理。唯執相是妄，離相又落斷滅，需不執不離，於相而不住相，此才可謂是得見如來、善見如來。

九、依真法界論，如來不曾出現有情世間，亦不曾取證涅槃

如來不能依相而得見，因相終滅壞，一切事物皆有其相，而一切事物亦終會壞而成空。如來既不能以相見，故如來是否出現於世間，或如來是否取證涅槃，亦皆不能以相而觀得、觀知，續依《大般若經》文云：

> 佛告曼殊室利：如來豈不出現世間？
> 不也。世尊！若真法界出現世間，可言如來出現於世。非真法界出現世間，是故如來亦不出現。
> 曼殊室利！汝謂殑伽沙數諸佛入涅槃不？

---

[38] 大正 8・752 上。

不。世尊！豈不見諸佛如來，同不思議一境界相。

曼殊室利復白佛言：今佛世尊現住世不？

佛言如是。

曼殊室利便白佛言：若佛世尊現住世者，殑伽沙等諸佛世尊亦應住世。何以故？一切如來同不思議一境相故。不思議相無生無滅，如何諸佛有入涅槃？是故世尊！若未來佛當有出世，一切如來皆當出世。若過去佛已入涅槃，一切如來皆當出世。若過去佛已入涅槃，一切如來皆已滅度。若現在佛現證菩提，一切如來皆應現證。何以故？不思議中，去來現在所有諸佛無差別故。[39]

依上引文而述其義如下：

1、如來不曾出現於有情世間：

如來以一大事因緣故出現於世，此乃依佛為度眾之大願而言之；唯所謂一大事因緣，即是生死之大事，生命由生至死是一場生命力之問題，此歷程無人能抵擋，故生死大事亦即是如何脫輪迴之大事，此為佛出現於世，欲引眾生入佛知見之目的。以相而論，則釋尊曾出現於世，但此現實世間本是虛妄，並非真法界，而如來又不能以相見，因此若問如來是否曾出現於世？此中必論及：如來是依自性如來、真空如來而言，是以如來之出現亦必在真（真空）法界，故以真法界而論，則如來曾出現於真法界之世間；然有情世間並非是真法界、真世間，若以此觀點而論，則如來確未曾出現有情世間。

---

[39]　《大般若經》卷 574〈第七會・曼殊室利分〉，大正 7・968 中。

2、諸佛未曾取證涅槃：

如來是依自性真空而言，此境界爲不思議境，以不思議境而言則爲一，亦即是不思議境一；此一即代表無生無滅，亦代表一切諸佛皆同之，此一亦是無分無別；既在真空不思議境中，則已無一切之分別妄相，故若問：佛涅槃否？佛住世否？佛現證否？在真空不思議境中，一切皆是一，則此中必無有時、空間性，既無時、空間，則更無有依時、空間而產生之分別，故一佛涅槃，則全體諸佛皆然如是，於住世、於現證亦皆如是。既依諸佛所證之真空不思議境一，則如來未曾出世、亦未曾住世，更未曾取證涅槃，此理則已明。依般若波羅蜜多觀諸法不可執，且已論及至如來未曾出現世間、如來未曾取證涅槃時，修學般若波羅蜜多者，當放下有關如來、諸佛之事，因此中之理只有一：學人當不再執著諸法，於如來、於諸佛亦當如是，因依自性真空而論，如來、諸佛亦皆是法、相而已矣！

十、如來非於有情類為最勝

依真空不思議一而觀之如來、諸佛，乃至一切法，則一皆平等無有差別，此中最爲凸顯真空之境。若觀一切法皆平等無差別，則於有情世間，佛又何需說法？且開演種種不同之法，徒令眾生生執而已，如是豈不矛盾乎！故當於有情世間言如來之境不可思議，觀諸一切法皆無差別時，則當涉及法之存在意義，與不同法之差別意義所在。且觀《大般若經》所云：

曼殊室利復白佛言：佛有情、心及一切法。若皆平等不可

思議，今諸聖賢求涅槃者，勤行精進，豈不唐捐！所以者
何？不思議性與涅槃性，既無差別，何用更求？若有說言
此異生法、此聖者法，有差別相，令諸有情執二法異，沈
淪生死，不得涅槃。

佛告曼殊室利：如來於有情類最為勝不？

世尊！若有真實、有情，我願如來於彼最勝。然有情類實
不可得。

曼殊室利！佛成就不思議法耶？

世尊！若有不思議法實可成就，我願如來成就彼法，然無
是事。

曼殊室利！如來說法，調伏弟子眾不？

世尊！諸有情類，皆住無雜真如法界，於此界中，異生、
聖者，能說能受，俱不可得。[40]

依上引文述其義如下：

1、佛實未曾言法：

依真空不思議境觀，實無有一法，更何況有種種差別之法呢？
然又不可否認的是：三藏十二部之存在，其內涵無量之法，皆是
諸佛、菩薩所開演。若以為三藏法為佛所開演，此乃執有情世間
為可得，然有情世間本遷流變化，是生滅循環，其本是虛妄，又
如何有真實之存在呢？有情世間既本不可得，又何來佛之言法
呢？故佛實未曾言法，更無有差別法之存在，而勤行精進求涅槃，
此乃以妄執妄，終只是再一場輪迴生死罷了！般若波羅蜜多於諸

---

[40] 《大般若經》卷574〈第七會・曼殊室利分〉，大正7・968下。

有情之觀照，其目的但爲破除衆生之妄執，實並無諸佛，亦無有諸法，於虛妄之有情世間，妄執不可得之法，終沈淪於煩惱海中，難有出期。能依般若波羅蜜多而知佛未曾言法，確然「無法」，故不循依法修證之路，唯有自性真空之境，才能與諸佛同爲一。

2、如來於有情世間不爲最勝，亦無成就不思議法，更無調伏弟子：

於世俗而觀佛境，則佛境代表清淨、真空、無雜染，故凡夫於佛法之引領下，欲求出離世間，此亦可理解，實亦令人讚嘆，故凡能精勤修學佛法者，皆言其是向上之路而行，可脫生死輪迴，與諸佛同證。唯般若波羅蜜多在破執諸有情事後，再破執諸佛、法事，至此，並再論及：佛不爲有情世間之最勝，佛亦無成就不思議境，佛更無教化調伏弟子；如是皆與佛爲世間最勝名，佛成就不思議境，佛度盡無量衆生事，兩者可謂完全相背反，然細思般若波羅蜜多之論述用意：唯此中所論皆在有情世間，有情世間本不可得，又何來佛所成就之事呢！其真正目的在使學人勿依相而行，凡依相而行皆與佛境背反，而並非在否定佛境。

十一、不思議定無得、無不得：依心性離故，則有情類無不得者

當佛法義轉入般若波羅蜜多時，與一切諸法義最大差異處是：於一切諸法義而言，要精勤、要修證，此皆爲正面向之引領；而般若波羅蜜多卻論述勿執著、無所有、不可得，此則爲反面之破執。依般若波羅蜜多之觀照，不論是佛境之不可思議，或一切可思議法，於般若波羅蜜多之作用觀照下，一皆不可執爲可思議

或不可思議。此如《大般若經》所云：

> 舍利子白佛言：曼殊室利所說法相不可思議。
>
> 佛告曼殊室利：汝之所說，實難思議。
>
> 曼殊室利即白佛言：我所說法，不可說可思議，亦不可說不可思議。所以者何？不可思議、可思議性，俱無所有，但有音聲。以一切法自性離故，作是說者，乃名爲說不可思議。
>
> 佛告曼殊室利：汝今現入不可思議三摩地耶！
>
> 世尊！我不現入此三摩地。所以者何？我都不見此三摩地性異於我。不見有心能思惟我及此定，故不可思議三摩地者，心非心性俱不能入。云何可言我入此定？
>
> 世尊！我昔初學作意，現入此三摩地。非於今時復更作意現入此定。如射初學，注心發箭，久習成就，不復注心。如是我先初學定位，要先繫念在不思議，然後乃能現入此定。久習成就，不復繫心，任運能住。所以者何？我於諸定，已得善巧，任運出入，不復作意。
>
> 舍利子言：曼殊室利！豈今此定亦不可得？
>
> 大德！此定實不可得。所以者何？謂一切定可思議者有相可得，不思議者無相可得。此定既曰不可思議，是故定應實不可得。又舍利子！不思議定，一切有情無不得者。所以者何？一切心性皆離心性，離心性者皆即名爲不思議定，故有情類無不得者。[41]

---

[41] 《大般若經》卷575〈第七會·曼殊室利分〉，大正 7·969 中-下。

依上引文之義論述如下：

1、不可思議、可思議性，俱無所有：

佛教於一切境界，別分爲可思議與不可思議，凡有爲法必是有限、有量，此皆是可思議之；而無爲則無限、無量，此則是不可思議之。依可思議法而言，一切因緣法皆是有爲、可思議之，由緣生則緣滅，故於可思議法而言，則本無所有。現象界之存在皆是可思議之，唯佛境不可思議，佛境非一切之言說或思議可及，故總曰佛不可思議境。依修學佛法之學人而言，向以證得不可思議境爲目標，然細思：既爲不可思議境，則除不能以言說思議之外，更無法落爲形相，故以現象界觀之，其本無所有、不可得。修學般若波羅蜜多，觀一切法本無所有、不可得，除有爲之可思議法不可得外，般若波羅蜜多之破執，是徹底至菩提與佛境，簡言之，於佛境之不可思議亦不可執欲求證得，至此，可總曰：依般若波羅蜜多觀可思議與不可思議法之性皆無差別，一皆無所有、不可得，以至菩提不可得、佛境不可證。

2、習定之初步是先繫念在不思議：

依天台宗之判教論，般若波羅蜜多列爲第四時，其用意甚是明顯：若學人先立於不執一切法，乃至佛道、菩提不可證得，此易入於斷滅空。故學人必先有求不思議境之心與行，而習定是一入門方法，於初步習定者而言，要先住心於定，要先繫念有一不思議境能住、能定，此乃欲引領學人於入定能有目標而增加信心。而欲求證得之目標即是不思議境，此佛境本無法落爲言說，其證境之歷程是：如人飲水，冷暖自知，於定上若能得輕安、喜悅，無疑亦是助長學人更加精勤用功。

3、久習於定之成就是不復繫心，任運出入：

依定能成慧，若以般若妙慧爲佛法之究竟智慧，此般若妙慧主要在不執，而執著是因於現象界法不能深觀透悟，習定可使心繫爲一處，當心思較清明時，於諸法之觀照亦將不同。習定之作用，亦終在不執，故由初習定要先繫念，再「已得善巧，任運出入」，此一方面是習定之成就，實則亦是因定生慧，再由慧習定所得之不執效果，當習定已不復繫心於不思議，此即是般若波羅蜜多之作用，亦是習定工夫再向前一步。

4、習定之終境是於不思議定無得、無不得：

習定是修證菩提分法之行持法門，於定之要求上，佛法有甚多層次之界分，以能入於非想非非想定爲究竟定。唯依般若波羅蜜多修學，我本不可得，定亦不可得，不可思議境亦不可入，其因皆在：一切法皆自性離故。然一切法自性離故，此亦即是不可思議，若以諸法自性離故而觀不思議定，則一切有情其心性本離，依此而言，則不思議定爲有情眾生本已得有，實不需再求入不思議定。

十二、不思議界與如來界、我界、法界皆無相

般若波羅蜜多之妙義在：依觀一切法自性離，故無所有、不可得，以致成就不執；亦可簡言：般若波羅蜜多之深義，是依無得而言。顯然，「無得」是入般若波羅蜜多之重要關鍵，然若以「無得」爲一住想，爲一執想，爲是入般若波羅蜜多之處想，此亦是一種執，故於「無得」亦不可執之，如《大般若經》云：

佛讚曼殊室利：汝依無得發言，皆說甚深義處。汝豈不以住深般若波羅蜜多，能一切時說甚深義。

曼殊室利即白佛言：若我由住甚深般若波羅蜜多，能如是說，便住我想及住有想。若住我想及住有想，則深般若波羅蜜多亦有所住。若深般若波羅蜜多有所住者，則深般若波羅蜜多，亦以我想及以有想爲所住處，然深般若波羅蜜多，遠離二想，住無所住，如諸佛住，微妙寂靜，無起無作，無動無轉以為所住，不住有法、不住無法，故此所住不可思議。不思議界與如來界、我界、法界無二無別。[42]

依上引文之義論述如下：

1、甚深般若波羅蜜多如諸佛住－住無所住：

般若部之經典以破執爲其作用，此意已甚明晰，而破執之關鍵在觀諸法皆無所得，唯此無得之想，是起於何處？是我想而有嗎？若爲依「我想」而悟「無得」，然我本是自性離，本已無有一我之存在，我既不存在，又何有依「我想」而有「無得」之悟呢！唯「無得」之觀照悟得又起於何有？既非我想而有，然則其又以何爲住呢！若「無得」爲有一可住之處，則無得即成有住、有得，故所謂無得，確實不可依我想而生，其亦無有所住之處，凡有所想、所住皆是虛妄，住於虛妄則成妄執，此即有得，與無得皆爲相背反。故若依「無得」義而言甚深般若波羅蜜多，其無得將是超越義，必是離執兩邊，遠離我想、有想，不住我想、不住有想，不住有法、不住無法，以是若依無得而欲論其所住，必是住不可

思議，如諸佛住，是住無所住。

　　2、一切法界，其性無二無別：

　　佛法所欲證得之界是不思議界、佛界、如來界，而凡夫所處之法界即是有漏界、執我之界，故如何捨凡入聖爲學人之目標。佛法依生命之境地分成十法界，以佛界爲最高圓滿，其他九界皆不究竟；然依天台宗之論，佛之得成，必依其他九法界而成之，換言之，當成佛時，是全體法界共成之，若捨除其中一法界，則爲不究竟。故法界之別是依自我生命境界而分，此中因涉及個人之所證悟，以是法界有別，實代表個自生命證悟有高低不同。若依般若波羅蜜多之觀照，一切諸法本自性離，故其性無差別，以此而觀法界之別：法界有別是自我證悟有異所致，然若依法界之自性離而言，則一切法界亦本無分無別，以是可知：依自性離，則不思議界、如來界、我界、法界等一皆平等無二無別。至此境地，十法界之界分，則可消弭，唯有不思議之佛境而已矣！

十三、佛智無境界、無作無證、無生無盡

　　於第七會有關依般若波羅蜜多觀諸有情界之種種相，論述至此已將終結，唯能觀有情界即不思議界等，如是之智，唯佛堪之，且如是之智應如何信解？如何趣入？如何證得等問題，當是修學般若波羅蜜多之學人所最關注處，且成就如是之智，其功德又爲何？如是之答案，亦皆代表般若波羅蜜多修學之結果。如《大般若經》云：

　　　當知佛智，無法可知，名不知法。所以者何？此智自性都

無所有，無所有法，云何能於真法界轉？此智自性既無所有，即無所著。若無所著，即體非智。若體非智，即無境界。若無境界即無所依，若無所依即無所住，若無所住即無生滅，若無生滅即不可得，若不可得即無所趣，既然無所趣，此智不能作諸功德，亦復不能作非功德。所以者何？此無思慮不可思議，即是佛智。無餘智類此可得，故名無等等智。又無餘智對此可得，故名無對對智。

佛告曼殊室利：如是妙智不可動耶！

世尊！如是妙智，久修成熟，無作無證、無生無盡、無起無沒，安固不動。

曼殊室利！誰能信解如是妙智？

世尊！於生死法不起不墮，於諸聖道不離不修，彼於此智能深信解。[43]

依上引文之義論述如下：

1、佛智又名無等等智、無對對智：

修證成佛是目標並非是妄想，唯於修證之歷程、目標當不可執，此為最根本之態度。修證成佛需仰賴佛智，然佛境本不可思議，佛智更無以言說，因佛智之成，必依般若波羅蜜多而修，而般若波羅蜜多是於觀諸法皆自性離，以是知佛智之自性亦無所有；佛智既無所有，以是亦知其並無一切之所著、所依，亦無有生滅、所趣、境界、作諸功德等，顯然佛智之證得是一絕對待之智，是一（絕對）而非二（相對待），此乃言並無有另一與之相對

之智，故又名爲無等等智、無對對智。此佛智是個人本體之證得，是一「獨立」之智，是個人清淨自性所證之真空之智，至證此智，確無法予人言，亦無境界可示現，唯有真空之智境，無一物可譬之，更無一切法。

2、佛智之信解方法－於生死法不起不墮，於諸聖道不離不修：

佛智不可思議、不可測，更不能依某法而知、而證，故亦不可名之，亦無法可知，而稱「佛智」乃強爲名之。佛智雖不落一切之所依、所住，然此並非言佛智不可信解、不可證得，需依般若波羅蜜多而行，若能於諸法皆無所執即可信解、證得，於生死法當不可執，於諸聖道法亦不可執；執生死法必落生死輪迴之執，而執聖道法，有執即無法成就佛智，於佛之釋義，可簡言之，即是「看得開、放得下」，故於修證歷程中，「凡關」好破、「空關」亦好破，唯「聖關」最難破，此爲欲求修證聖道法者必當戒之，欲求證聖，反爲聖縛，欲求證佛，反爲佛所縛，於聖放不下，亦等同於凡看不開。

雖言佛之究竟證悟是真空之境，然釋尊之成佛是於人間而成，此爲真實人間之示現。釋尊之「佛陀」稱號，是其德性所顯露之無貪瞋癡，願爲人間犧牲奉獻而得之，如是亦可謂：佛是人間的、正覺的。若依人世間所言之佛，則佛具有人身，有人身則必有所限，其亦必如世俗人般歷經老、病以至死，如是之人間佛陀，除其智、德爲人所尊崇外，實無法入於佛是無所不知、無所不能之絕對存在。顯然，由人間之佛陀至絕對之佛境，此爲對「佛」之圓滿、圓融所形成之嚮往，此亦或是佛教發展所逐漸營造而成之佛陀觀。由對釋尊人格之敬崇，以至佛境之圓融不思議，若以前者而觀後者，則後者於有關佛境之描述，確實不可思議，然此

卻是大乘經典之一大特色；若由後者觀之前者，則隨釋尊之入滅後，所謂佛陀釋尊亦已然不存在，實又無法滿足後人於佛之絕對形象之要求。釋尊是存在於時、空間之相對性中，而佛不思議境是一絕對性，此兩者之融合，宜立足於：成佛之自我真空證悟，此爲絕對的；但佛陀之示現人間，於不同之時、空間中，其智、德皆有最恰如其分之呈現，故有謂：「知識、能力、存在，緣起的一切，永遠是相對的。這並非人間佛陀的缺陷，這才是契常真理。佛陀的絕對性，即在這相對性中完成！」[44]釋尊之示現人間，完成其任務，即在使佛法能於實際、生活中受用；釋尊是人，其由體悟真理而呈顯佛法是理智的、德行的，故所謂佛法不思議境，當由觀有情法界之相而成之。

---

[44] 印順《佛法概論》，頁 264-265，（台北：正聞出版社，1991 年）。

第四章　般若波羅蜜多之行持

第一節　般若波羅蜜多與大乘教法之關係

一、般若波羅蜜多不異摩訶衍

　　般若波羅蜜多之內涵重點在觀一切法皆不執不著，故般若波羅蜜多本不具一切法，其目的在融通一切法，以是若依「法義」而論之般若波羅蜜多，則無有義理內容可代表般若波羅蜜多，如是亦可明知：依般若波羅蜜多而觀照一切法，則一切法皆無所有、不可得，此為般若波羅蜜多之作用結果，其作用不在建立一切法，而是在去執、遣相。雖言般若波羅蜜多不具特殊某法義之內容可供敷陳，然此並不代表般若波羅蜜多即無所學、不需學，般若波羅蜜多有其應觀與應學，唯其學與觀是另一層次之意義，是觀諸法本無所有，是學於諸法之不執不著，足見，佛言般若波羅蜜多，絕無法僅以片面之無所有、不可得而略過，更不能僅以不執不著而待之。依般若波羅蜜多是為菩薩摩訶薩所言，此亦代表般若波羅蜜多為大乘之教法，據後人判佛教法有大、小乘，小乘是為聲聞、緣覺說，大乘是特為菩薩說，且總論大乘經典為「摩訶衍」，如《大智度論》所言：「阿難知籌量眾生志業大小，是故不於聲聞

人中說摩訶衍，說則錯亂，無所成辦。佛法皆是一種一味，所謂
苦盡解脫味，此解脫味有二種，一者但爲自身，二者兼爲一切眾
生。雖俱求一解脫門，而有自利利人之異，是故有大小乘差別。
爲是二種人故，佛口所說以文字語言，分爲二種，三藏是聲聞法，
摩訶衍是大乘法。」[1]依般若波羅蜜多爲大乘教法，而菩薩欲修證
至佛地，此中當有方法與歷程，故由般若波羅蜜多至實相般若之
證得，其間是依大乘之教法，是有學、有方法的。

　　摩訶衍是大乘教法之總稱，而一切之大乘教法當不可離開般
若波羅蜜多，而般若波羅蜜多又謂是大乘之教法，此中摩訶衍與
般若波羅蜜多之關係究爲何？是摩訶衍可涵括般若波羅蜜多，若
如是解，於一切之大乘經典與教法，依智顗五時之所判，此只是
第三方等時，而一切之大乘教法尙需經般若波羅蜜多之融通淘
汰，大乘法才能成爲不執而保住之。然是否般若波羅蜜多可涵括
摩訶衍，若如是解，惟般若波羅蜜多本不具一切法，其與摩訶衍
具有大乘之實際修證方法，兩者是不同的。般若波羅蜜多與摩訶
衍之關係論陳，可見於《大智度論》所言：

　　問曰：是經名爲般若波羅蜜多，又佛命須菩提爲菩薩說般
　　若波羅蜜多。須菩提應問般若波羅蜜，佛亦應答般若波羅
　　蜜。今須菩提何以乃問摩訶衍，佛亦答摩訶衍。答曰：般
　　若波羅蜜、摩訶衍一義，但名字異。若說般若波羅蜜，說
　　摩訶衍無咎。摩訶衍名佛道行，是法得至佛，所謂六波羅
　　蜜，六波羅蜜中第一大者般若波羅蜜多。若說般若波羅蜜

---

[1]　龍樹《大智度論》卷 100，大正 25‧756 中。

則攝六波羅蜜，若說六波羅蜜則具說菩薩道，所謂從初發意乃至得佛。菩薩初發意所行，爲求佛道故，所修集善法，隨可度眾生。所說種種法……如是等無量無邊阿僧祇經，或佛說、或大菩薩說、或諸得道天說，是事和合，皆名摩訶衍。此諸經中，般若波羅蜜最大故，故說摩訶衍，即知已說般若波羅蜜。諸餘助道法，無般若波羅蜜和合，則不能至佛。以是故，一切助道法皆是般若波羅蜜。佛語須菩提，汝說摩訶衍，不異般若波羅蜜。[2]

　　依上所論，可觀摩訶衍與般若波羅蜜多之關係：依修證而言，當集諸善法，此即摩訶衍之義，故於《大智度論》有關〈釋摩訶衍品〉有云：「六波羅蜜是菩薩摩訶薩摩訶衍。」[3]又：「菩薩摩訶薩復有摩訶衍，所謂內空、外空、內外空……無法有法空。(共十八空)」[4]顯然，一切之大乘修證之法，皆名摩訶衍，而摩訶衍是一切善法之總稱，而摩訶衍即是助成佛道之法，唯摩訶衍若不能與般若波羅蜜多和合，則佛道終不能成，換言之，摩訶衍是發意在前，般若波羅蜜多是助成在後，彼此似有前、後之關係，然兩者是爲和合一體，若有前無後，則前終是不成而落空，若有後無前，則已失依憑，又何來之得成呢！故佛總論：摩訶衍不異般若波羅蜜多。若欲論般若波羅蜜多，亦必論一切之修證善法。

　　於一切善法之總論上，六波羅蜜可攝一切善法，此即《大般若經》第十一至十六會之論述。惟既以六波羅蜜爲一切善法之總

2　龍樹《大智度論》卷46，大正25‧394中。
3　龍樹《大智度論》卷46，大正25‧393中。
4　龍樹《大智度論》卷46，大正25‧393下。

攝，而摩訶衍中，又何須再論十八空等其他之一切善法呢？此如
《大智度論》所言：「問曰：若爾者後，何以更說十八空、百八三
昧等名摩訶衍。答曰：六波羅蜜是摩訶衍體，但後廣分別其義。
如十八空、四十二字等是般若波羅蜜義。百八三昧等是禪波羅蜜
義。」[5]如是之論述，皆可看出，佛依因緣所言之一切法，雖終需
以般若波羅蜜多而融通淘汰，然《大般若經》之六百卷，於一切
善法皆分別其義而涵括之，其用意在：佛將爲其所開示之法尋一
立基點，換言之；不因般若波羅蜜多之觀諸法無所有、不可得而
否定一切法之存在，而六百卷之《大般若經》亦因爲諸法立基而
成就其大，故雖以後之六會爲善法之體，此即六會皆各有一主要
波羅蜜多之論述，然於其他善法分別其義之內容份量，實不亞於
六波羅蜜多。

　　以六波羅蜜多爲摩訶衍體，此中依序是布施、持戒、忍辱、
精進，此四者是著重於「事」上，而第五之靜慮是著重於「心」，
是思慮之專一，而最終之般若波羅蜜多之成就，若無經過靜慮之
歷程，則般若波羅蜜多不能得成。而靜慮即是禪定之修持，而禪
定亦名三昧，而三昧即是爲闡述禪波羅蜜多之義。六波羅蜜多在
前四者事上之努力精進後，必再經「心」之靜慮，才有般若波羅
蜜多之證得，故靜慮之修定，無法僅以「禪定」修持而視之，實
際上，禪定即是一種修智法門，其能將心置於一處，必先依智慧
之觀照諸法無所有、不可得始能成之。

5　龍樹《大智度論》卷 46，大正 25．394-395 上。

二、靜心爲求得智慧之法門：百八三昧之意義

依《大智度論》以十八空是爲釋般若波羅蜜多，此乃以空慧爲般若慧，此爲般若波羅蜜多之最終作用：於諸法之融通淘汰。然禪波羅蜜多是成就般若波羅蜜多之修智方法，換言之，若未經過心定（靜慮）之歷程，即無法得成觀諸法無所有、不可得之智慧，而此即是摩訶衍之百八三昧之義，以下即分別論述之：

1、首楞嚴三昧：能分別知諸三昧行相之多少與淺深，此爲佛所證悟之三昧，亦代表佛德堅固、圓滿究竟，一切煩惱、諸魔皆不能壞，亦可爲萬行之總稱。[6]

2、寶印三昧：三法印爲佛教之寶印，依諸行無常、諸法無我、寂靜涅槃可證悟實相；依般若學而言，當以般若波羅蜜多爲寶，且以此寶可相印於一切法，故寶印三昧亦可謂是觀法之實相。[7]

3、師子遊戲三昧：佛爲人中師子，師子爲萬獸之王，其聲一吼，群獸皆伏；此喻住是三昧自在無礙，可度一切眾生，令其信

---

[6] 《放光般若經》卷4〈問摩訶衍品〉，有云：「何等爲首楞嚴三昧？諸三昧門之所趣聚，皆來入其中。」（大正8‧23中）又龍樹《大智度論》卷47，有云：「首楞嚴三昧者，秦言健相，分別知諸三昧行相多少淺深。如大將知諸兵力多少。復次，菩薩得是三昧諸煩惱魔及魔人無能壞者，譬如轉輪聖王，主兵寶將所往至處無不降伏。」（大正25‧398下-399上）。又《涅槃經》卷27，有云：「首楞嚴者，名一切事畢竟。嚴者名堅，一切畢竟而得堅固，名首楞嚴，以是故言首楞嚴定，名爲佛性」。（大正12‧525上）。

[7] 《放光般若經》卷4〈問摩訶衍品〉，有云：「何等爲寶印三昧？諸三昧所有印皆而印之。」（大正8‧23中）。又龍樹《大智度論》卷47，有云：「寶印三昧者，能印諸三昧，於諸寶中，法寶是實寶。三法印名爲寶印三昧，一切法無我，一切作法無常，寂滅涅槃，是三法印，一切人天無能如法壞者。」（大正25‧399上）。

根增長，即使惡道眾生亦能蒙利，埋下菩提種子。[8]

4、妙月三昧：妙爲不可思議、絕待、無此等義，[9]月爲圓滿、清涼、寧靜之義，月亦可代表自性之圓滿具足一切法；住是妙月三昧，當是一不可以言說爲譬喻之莊嚴清淨覺悟境地。[10]

5、月幢三昧：「幢」即是高竿，懸以絲帛，並繪圖其上，如月形即爲月幢，豎立幢（旗號），以表徵統禦領導；住是三昧，於法通達無礙，爲領禦眾生之法王。[11]

6、出諸法三昧：佛言一切法皆爲度眾，眾生根器因緣各不同，故有一切法即有一切差異；比喻於法當不可執之，亦不受其限，當以般若波羅蜜多而運用自如，通達一切法。[12]

7、觀頂三昧：頂爲最高、最上，登頂可居高臨下，一切遍覽

---

[8] 《放光般若經》卷4〈問摩訶衍品〉，有云：「何等爲師子遊戲？住是三昧者，盡遊戲諸三昧中。」（大正8‧23中）。又龍樹《大智度論》卷47，有云：「師子遊戲三昧者，菩薩得是三昧，於一切三昧中，出入遲速皆得自在。譬如眾獸戲時，若見師子，率皆怖懾。師子戲時，自在無所畏難。菩薩得是三昧，於諸外道強者破之，信者度之。」（大正25‧399上）。

[9] 《法華玄義》卷1，有云：「妙者，襃美不可思議之法也。」（大正33‧681下）。

[10] 《放光般若經》卷4〈問摩訶衍品〉，有云：「月光三昧，住是三昧者，能以光明照諸三昧。」（大正8‧23中）。又龍樹《大智度論》卷47，有云：「妙月三昧者，如月滿清淨無諸翳障，能除夜闇。菩薩入是三昧，能除諸法邪見、無明闇蔽等。」（大正25‧399上）。

[11] 丁福保編《佛學大辭典（三）》，頁2609，「幢」條：「又曰計都，譯曰幢。爲竿柱高出，以種種之絲帛莊嚴者。藉表麾群生，制魔眾。」（台北：天華出版公司，1986年）。又《放光般若經》卷4〈問摩訶衍品〉，有云：「月幢三昧，住是三昧者，持諸三昧。」（大正8‧23中）。又龍樹《大智度論》卷47，有云：「月幢相三昧者，如大軍將幢以寶作月像，見此幢相，人皆隨從。菩薩入是三昧中，諸法通達無礙，皆悉隨從。」（大正25‧399上）。

[12] 《放光般若經》卷4〈問摩訶衍品〉，有云：「在諸法上三昧，住是三昧者，諸三昧悉從其中出」。（大正8‧23中）。又龍樹《大智度論》卷47，有云：「出諸法三昧者，菩薩得是三昧，令諸三昧增長，譬如時雨，林木茂盛。」（大正25‧399上）。

盡無餘；住是三昧，可遍觀一切事理與三昧而無礙。[13]

8、畢法性三昧：「畢」爲完具、圓成之義，「法性」之性不改不變，故又名曰實相真如；住是三昧，已達最究竟之如如勝境，無有能污、能壞者。[14]

9、畢幢相三昧：幢相象徵統禦之威望，雖未至圓滿之境，然惟領衆之故，住是三昧，當能展現恩威融和之相。[15]

10、金剛三昧：金剛即是金剛石，爲金中最剛，是百鍊不銷之物，此喻於修證歷程中，雖遭遇極大困難之阻礙，亦能以堅心而通達無礙；住是三昧，當具有無比之堅定力與成就力。[16]

---

[13]　《放光般若經》卷 4〈問摩訶衍品〉，有云：「照頂三昧，住是三昧者，能以光明照諸三昧上。」（大正 8・23 中）。又龍樹《大智度論》卷 47，有云：「觀頂三昧者，入是三昧中，能遍見諸三昧，如住山頂，悉見衆物。」（大正 25・399 上）。

[14]　丁福保編《佛學大辭典（二）》，頁 1388，「法性」條：「性之爲言體也，不改也，真如爲萬法之體，在染在淨，在有情數在非情數，其性不改不變，故曰法性。」（台北：天華出版公司，1986 年）。又《放光般若經》卷 4〈問摩訶衍品〉，有云：「法性畢三昧，住是三昧者，能決了諸法。」（大正 8・23 中）。又龍樹《大智度論》卷 47，有云：「畢法性三昧者，法性無量、無二，難可執持。入是三昧，必能得定相。譬如虛空，無能住者。得神足力，則能處之。」（大正 25・399 上）。

[15]　丁福保編《佛學大辭典（三）》，頁 2609，「幢相」條：「解脫幢相之略，袈裟之異名」（台北：天華出版公司，1986 年）。又《放光般若經》卷 4〈問摩訶衍品〉，有云：「必造幢三昧，住是三昧者，於諸三昧中必持堅固幢。」（大正 8・23 中）。又龍樹《大智度論》卷 47，有云：「畢幢相三昧者，入是三昧，則於諸三昧最爲尊長。譬如軍將得幢表其大相。」（大正 25・399 中）。

[16]　丁福保編《佛學大辭典（二）》頁 1308，「金剛」條：「譯言金剛，金中之精者，世所言金剛石是也。此寶出於金中，色如紫英，百鍊不銷，至堅至利，可以切玉，世所稀有，故名爲寶。」（台北：天華出版公司，1986 年）。又《放光般若經》卷 4〈問摩訶衍品〉，有云：「金剛三昧，住是三昧者，諸三昧無有敢當者。」（大正 8・23 中）。又龍樹《大智度論》卷 47，有云：「金剛三昧者，譬如金剛無物不陷，此三昧亦如是，於諸法無不通達，令諸三昧各得其用。」（大正 25・399 中）

11、入法印三昧：一切有為法，皆幻化不實，故畢竟空，此即是法印；住是三昧，能於一切法了達究竟無我，而入於涅槃寂靜，安住於實相般若中。[17]

12、三昧王安立三昧：安立即是定，此喻一切功德善法皆安立穩固，不可動搖；住是三昧，身心泰然，毫無罣礙，亦無所畏。[18]

13、放光三昧：「放光」為修德之行，依眾生之因緣不同而放種種色光，並具冷、熱、清、涼，一切皆隨眾生之所樂，住是三昧，是一種通力之展現，亦顯智慧如天，照破無明黑暗。[19]

14、力進三昧：於修菩提分法中，得諸信、精進、念、定、慧之五力，住是三昧，於諸善根能漸增長，且有治邪信、懈怠、邪念、昏亂、諸惑之勢力。[20]

15、高出三昧：高出即是增長；住是三昧，一切福德智慧皆

---

[17] 《放光般若經》卷 4〈問摩訶衍品〉，有云：「法所入印三昧，住是三昧者，與諸法印相應。」（大正 8・23 中-下）。又龍樹《大智度論》卷 47，有云：「入法印三昧者，如人入安隱國，有印得入，無印不得入。菩薩得是三昧，能入諸法實相中，所謂諸法畢竟空。」（大正 25・399 中）。

[18] 《放光般若經》卷 4〈問摩訶衍品〉，有云：「安住三昧，住是三昧者，便能住諸三昧。」（大正 8・23 下）。又龍樹《大智度論》卷 47，有云：「三昧王安立三昧者，譬如大王安住正殿，召諸群臣，皆悉從命。菩薩入三昧王，放大光明，請召十方，無不悉集。又遣化佛，遍至十方。安立者，譬如國王，安處正殿，身心坦然，無所畏懼。」（大正 25・399 中）。

[19] 《放光般若經》卷 4〈問摩訶衍品〉，有云：「放光明三昧，住是三昧者，便能遍照諸三昧。」（大正 8・23 下）。又龍樹《大智度論》卷 47，有云：「放光三昧者，常修火一切入故，生神通力，隨意放種種色光，隨眾生所樂，若熱若冷，若不熱不冷。照諸三昧者，光明有二種，一者色光，二者智慧光。住是三昧中，照諸三昧，無有邪見無明等。」（大正 25・399 中）。

[20] 《放光般若經》卷 4〈問摩訶衍品〉，有云：「勢進三昧，住是三昧者，能以力勢教諸三昧。」（大正 8・23 下）。又龍樹《大智度論》卷 47，有云：「力進三昧者，先於諸法中得信等五種力，然後於諸三昧中得自在力。又雖住三昧而常能神通變化度諸眾生。」（大正 25・399 中）。

悉增長，於諸三昧亦皆由心性而顯出。[21]

　　16、必入辯才三昧：於諸法義善能巧說無礙，是謂辯才；住是三昧，能於法（諸文、句、名）、義（教法所詮之義理）、辭（諸方言辭）、樂說（爲眾生樂說自在）無礙。[22]

　　17、釋名字三昧：雖知諸法終究是空，但爲度眾，仍需以名字辨諸法之義，令人得解；住是三昧，能通解諸法之名字相，使眾生明解理諦以趣菩提道。[23]

　　18、觀方三昧：觀爲觀察，方爲方正，所謂觀方即所視皆平等，住是三昧，能視一切眾生皆平等，無分高下，隨緣度眾，自在無礙。[24]

　　19、陀羅尼印三昧：陀羅尼爲總持義，實相即總持之一，實相亦是印；住是三昧，以安忍自在，住於實相之理，並以此陀羅

---

[21] 《放光般若經》卷 4〈問摩訶衍品〉，有云：「等步三昧，住是三昧者，能等行諸三昧。」（大正 8・23 下）。又龍樹《大智度論》卷 47，有云：「高出三昧者，菩薩入此三昧，所有福德智慧，皆悉增長，諸三昧性，從心而出。」（大正 25・399 中）。

[22] 龍樹《大智度論》卷 25，有云：「四無礙智者，義無礙智、法無礙智、辭無礙智、樂說無礙智。」（大正 25・246 中-下）。又《放光般若經》卷 4〈問摩訶衍品〉，有云：「入辯才教授三昧，住是三昧者，能辯解諸三昧。」（大正 8・23 下）。又龍樹《大智度論》卷 47，有云：「必入辯才三昧者，四無礙中辭辯相應三昧。菩薩得是三昧，悉知眾生語言次第，及經書名字等悉能分別無礙。」（大正 25・399 下）。

[23] 《放光般若經》卷 4〈問摩訶衍品〉，有云：「過量音聲三昧，住是三昧者，得入無量名字三昧。」（大正 8・23 下）。又龍樹《大智度論》卷 47，有云：「諸法雖空，以名字辯諸法義，令人得解」（大正 25・399 中）。

[24] 《放光般若經》卷 4〈問摩訶衍品〉，有云：「照處處三昧，住是三昧者，於諸三昧能遍照於諸方面。」（大正 8・23 下）。又龍樹《大智度論》卷 47，有云：「觀方三昧者，於十方眾生以慈悲憐愍平等心觀。復次方者，循道理名爲得方，是三昧力故，於諸三昧，得其道理，出入自在無礙。」（大正 8・399 中）。

尼印，能印大乘之深經與諸陀羅尼。[25]

20、無誑三昧：誑即顛倒之見，誑乃依無明、煩惱、邪見而起；住是三昧，行於「無」之境界，遠離顛倒夢想，入於正知正見。[26]

21、攝諸法海三昧：百川入海，同歸一昧，此喻大海具融攝力；住是三昧，諸法、諸陀羅尼雖無量，但皆可盡攝於此三昧中，同入清淨之境地。[27]

22、遍覆虛空三昧：虛空無有邊際，以三昧力故而遍覆虛空；住是三昧，爲神通力無礙之展現，或以音聲充滿虛空，或以光明遍照虛空。[28]

23、金剛輪三昧：金剛具有無堅不摧之力，輪象徵圓滿，有循環不息與輾碎力；住是三昧，能摧破一切障礙，無往不利而圓

---

[25] 參見丁福保編《佛學大辭典（二）》，頁1362，「陀羅尼印」條：「忍陀羅尼法之印。忍者安住於實相之理也，大乘之深經，皆以此陀羅尼印印之。」（台北：天華出版公司，1986年）。又《放光般若經》卷4〈問摩訶衍品〉，有云：「總持印三昧，住是三昧者，能持諸三昧印。」（大正8·23下）。又龍樹《大智度論》卷47，有云：「陀羅尼印三昧者，得是三昧者，能得分別諸三昧皆有陀羅尼。」（大正25·399中）。

[26] 《放光般若經》卷4〈問摩訶衍品〉，有云：「不忘三昧，住是三昧者，不忘諸三昧。」（大正8·23下）。又龍樹《大智度論》卷47，有云：「無誑三昧者，有三昧生愛恚、無明、邪見等，是三昧於諸三昧都無迷悶之事。」（大正25·399中-下）。

[27] 《放光般若經》卷4〈問摩訶衍品〉，有云：「一切法所聚海三昧，住是三昧者，能使一切諸三昧等行。」（大正8·23下）。又龍樹《大智度論》卷47，有云：「攝諸法海三昧者，如一切眾流，皆歸於海。三乘法皆入是三昧中亦如是。又諸餘三昧，皆入是三昧中。」（大正25·399下）。

[28] 《放光般若經》卷4〈問摩訶衍品〉，有云：「虛空普三昧，住是三昧者，能遍足諸三昧。」（大正8·23下）。）又龍樹《大智度論》卷47，有云：「遍覆虛空三昧者，是虛空無量無邊，是三昧力悉能遍覆虛空。或結跏趺坐，或放光明，或以音聲充滿其中。」（大正25·399下）。

融恆久。[29]

24、寶斷三昧：由寶礦至寶物，此中必得割截與雕琢，寶斷即斷寶之利器；住是三昧，不僅能斷除五欲煩惱垢，更能斷除依三昧行所生之煩惱垢，三昧爲修證之寶，故寶斷當依此而論。[30]

25、能照三昧：諸法之事理，皆能明照；住是三昧，具有智慧力，能照見諸法了然分明。[31]

26、不求三昧：觀諸有爲法，皆是空幻；住是三昧，於三界之貪欲悉斷，情識皆爲淨化，唯依願而行，別無所求。[32]

27、無住三昧：諸法無自性，故無所住；住是三昧，觀諸法之念念生滅無常；無有住時，唯此無住非是斷滅空，而是「應無所住，而生其心」，即不流於空亡之境，[33]。

28、無心三昧：依於佛自說因緣，無心三昧，即諸定中之滅

---

[29] 《放光般若經》卷 4〈問摩訶衍品〉，有云：「金剛部三昧，住是三昧者，持諸三昧部。」（大正 8・23 下）。又龍樹《大智度論》卷 47，有云：「金剛輪三昧者，如真金剛輪，所往無礙。得是三昧者，於諸法中所至無礙。復次能分別諸三昧分界故名輪，輪分界也。」（大正 25・399 下）。

[30] 《放光般若經》卷 4〈問摩訶衍品〉，有云：「寶勝三昧，住是三昧者，降伏諸垢濁。」（大正 8・23 下）。又龍樹《大智度論》卷 47，有云：「斷寶三昧者，如有寶能淨治諸寶，是三昧亦如是，能除諸三昧煩惱垢。五欲垢易遣，諸三昧垢難卻。」（大正 25・399 下）。

[31] 《放光般若經》卷 4〈問摩訶衍品〉，有云：「熾炎三昧，住是三昧者，能以光炎遍照諸三昧。」（大正 8・23 下）。又龍樹《大智度論》卷 47，有云：「能照三昧者，得是三昧，能以十種智慧照了諸法，譬如日出照閻浮提，事皆顯了。」（大正 25・399 下）。

[32] 《放光般若經》卷 4〈問摩訶衍品〉，有云：「無願三昧，住是三昧者，於諸法無所取。」（大正 8・23 下）又龍樹《大智度論》卷 47，有云：「不求三昧者，觀諸法如幻化法，三界愛斷故都無所求。」（大正 25・399 下）。

[33] 《放光般若經》卷 4〈問摩訶衍品〉，有云：「審住三昧，住是三昧者，不見諸法有住處。」（大正 8・23 下）。又龍樹《大智度論》卷 47，有云：「無住三昧者，是三昧名無作三昧。住是三昧中，觀諸法念念無常，無有住時。」（大正 25・399 下）

盡定或無想定；住是三昧，一切心心數法皆不行，一切受想皆盡滅。[34]

29、淨燈三昧：淨是淨諸煩惱，燈表智慧光明；住是三昧，以清淨智慧之光，照諸法之妙理妙義，得淨樂自在。[35]

30、無邊明三昧：法界無量無有邊際，明是身心與智慧皆具光明；住是三昧，能以智慧光明普照十方無邊法界之眾生，引領眾生，成就饒益功德。[36]

31、能作明三昧：於弘法上，能去除陰暗，作眾生之照明；住是三昧，能遠離愚昧，以智慧之光引領眾生入妙明法門。[37]

32、普照明三昧：普爲無所不遍，唯智慧之光是無形，因無形故，才具有普遍照明之作用，寶珠爲有形，其光當有限；住是三昧，能以無所不遍之智慧光明，成就無量功德，不同於能作與

---

[34] 《放光般若經》卷 4〈問摩訶衍品〉，有云：「選擇三昧，住是三昧者，於諸三昧無意念想。(大正 8·23 下)。又龍樹《大智度論》卷 47，有云：「無心三昧者，即是滅盡定，或無想定。何以故？佛自說因緣，入是三昧中，諸心心數法不行。」(大正 25·399 下)。

[35] 《放光般若經》卷 4〈問摩訶衍品〉，有云：「無垢燈三昧，住是三昧者，爲諸三昧作燈明。」(大正 8·23 下)。又龍樹《大智度論》卷 47，有云：「淨燈三昧者，燈名智慧燈，諸煩惱垢，離是垢，慧則清淨。」(大正 25·399 下)。

[36] 《放光般若經》卷 4〈問摩訶衍品〉，有云：「無限光三昧，住是三昧者，於諸三昧無有限量。」(大正 8·23 下)。又龍樹《大智度論》卷 47，有云：「無邊明三昧者，無邊名無量無數。明有二種，一者度眾生，故身放光明；二者分別諸法總相、別相，故智慧光明。得是三昧，能照十方無邊世界及無邊諸法。」(大正 25·399 下)。

[37] 《放光般若經》卷 4〈問摩訶衍品〉，有云「作光明三昧，住是三昧者，能於諸三昧而有所照。」(大正 8·23 下)。又龍樹《大智度論》卷 47，有云：「能作明三昧者，於諸法能爲作明，如闇中然炬。」(大正 25·399 下)。

所作之明。[38]

33、堅淨諸三昧三昧：堅是堅固，代表恆久；淨是純淨，代表無垢染。住是三昧，於三昧正行能究竟堅淨修養，持續恆久，純淨無垢。[39]

34、無垢明三昧：無垢即清淨；住是三昧，能遠離一切三昧之垢，以及一切無明、愛染等，光明一切三昧行。[40]

35、歡喜三昧：於諸法能生歡喜之禪定；住是三昧，能於諸法起喜樂心，依喜樂而興發覺悟之心境。[41]

36、電光三昧：電光喻事之迅速、喻身之無常；住是三昧，能急速覺醒，如電光顯現，於剎那中亦能得見道迹。[42]

37、無盡三昧：即能知無盡法（無為法）之禪定；住是三昧，

---

[38] 《放光般若經》卷 4〈問摩訶衍品〉，有云：「普照明三昧，住是三昧者，諸三昧皆在眼前現。」（大正 8・23 下）。又龍樹《大智度論》卷 47，有云：「普照明三昧者，如轉輪聖王寶珠，於軍衆外四邊各照一由旬。菩薩得是三昧，普照諸法種種門。」（大正 25・399 下）。

[39] 《放光般若經》卷 4〈問摩訶衍品〉，有云：「淨要三昧，住是三昧者，逮得等淨三昧。（大正 8・23 下）。又龍樹《大智度論》卷 47，有云：「堅淨諸三昧三昧者，菩薩得是三昧力故，令諸三昧清淨堅牢。」（大正 25・399 下-400 上）。

[40] 《放光般若經》卷 4〈問摩訶衍品〉，有云：「無垢光三昧，住是三昧者，散諸三昧垢。」（大正 25・23 下）。又龍樹《大智度論》卷 47，有云：「無垢明三昧者，三解脫門相應三昧，得是三昧，離一切三昧垢，離一切無明愛等，亦能照一切諸三昧。」（大正 25・400 上）。

[41] 《放光般若經》卷 4〈問摩訶衍品〉，有云：「造樂三昧，住是三昧者，受諸三昧樂。」（大正 8・23 下）。又龍樹《大智度論》卷 47，有云：「歡喜三昧者，得是三昧，於法生歡喜樂。」（大正 25・400 上）。

[42] 《金剛經》有云：「一切有為法，如夢幻泡影，如露亦如電，應作如是觀。」（大正 8・752 中）。《無量壽經》下，有云：「知法如電影，究竟菩薩道，具諸功德本，受決當作佛。」（大正 12・273 上）。《放光般若經》卷 4〈問摩訶衍品〉，有云：「電明三昧，住是三昧者，為諸三昧作燈明。」（大正 8・23 下）。又龍樹《大智度論》卷 47，有云：「電光三昧者，如電暫現，行者見路。得是三昧者，無始世界來，失道還得。」（大正 25・400 上）。

能滅盡諸無常等相，入不生不滅之境，具足寂靜正思無有窮盡。[43]

38、威德三昧：即發威德力之三昧；住是三昧，行修精勤，威德莊嚴，令人敬畏。[44]

39、離盡三昧：遠離垢染，盡善功德；住是三昧，具足清淨功德，饒益眾生，能善分別因果之報應不失。[45]

40、不動三昧：不動即無有諸動之相；住是三昧，了達實相無相，是爲不動三昧之境。[46]

41、不退三昧：不退即不退失、不退轉；住是三昧，於功德善根勤行修習，轉愈增進，無有退失退轉。[47]

---

[43] 《放光般若經》卷 4〈問摩訶衍品〉，有云：「無盡三昧，住是三昧者，不見盡以不盡。」（大正 8·23 下-24 上）。又龍樹《大智度論》卷 47，有云：「無盡三昧者，得是三昧，滅諸法無常等相，即入不生不滅。」（大正 25·400 上）。

[44] 《放光般若經》卷 4〈問摩訶衍品〉，有云：「上威三昧，住是三昧者，於諸三昧中，威德獨然。」（大正 8·24 上）。又龍樹《大智度論》卷 47，有云：「威德三昧者，菩薩得是三昧，威德莊嚴。」（大正 25·400 上）。

[45] 《放光般若經》卷 4〈問摩訶衍品〉，有云：「畢盡三昧，住是三昧者，見諸三昧盡所可見如不見。」（大正 8·24 上）。又龍樹《大智度論》卷 47，有云：「離盡三昧者，菩薩得是三昧，無量阿僧祇劫善本功德必得，果報不失故。」（大正 25·400 上）。

[46] 《放光般若經》卷 4〈問摩訶衍品〉，有云：「不動三昧，住是三昧者，令諸三昧不動、不覺、不戲。」（大正 8·24 上）。又龍樹《大智度論》卷 47，有云：「不動三昧者，四禪離出入息，無諸動相故不動。四無色定是不動，離諸色故。滅盡定是不動，離心心數法故。知諸法實相畢竟空，智慧相應三昧故不動。得是三昧已，於一切三昧、一切法，都不戲論。」（大正 25·400 上）。

[47] 丁福保編《佛學大辭典（一）》，頁 600，「三不退」條：「一位不退，既修得之位次不退失也。二行不退，於所修之行法不退失也。三念不退，於正念不退轉也。」（台北：天華出版公司，1986 年）。又《放光般若經》卷 4〈問摩訶衍品〉，有云：「不別三昧，住是三昧者，不見離別。」（大正 8·24 上）。又龍樹《大智度論》卷 47，有云：「不退三昧者，住是三昧，不見諸三昧退轉者言。菩薩住是三昧，常不退轉，即是阿鞞跋致智慧相應三昧。不退者，不墮頂。」（大正 25·400 上）。

42、日燈三昧：日象徵光明，燈代表照見；住是三昧，具足善巧方便，通達無礙，光照眾生，入明見之境。[48]

43、月淨三昧：月象徵清涼、寧靜、淨潔、圓滿之境；住是三昧，猶如住於無有煩惱、無有紛擾、無有垢染、無有過犯之淨界之地。[49]

44、淨明三昧：轉煩惱為淨，轉無明為明；住是三昧，一切光照無礙，無煩惱可淨，無無明可明。[50]

45、能作明三昧：能展現智慧光明；住是三昧，能於諸法明徹，理事圓融無礙。[51]

46、作行三昧：作是運作，行是實行；住是三昧，於諸三昧能運作、能實行，使未得即得，已得即行。[52]

---

[48]　《放光般若經》卷 4〈問摩訶衍品〉，有云：「日燈三昧，住是三昧者，照諸三昧門。」（大正 8・24 上）。又龍樹《大智度論》卷 47，有云：「日燈三昧者，得是三昧，能照一切諸法種種門及諸三昧。譬如日出能照一切閻浮提」（大正 25・400 中）。

[49]　《放光般若經》卷 4〈問摩訶衍品〉，有云：「月無垢三昧，住是三昧者，能去諸三昧冥。」（大正 8・24 上）。又龍樹《大智度論》卷 47，有云：「月淨三昧者，如月從一日漸漸增長至十五日，光明清淨。菩薩亦如是，得是三昧，從發心來，世世漸增善根，乃至得無生法忍授記，智慧清淨，利益眾生。又能破諸三昧中無明。」（大正 25・400 上-中）。

[50]　《放光般若經》卷 4〈問摩訶衍品〉，有云：「淨光明三昧，住是三昧者，於諸三昧分別四無礙慧。」（大正 8・24 中）。又龍樹《大智度論》卷 47，有云：「淨明三昧者，明名慧，垢為礙。得是三昧者，於諸法無障礙，以是故佛於此說，住是三昧中，得四無礙智。何以故？於三昧中無覺心，所可樂說，與定相違，是事為難。此三昧力故，得四無礙智。」（大正 25・400 中）。

[51]　《放光般若經》卷 4〈問摩訶衍品〉，有云：「作明三昧，住是三昧者，為諸三昧門作明。」（大正 8・24 上）。又龍樹《大智度論》卷 47，有云：「作明三昧者，明即是智慧，諸智慧中般若智慧最第一，是般若相應三昧。」（大正 25・400 中）。

[52]　《放光般若經》卷 4〈問摩訶衍品〉，有云：「造作三昧，住是三昧者，為諸三昧作畢竟。」（大正 8・24 中）。又龍樹《大智度論》卷 47，有云：「能作明作行三昧者，得是三昧力，能發起先所得諸三昧。」（大正 25・400 中）。

47、知相三昧：知相即通達實相之理；住是三昧，能以智慧淨觀諸法實相，一切皆悉明徹，無有隱覆不知。[53]

48、如金剛三昧：如金剛般若之智慧力，能貫通一切事物、通達一切諸法。[54]

49、心住三昧：即心淨靜不動；住是三昧，心之住如寂。[55]

50、普明三昧：普照諸法，了了分明；住是三昧，能以智慧之德，觀之諸法，一切無礙。[56]

51、安立三昧：於所修之善法功德，皆安立牢固；住是三昧，一切修習悉已成就，入於安穩不動之境界。[57]

52、寶積三昧：寶代表一切之寶珠珍物，積代表累存，此於修證上，象徵於理事之精修中而集聚成智慧；住是三昧，能依所

---

[53]　《放光般若經》卷 4〈問摩訶衍品〉有云：「諸慧三昧，住是三昧者，見諸三昧慧。」（大正 8・24 上）。又龍樹《大智度論》卷 47，有云：「知相三昧者，得是三昧，見一切諸三昧中，有實智慧相。」（大正 25・400 中）。

[54]　《放光般若經》卷 4〈問摩訶衍品〉，有云：「金剛三昧，住是三昧者，決斷諸三昧。」（大正 8・24 中）。又龍樹《大智度論》卷 47，有云：「如金剛三昧者，得是三昧，以智慧能通達一切諸法，亦不見通達，用無所得故。」（大正 25・400 中）。

[55]　《放光般若經》卷 4〈問摩訶衍品〉，有云：「住意三昧，住是三昧者，心相輕疾，遠逝無形，難制難持，常是動相。如獼猴子，又如掣電，亦如蛇舌，得是三昧故，能攝令住，乃至天欲心不動轉，何況人欲。」（大正 25・400 下）。

[56]　《放光般若經》卷 4〈問摩訶衍品〉，有云：「現明三昧，住是三昧者，於諸三昧悉遍見明。」（大正 8・24 上）。又龍樹《大智度論》卷 47，有云：「普明三昧者，得是三昧，於一切法見光明相，無黑闇相。如晝所見，夜亦如是。如見前，見後亦爾。如見上，見下亦爾。心中無礙。修是三昧故，得天眼通，普見光明，了了無礙。善修是神通故，得成慧眼。普照諸法，所見無礙。」（大正 25・400 下）。

[57]　《放光般若經》卷 4〈問摩訶衍品〉，有云：「安立三昧，住是三昧者，於諸三昧善處。」（大正 8・24 上）。又龍樹《大智度論》卷 47，有云：「安立三昧者，得是三昧者，一切諸功德善法中，安立牢固，如須彌山在大海，安立不動。」（大正 25・400 下）

積之智慧而觀見諸法之實相。[58]

53、妙法印三昧：妙法爲諸佛菩薩之功德智慧，印是印證、證明；住是三昧，能得甚深之智慧功德，與實義相印證。[59]

54、法等三昧：諸法平等，無有高下；住是三昧，諸法平等一如，色非色、空非空，一切皆寂靜自在。[60]

55、斷喜三昧：於世間之一切無有樂想，斷除愛憎之染著；住是三昧，觀世間諸法皆無常、無我、苦、空、不淨等。[61]

56、到法頂三昧：到達諸波羅蜜之最，即般若波羅蜜多；住此三昧，得般若波羅蜜多之方便力，通達一切法，自在無礙。[62]

57、能散三昧：能具有主動力，散是分辨而闢破；住是三昧，

---

[58] 丁福保編《佛學大辭典（三）》，頁 2884，「寶積三昧」條：「如摩尼寶珠映徹一切，入此三昧者，能觀見諸法之本際。」（台北：天華出版公司，1986 年）。又《放光般若經》卷 4〈問摩訶衍品〉，有云：「寶積三昧，住是三昧者，普見諸三昧寶。」（大正 8‧24 上）。又龍樹《大智度論》卷 47，有云：「寶聚三昧者，得是三昧，所有國土悉成七寶，且天眼、肉眼皆能見。何以故？外六塵不定故，行者常修習禪定，是故能轉本相。」（大正 25‧400 下）。

[59] 《放光般若經》卷 4〈問摩訶衍品〉，有云：「法印三昧，住是三昧者，印諸三昧從印及不印。」（大正 8‧24 上）。又龍樹《大智度論》卷 47，有云：「妙法印三昧者，妙法名諸佛菩薩功德智慧。得是三昧，得諸深妙功德智慧。」（大正 25‧400 下）。

[60] 《放光般若經》卷 4〈問摩訶衍品〉，有云：「等三昧，住是三昧者，不見諸法有有等脫。」（大正 8‧24 上）。又龍樹《大智度論》卷 47，有云：「法等三昧者，等有二種，衆生等、法等。法等相應三昧，名爲法等。」（大正 25‧400 下）。

[61] 《放光般若經》卷 4〈問摩訶衍品〉，有云：「棄樂三昧，住是三昧者，悉棄諸樂。」（大正 8‧24 上）。又龍樹《大智度論》卷 47，有云：「斷喜三昧者，得是三昧，觀諸法無常、苦、空、無我、不淨等，心生厭離，十想中一切世間不可樂想相應三昧是。」（大正 25‧400 下）。

[62] 《放光般若經》卷 4〈問摩訶衍品〉，有云：「過法定三昧，住是三昧者，滅諸法之冥在諸三昧上。」（大正 8‧24 上）。又龍樹《大智度論》卷 47，有云：「到法頂三昧者，法名菩薩法，所謂六波羅蜜，到般若波羅蜜中，得方便力到法山頂。得是三昧，能住是法山頂，諸無明煩惱不能動搖。」（大正 25‧400 下）。

於一切相、法、空皆不起執,能具闢破之力,爲諸魔所不能侵犯。[63]

58、分別諸法句三昧:於闡述一切法之文句、偈頌皆能了知分別;住是三昧,於一切之文辭義理皆能樂說圓融無礙。[64]

59、字等相三昧:於一切文字語句,能以平等心而觀之,不起愛憎;住是三昧,於諸法之文字,不論是稱、譏、毀、譽,皆能依般若波羅蜜多而通達圓融。[65]

60、離字三昧:不執依於文句而分別諸法義;住是三昧,於文句能通達而不執著,不偏執依文解義,於佛陀教理,能於文句中而開悟突破。[66]

61、斷緣三昧:即斷絕緣境;住是三昧,不隨緣境而轉,於喜不樂,於悲不憎,自淨意識。[67]

62、不壞三昧:即不能被破壞;住是三昧,心志堅牢,不受

---

[63] 《放光般若經》卷 4〈問摩訶衍品〉,有云:「散結三昧,住是三昧者,能散用諸三昧。」(大正 8‧24 上)。又龍樹《大智度論》卷 47,有云:「能散三昧者,得是三昧,能破散諸法。散空相應三昧是。」(大正 25‧400 下)。

[64] 《放光般若經》卷 4〈問摩訶衍品〉,有云:「解諸法句三昧,住是三昧者,能解諸三昧及諸法句。」(大正 8‧24 上)。又龍樹《大智度論》卷 47,有云:「分別諸法句三昧者,得是三昧,能分別一切諸法語言字句,爲眾生說辭無滯礙。樂說相應三昧是。」(大正 25‧400 下-401 上)。

[65] 《放光般若經》卷 4〈問摩訶衍品〉,有云:「等文字三昧,住是三昧者,得諸等字。」(大正 8‧24 上)。又龍樹《大智度論》卷 47,有云:「字等相三昧者,得是三昧,觀諸字、諸語皆悉平等,呵罵讚歎,無有憎愛。」(大正 25‧401 上)。

[66] 《放光般若經》卷 4〈問摩訶衍品〉,有云:「畢字三昧,住是三昧者,不見一字。」(大正 8‧24 上)。又龍樹《大智度論》卷 47,有云:「離字三昧者,得是三昧,不見字在義中,亦不見義在字中。」(大正 25‧401 上)。

[67] 《放光般若經》卷 4〈問摩訶衍品〉,有云:「斷因緣三昧,住是三昧者,斷諸因緣。」(大正 8‧24 上)。又龍樹《大智度論》卷 47,有云:「斷緣三昧者,得是三昧,若內若外,樂中不生喜,苦中不生瞋,不苦不樂中不生捨心。於此三受遠離不著,心則歸滅;心若滅,緣亦斷。」(大正 25‧401 上)。

動搖，如金剛般若之智，與諸法畢竟空相應。[68]

63、無種相三昧：諸法本緣生緣滅，故本無相，亦無無相；住是三昧，入達涅槃之境，不依止、不住空。[69]

64、無處行三昧：無處行即無欲行、無學行；住是三昧，遠離貪瞋癡欲行，由欲而至無欲，則戒定慧之學即無對治處，此即成為無學行。[70]

65、離矇昧三昧：矇即未明，昧是愚昧，惟具有堅強之意志與智慧才能離矇昧而得清淨；住是三昧，能依正見正行，離諸矇昧貪染，獲致覺妙智慧。[71]

66、無去三昧：即無來去，於世間之一切法皆有來去，乃至行出世間法亦有來去；住是三昧，觀萬法皆為大圓鏡智所本具有，故實無來去，一切究竟清淨。[72]

---

[68] 《放光般若經》卷 4〈問摩訶衍品〉，有云：「無態三昧，住是三昧者，不得諸法態。」（大正 8・24 上）。又龍樹《大智度論》卷 47，有云：「不壞三昧者，緣法性畢竟空相應三昧，戲論不能破，無常不能轉，先已壞故。」（大正 25・401 上）。

[69] 《放光般若經》卷 4〈問摩訶衍品〉，有云：「無行三昧，住是三昧者，不見諸法行。」（大正 8・24 上）。又龍樹《大智度論》卷 47，有云：「無種相三昧者，得是三昧，不見諸法種種相，但見一相，所謂無相。」（大正 25・401 上）。

[70] 《放光般若經》卷 4〈問摩訶衍品〉，有云：「無窟行三昧，住是三昧者，未見諸三昧有窠窟之行。」（大正 8・24 上-中）。又龍樹《大智度論》卷 47，有云：「無處行三昧者，得是三昧，知三毒火然三界，故心不依止。涅槃畢竟空故，亦不依止。」（大正 25・401 上）。

[71] 《放光般若經》卷 4〈問摩訶衍品〉卷 47，有云：「畢陰三昧，住是三昧者，能淨諸陰。」（大正 8・24 中）。又龍樹《大智度論》卷 47，有云：「離矇昧三昧者，得是三昧，於諸三昧中，微翳無明等，悉皆除盡。」（大正 25・401 上）。

[72] 《放光般若經》卷 4〈問摩訶衍品〉，有云：「主行三昧，住是三昧者，見諸三昧行。」（大正 8・24 中）。又龍樹《大智度論》卷 47，有云：「無去三昧者，得是三昧，不見一切法來去相。」（大正 25・401 上）。

67、不變異三昧：即不動、無造作；住是三昧，心念清淨不動，觀諸法皆住自相，不生變異。[73]

68、度緣三昧：即度脫緣生法；住是三昧，依緣生智慧，度脫無明、生死、煩惱，入於明覺之境地。[74]

69、集諸功德三昧：功德之成就，必依信、願、行、證之累積；住是三昧，精進勤行，以智慧集合所有諸功德，以饒益眾生。[75]

70、住無心三昧：無心三昧即滅盡定、無想定；住是三昧，受想不生，離妄入真，雖住入無心，但非無心識。[76]

71、淨妙華三昧：淨是嚴淨，妙是明妙，華是美好；住是三昧，依修行所成就之功德，皆是嚴淨、明妙、美好。[77]

---

[73] 《放光般若經》卷 4〈問摩訶衍品〉，有云：「不起三昧，住是三昧者，不見諸三昧起。」（大正 8・24 中）。又龍樹《大智度論》卷 47，有云：「不變異三昧者，得是三昧，觀一切諸法，因不變爲果，如乳不變作酪，諸法皆住自相不動故。」（大正 25・401 上）。

[74] 《放光般若經》卷 4〈問摩訶衍品〉，有云：「度境界三昧，住是三昧者，過諸境界。」（大正 8・24 中）。又龍樹《大智度論》卷 47，有云：「度緣三昧者，得是三昧，於六塵中諸煩惱盡滅，度六塵大海，亦能過一切三昧緣生智慧。」（大正 25・401 上）。

[75] 《放光般若經》卷 4〈問摩訶衍品〉，有云：「聚諸善三昧，住是三昧者，能得聚諸法、諸三昧。」（大正 8・24 中）。又龍樹《大智度論》卷 47，有云：「集諸功德三昧者，得是三昧，集諸功德，從信至智慧，初夜後夜修習不息，如日月運轉，初不休息。」（大正 25・401 上）。

[76] 《放光般若經》卷 4〈問摩訶衍品〉，有云：「止選三昧，住是三昧者，意不墮落。」（大正 8・24 中）。又龍樹《大智度論》卷 47，有云：「住無心三昧者，入是三昧中，不隨心，但隨智慧，至諸法實相中住。」（大正 25・401 上）。

[77] 《放光般若經》卷 4〈問摩訶衍品〉，有云：「清淨華三昧，住是三昧者，於諸三昧清淨華。」（大正 8・24 中）。又龍樹《大智度論》卷 47，有云：「淨妙華三昧者，如樹華敷開，令樹嚴飾，得是三昧，諸三昧中開諸功德華，以自莊嚴。」（大正 25・401 上）。

72、覺意三昧：覺意是生發之妙；住是三昧，能助其他三昧皆成無漏。[78]

73、無量辯三昧：以本具之樂說辯才，依般若智而增上爲無量辯才；住是三昧，以無量辯才爲衆生解說法義，皆令衆生多所饒益。[79]

74、無等等三昧：無有與之相等之智慧；住是三昧，超絕所有，此是佛之境界。[80]

75、度諸法三昧：諸法之功德皆爲度脫衆生，出離生死煩惱；住是三昧，能度三界三乘衆生，無有阻礙。[81]

76、分別諸法三昧：於諸法能具善分別之智慧；住是三昧，善分別諸法相，了了明通。[82]

---

[78] 《放光般若經》卷 4〈問摩訶衍品〉，有云：「主覺三昧，住是三昧者，於諸三昧有七覺意。」（大正 8・24 中）。龍樹《大智度論》卷 47，有云：「覺意三昧者，得是三昧，令諸三昧變成無漏，與七覺相應。譬如石汁一斤能變千斤銅爲金。」（大正 25・401 上）。隋・智顗有《釋摩訶般若波羅蜜經覺意三昧》，共 1 卷，今收錄於大正 46・621 上-627 中。）

[79] 《放光般若經》卷 4〈問摩訶衍品〉，有云：「無限辯三昧，住是三昧者逮得無量之辯。」（大正 8・24 中）。又龍樹《大智度論》卷 47，有云：「無量辯三昧者，即是樂說辯，得是三昧力故，乃至樂說一句無量劫而不窮盡。」（大正 25・401 上）。

[80] 《放光般若經》卷 4〈問摩訶衍品〉，有云：「無等等三昧，住是三昧者，便得無等等。」（大正 8・24 中）。又龍樹《大智度論》卷 47，有云：「無等等三昧者，得是三昧，觀一切衆生皆如佛，觀一切法皆同佛法無等等，般若波羅蜜相應。」（大正 25・401 上-中）。

[81] 《放光般若經》卷 4〈問摩訶衍品〉，有云：「度諸法三昧，住是三昧者，越度三界。」（大正 8・24 中）。又龍樹《大智度論》卷 47，有云：「度諸法三昧者，得是三昧，入三解脫門，過出三界，度三乘衆生。」（大正 25・401 中）。

[82] 《放光般若經》卷 4〈問摩訶衍品〉，有云：「決斷三昧，住是三昧者，能見諸法，見諸三昧決斷事。」（大正 8・24 中）。又龍樹《大智度論》卷 47，有云：「分別諸法三昧者，即是分別慧相應三昧。得是三昧，分別諸法善不善，有漏無漏，有爲無爲等相。」（大正 25・401 中）。

77、散疑三昧：既無散亂、無疑惑；住是三昧，見諸法實相，離一切之疑結，入達無礙解脫之境。[83]

78、無住處三昧：於諸法不執、不住；住是三昧，於諸法之相境，能突破不生意識，無有住處。[84]

79、一莊嚴三昧：觀諸法皆莊嚴之相；住是三昧，依一即一切，以一莊嚴相，觀得諸法皆一莊嚴相。[85]

80、生行三昧：即生起空行，此乃依觀諸法之究竟皆不可得；住是三昧，具足淨觀，但亦不執淨觀之行。[86]

81、一行三昧：心定於一行，亦即專修一行；住是三昧，於一行中具足諸波羅蜜行。[87]

---

[83] 《放光般若經》卷 4〈問摩訶衍品〉，有云：「散諸狐疑三昧，住是三昧者，逮得散諸法三昧。」（大正 8・24 中）。又龍樹《大智度論》卷 47，有云：「散疑三昧者，時一切法中疑網悉斷，見十方諸佛，得一切諸法實相。」（大正 25・401 中）。

[84] 《放光般若經》卷 4〈問摩訶衍品〉，有云：「無住三昧，住是三昧者，不見諸法處。」（大正 8・24 中）。又龍樹《大智度論》卷 47，有云：「無住處三昧者，即是無受智慧相應三昧。得是三昧，不見一切諸法定有住處。」（大正 25・401 中）。

[85] 《放光般若經》卷 4〈問摩訶衍品〉，有云：「一行三昧，住是三昧者，不見諸法有二。」（大正 8・24 中）。又龍樹《大智度論》卷 47，有云：「一莊嚴三昧者，得是三昧，觀諸法皆一，或一切法有相故一，或一切法無故一，或一切法空故一，如是等無量皆一。以一相智慧莊嚴是三昧，故言一莊嚴。」（大正 25・401 中）。

[86] 《放光般若經》卷 4〈問摩訶衍品〉，有云：「眾生所入三昧，住是三昧者，不見眾生，亦不見所入。」（大正 8・24 中）。又龍樹《大智度論》卷 47，有云：「生行三昧者，行名觀，得是三昧，能觀種種行相、入相、住相、出相；又是行皆空，亦不可見。」（大正 25・401 中）。

[87] 《放光般若經》卷 4〈問摩訶衍品〉，有云：「一事三昧，住是三昧者，不見諸三昧事。」（大正 8・24 中）。又龍樹《大智度論》卷 47，有云：「一行三昧者，是三昧常一行，畢竟空相應三昧中，更無餘行次第。」（大正 25・401 中）。

82、不一行三昧：不專行一行，能分別諸三昧行；住是三昧，於諸法之相，能善分別。[88]

83、妙行三昧：妙爲不可思議境；住是三昧，爲一切所不能破、不能壞，具足自在圓融之功德。[89]

84、達一切有底散三昧：即通達一切以至無漏；住是三昧，具足無漏智慧，入達寂靜涅槃之境。[90]

85、入名語三昧：於諸法之理義皆能明瞭；住是三昧，能知解諸法之義，亦能依之教化衆生，惟執於名語，不免偏於知見。[91]

86、離音聲字語三昧：於聲色之相皆能不動；住是三昧，猶若入於寂滅之境界，於寂滅中而生起明覺。[92]

87、然炬三昧：以光照之明，喻智慧之炬；住是三昧，不入

---

[88] 龍樹《大智度論》卷47，有云：「與上一行相違者是，所謂諸餘觀行。」（大正25·401中）。

[89] 《放光般若經》卷4〈問摩訶衍品〉，有云：「厭該衆事三昧，住是三昧者，不見有別。」（大正8·24中）。）又龍樹《大智度論》卷47，有云：「妙行三昧著，即是畢竟空相應三昧。乃至不見不二相，一切戲論不能破。」（大正25·401中）。

[90] 《放光般若經》卷4〈問摩訶衍品〉，有云：「散諸生死勞怨三昧，住是三昧者，逮得諸厭三昧慧所入處無所覺。」（大正8·24中）。）又龍樹《大智度論》卷47，有云：「達一切有底散三昧者，有名三有，底者非有想非無想，以難到故名底，達者以無漏智慧，乃至離非有想非無想，入無餘涅槃，三界五衆散滅。」（大正25·401中-下）。

[91] 《放光般若經》卷4〈問摩訶衍品〉，有云：「衆行音所入三昧，住是三昧者，衆行音聲皆悉隨從。」（大正8·24中）。又龍樹《大智度論》卷47，有云：「入名語三昧者，得是三昧，識一切衆生、一切物、一切法名字，亦能以此名字語化人。一切語言無不解了，皆有次第。」（大正25·401下）。

[92] 《放光般若經》卷4〈問摩訶衍品〉，有云：「脫諸音響字三昧，住是三昧者，見諸三昧，脫於音字。」（大正8·24中）。又龍樹《大智度論》卷47，有云：「離音聲字語三昧者，得是三昧，觀一切諸法，皆無音聲語言，常寂滅相。」（大正25·401下）。

險境，不受困厄，了了明明，自在坦然。[93]

88、淨相三昧：於一切相悉皆清淨；住是三昧，於一切相皆不染著、湛然明了。[94]

89、破相三昧：突破諸相，如於煩惱透視後，突破即成菩提；住是三昧，不執諸相，亦不捨諸相，具足突破之力。[95]

90、一切種妙足三昧：即一切族姓種類皆具足妙德莊嚴，此中當包含家族、身世、眷屬、容色、禪定、智慧等諸相；住是三昧，一切種因皆美好，功德圓具。[96]

91、不喜苦樂三昧：於世間一切苦樂皆不繫著；住是三昧，知苦樂皆為變異無常，故具不喜。[97]

92、無盡相三昧：諸法之相之關係，無有窮盡，無有稍失；

---

[93] 《放光般若經》卷 4〈問摩訶衍品〉，有云：「然炬三昧，住是三昧者，於諸三昧中，威德獨明。」（大正 8‧24 中）。又龍樹《大智度論》卷 47，有云：「然炬三昧者，如捉炬夜行，不墮險處。菩薩得是三昧，以智慧炬於諸法中，無錯無著。」（大正 25‧401 下）。

[94] 《放光般若經》卷 4〈問摩訶衍品〉，有云：「淨相三昧，住是三昧者，能淨一切三昧相。」（大正 8‧24 中）。又龍樹《大智度論》卷 47，有云：「淨相三昧者，得是三昧，能清淨具足莊嚴三十二相，又能如法觀諸法總相別相，亦能觀諸法無相清淨。」（大正 25‧401 下）。

[95] 《放光般若經》卷 4〈問摩訶衍品〉，有云：「無准三昧，住是三昧者，於諸三昧不見於准。」（大正 8‧24 中）。又龍樹《大智度論》卷 47，有云：「破相三昧者，得是三昧，不見一切法相，何況諸三昧相，得是無相三昧。」（大正 25‧401 下）。

[96] 《放光般若經》卷 4〈問摩訶衍品〉，有云：「具足眾事三昧，住是三昧者，於諸三昧皆得具足。」（大正 8‧24 中）。又龍樹《大智度論》卷 47，有云：「一切種妙足三昧者，得是三昧，以諸功德具足莊嚴。所謂好姓、好家、好身、好眷屬、禪定、智慧皆悉具足清淨。」（大正 25‧401 下）。

[97] 《放光般若經》卷 4〈問摩訶衍品〉，有云：「不願苦樂三昧，住是三昧者，不見諸三昧有苦樂。」（大正 8‧24 中-下）。又龍樹《大智度論》卷 47，有云：「不喜苦樂三昧者，得是三昧，觀世間樂，多過多患，虛妄顛倒，非可愛樂。觀世間苦如病，如箭入身心不喜樂。以一切法虛誑故，不求其樂。何以故？異時變為苦，樂尚不喜，何況於苦。」（大正 25‧401 下）。

住是三昧，觀一相之所有關係，透悟徹解，則是無盡，無法抹煞。[98]

93、多陀羅尼三昧：即總持三昧；住是三昧，於一切陀羅尼，皆能總持自在。[99]

94、攝諸邪正相三昧：於諸法之觀照，正相不捨，邪相不棄，皆攝取之；住是三昧，入住於無定相中，於邪正等相，悉皆攝之。[100]

95、滅憎愛三昧：於喜法不愛，於惡不憎；住是三昧，無憎愛親疏，一視平等，不起分別。[101]

96、逆順三昧：於順逆之法，皆能自在；住是三昧，於法無逆順取捨，不爲境縛。[102]

---

[98] 《放光般若經》卷 4〈問摩訶衍品〉，有云：「事不滅三昧，住是三昧者，不見諸三昧有盡。」（大正 8‧24 下）。又龍樹《大智度論》卷 47，有云：「無盡相三昧者，得是三昧，觀一切法，無壞無盡。」（大正 25‧401 下）。

[99] 《放光般若經》卷 4〈問摩訶衍品〉，有云：「持跡三昧，住是三昧者，盡看諸三昧。」（大正 8‧24 下）。又龍樹《大智度論》卷 47，有云：「陀羅尼三昧者，得是三昧力昧，聞持諸陀羅尼皆自然得。」（大正 25‧401 下）。

[100] 《放光般若經》卷 4〈問摩訶衍品〉，有云：「邪正聚三昧，住是三昧者，於諸三昧，不見邪正。」（大正 8‧24 下）。又龍樹《大智度論》卷 47，有云：「攝諸邪正相三昧者，得是三昧，不見三聚衆生，所謂正定、邪定、不定，都無所棄，一心攝取。又於諸法不見定正相、定邪相，諸法無定相故。」（大正 25‧401 下-402 上）。

[101] 《放光般若經》卷 4〈問摩訶衍品〉，有云：「滅恚諍三昧，住是三昧者，於諸三昧不見恚諍。」（大正 8‧24 下）。又龍樹《大智度論》卷 47，有云：「滅憎愛三昧者，得是三昧，可喜法中不生愛，可憎法中不生瞋。」（大正 25‧402 上）。

[102] 《放光般若經》卷 4〈問摩訶衍品〉，有云：「無恚三昧，住是三昧者，不見於諸法、於諸三昧，有恚無恚。」（大正 8‧24 下）。又龍樹《大智度論》卷 47，有云：「逆順三昧者，得是三昧，於諸法中逆順自在。能破諸邪逆衆生，能順可化衆生。又離著故，破一切法。善根增長故，成一切法。亦不見諸法逆順，是事亦不見，以無所有故。」（大正 25‧402 上）。

97、淨光三昧：於一切法中皆無煩惱垢，無煩惱垢則清淨光潔；住是三昧，於身口意皆無所染，猶如住於淨光世界。[103]

98、堅固三昧：堅固代表不壞，唯實相般若相應；住是三昧，猶如虛空不可破。[104]

99、滿月淨光三昧：滿月猶若眾生之佛性，須待修養熏習以圓滿功德；住是三昧，一切功德圓滿，淨智光明具足，能大利益眾生。[105]

100、大莊嚴三昧：於己而言，最大之莊嚴即是德性之圓滿；於所處之環境而言，則若似人間淨土。住是三昧，所見之恆河沙世界皆莊嚴如佛處，自在平和，無有所著。[106]

101、能照一切世三昧：世間者，涵蓋一切之時、空間皆然，此中具有遷流之義，亦總括過去、現來與未來；住是三昧，能以

---

[103] 《放光般若經》卷 4〈問摩訶衍品〉，有云：「無垢光三昧，住是三昧者，於諸三昧亦不見光，亦不見垢。」（大正 8・24 下）。又龍樹《大智度論》卷 47，有云：「淨光三昧者，得是三昧，一切法中諸煩惱垢不可得，不可得故，諸三昧皆清淨。」（大正 25・402 上）。

[104] 《放光般若經》卷 4〈問摩訶衍品〉，有云：「主要三昧，住是三昧者，於諸三昧不見無要。」（大正 8・24 下）。又龍樹《大智度論》卷 47，有云：「堅固三昧者，有人言，金剛三昧是，堅固不壞故。有人言，金剛非。所以者何？金剛亦易破故。是諸法實相智相應三昧，不可破如虛空，以是故言牢固。」（大正 25・402 上）。

[105] 《放光般若經》卷 4〈問摩訶衍品〉，有云：「明月滿無垢炎三昧，住是三昧者，能使諸三昧滿具足，如月十五日時。」（大正 8・24 下）。又龍樹《大智度論》卷 47，有云：「滿月淨光三昧者，得是三昧，所言清淨無諸錯謬。修諸功德故，如月滿破無明闇故，淨智光明具足，滅愛恚等火故，清涼功德具足，大利益眾生故可樂。」（大正 25・402 上）。

[106] 《放光般若經》卷 4〈問摩訶衍品〉，有云：「大莊飾三昧，住是三昧者，能使諸三昧嚴好。」（大正 8・24 下）。又龍樹《大智度論》卷 47，有云：「大莊嚴三昧者，見十方如恆河沙等世界，以七寶華香莊嚴佛處，其中如是等清淨莊嚴，得是三昧故，一時莊嚴諸功德。又觀此莊嚴，空無所有，心無所著。」（大正 25・402 上）。

三昧智慧光明普照一切世間，令人天獲得大利益。[107]

102、三昧等三昧：觀一切三昧皆因緣得生，依法性而言本無深淺高下，一皆平等；住是三昧，於定、亂相與餘法，皆不可得、無有差異。[108]

103、攝一切有諍無諍三昧：有諍即有爭論，此為自我意識之表達；無諍則無爭論，於一切法能通達無礙。住是三昧，不分別諸法之有諍、無諍，但隨眾生、因緣而度脫之。[109]

104、不樂一切住處三昧：於世間、非世間皆不樂住；住是三昧，觀世間為無常故不樂住，觀非世間無一切法故亦不樂住，但隨心念住處，不著一切樂或不樂住處。[110]

105、如住定三昧：知一切法如實相，如是而修，如如不動；

---

[107] 《放光般若經》卷4〈問摩訶衍品〉，有云：「與世間作光明三昧，住是三昧者，光明普照十方及諸法。」（大正8·24下）。又龍樹《大智度論》卷47，有云：「能照一切世間三昧者，得是三昧故，能照三種世間：眾生世間、住處世間、五眾世間。」（大正25·402上）。

[108] 《放光般若經》卷4〈問摩訶衍品〉，有云：「三昧等三昧，住是三昧者，於諸法亦不見有亂，亦不見有定。」（大正8·24下）。又龍樹《大智度論》卷47，有云：「三昧等三昧者，得是三昧，觀諸三昧皆一等，所謂攝心相。是三昧皆得因緣生，有為作法無深淺，得是三昧皆悉平等，是名為等。與餘法亦等無異，一切法中定亂相不可得。」（大正25·402上）。

[109] 《放光般若經》卷4〈問摩訶衍品〉，有云：「無忿三昧，住是三昧者，能使諸三昧而無有忿。」（大正8·24下）。又龍樹《大智度論》卷47，有云：「攝一切有諍無諍三昧者，得是三昧，不見是法如是相，是法不如是相，不分別諸法有諍無諍，於一切法中通達無礙，於眾生中亦無好醜諍論，但隨眾生心行而度脫之。（大正25·402上-中）。

[110] 《放光般若經》卷4〈問摩訶衍品〉，有云：「無倚無窟無樂三昧，住是三昧者，於諸三昧不見巢窟。」（大正8·24下）。又龍樹《大智度論》卷47，有云：「不樂一切住處三昧，得是三昧，不樂住世間，不樂住非世間。以世間無常過故不樂，非世間中無一切法，是大可畏處，不應生樂。」（大正25·402中）。

住是三昧，不別諸法之過患，如是住、如是定。[111]

106、壞身衰三昧：身爲四大假合，故終有衰、有壞；住是三昧，能以智慧力觀照法相，分破壞身衰相，由色身以轉法身，以至諸相至不可得。[112]

107、壞語如虛空三昧：語因聲而起，故一切言語本無實體，如虛空中，風動雷響，聲相即生、即滅；住是三昧，具足如語，觀語言因緣，不生我相及愛憎。[113]

108、離著虛空不染三昧：以般若智觀諸法則畢竟空；住是三昧，於諸法不離不著、不染不著，猶若虛空，但亦不著虛空。[114]

觀之百八三昧，其基礎是諸法，對於諸法當如何了別以達至三昧之境地，此爲百八三昧之主要用意。有關「三昧」之義，要約言之：「舊稱三昧、三摩提、三摩帝。譯言定、正受、調直定、正心行處、息慮凝心。心定於一處而不動，故曰定。正受所觀之

---

[111] 《放光般若經》卷4〈問摩訶衍品〉，有云：「最如三昧，住是三昧者，於諸三昧不轉於如。」（大正8‧24下）。又龍樹《大智度論》卷47，有云：「如住定三昧者，得是三昧故，知一切法如實相，不見有法過是如者。」（大正25‧402中）。

[112] 《放光般若經》卷4〈問摩訶衍品〉，有云：「身骸三昧，住是三昧者，不見此三昧性。」（大正8‧24下）。又龍樹《大智度論》卷47，有云：「壞身衰三昧者，血肉筋骨等和合，故名爲身。是身多患，常與饑寒冷執等諍，是名身衰。得是三昧故，以智慧力分，分破壞身衰相，乃至不見不可得相。」（大正25‧402中）。

[113] 《放光般若經》卷4〈問摩訶衍品〉，有云：「斷口行與空合三昧，住是三昧者，不見諸三昧有言。」（大正8‧24下）。又龍樹《大智度論》卷47，有云：「壞語如虛空三昧者，語名內，有風發觸七處，故有聲，依聲故有語，觀如是語言因緣故，能壞語言，不生我相及以愛憎」（大正25‧402中）。

[114] 《放光般若經》卷4〈問摩訶衍品〉，有云：「虛空本脫無色三昧，住是三昧，逮得諸法本空。」（大正8‧24下）。又龍樹《大智度論》卷47，有云：「離著虛空不染三昧者，菩薩行般若波羅蜜，觀諸法畢竟空，不生不滅如虛空無物可喻。鈍根菩薩著此虛空，得此三昧故，離著虛空等諸法，亦不染著是三昧。」（大正25‧402中）。

法，故曰受。調心之暴，直心之曲、定心之散，故曰調直定。正心之行動，使合於法之依處，故曰正心行處。息止緣慮，凝結心念，故曰息慮凝心。」[115]依如是對三昧之綜論，其要點有二，一為心，一為定；換言之，所謂三昧，是著重在置心一處，唯如何才能使心不動？其前題是：心要合於法之依處，故百八三昧，雖分列為百八之數，然此乃代表一切法之總稱。就法而言，乃是佛陀依眾生因緣不同而開示之，以是如何了別法，則成為是否能入於百八三昧之條件，且如何將一切法，能如是住、如是行，以至圓融通達，此即是「三昧」之義。綜上所論，若依心而言三昧，此即《大智度論》所言：「一切禪定攝心，皆名為三摩提。秦言正心行處。是心從無始世界來常曲不端，得是正心行處，心則端直。譬如蛇行常曲，入竹筒中則直。」[116]以心定為三昧，則即是《大般若經》〈第十五會・靜慮波羅蜜多分〉之主要義理，依般若波羅蜜多於法之觀照，不取不捨、不執不著，將身語意之觀行所得，由觀而悟，以至究竟無所有、無所得，入於靜慮以達三昧境界，足見，若要以心定而論三昧，終不可離開於法之觀照為首要工夫。

　　若要以心合於法而論三昧，此即如《大智度論》所言：「諸行和合，皆名為三昧。」[117]又：「般若波羅蜜摩訶衍義品中，略說則有一百八三昧。初名首楞嚴三昧，乃至虛空不著不染三昧，廣說則無量三昧。」[118]又：「百八三昧，佛自說其義，是時人利根故，

---

[115] 丁福保編《佛學大辭典（一）》，頁312，「三昧」條，（台北：天華出版公司，1986年）。
[116] 龍樹《大智度論》卷23，大正25・234上。
[117] 龍樹《大智度論》卷20，大正25・207上。
[118] 龍樹《大智度論》卷5，大正25・97上。

皆得信解，今則不然。論者重釋其義，令得易解」[119]佛之開法，
是爲實踐，故所謂「諸行和合」，即心與法合，惟法是無量，故三
昧之證得內涵可爲無量，法或三昧可無量數，但心確然不動，則
爲一致。百八三昧爲佛自說其義，而佛法之三法印在無常、無我
（空）、苦，以至證入寂靜涅槃，此中不變之定律是「因、緣、果」，
唯依無常、無我（空）、苦而觀一切法，此爲因，才有證得涅槃之
果；而「緣」正是一樞紐，是要入於因果報應中，或臻至三昧之
境，則掌握在「緣」上，此緣即是修證之工夫所在，故佛陀詳述
百八三昧，正要衆生各依所緣而修諸法，於不同之法中，皆可依
因、緣、果而有三昧之證得，此爲佛論百八三昧之真正用意。

　　三昧向以禪定而論之，如《大智度論》所言：「一切禪定，亦
名定，亦名三昧。」[120]又如《大般若經》〈第二分・三摩地品〉即
以「三摩地」爲論「百八三昧」，並以「三摩地」（三昧、定）爲
「大乘相者」，如云：「菩薩摩訶薩大乘相者，謂無量百千無上微
妙諸三摩地，即健行三摩地、寶印三摩地、師子遊戲三摩地……
如虛空三摩地、無染著如虛空三摩地，如是等三摩地有無量百千，
是爲菩薩摩訶薩大乘相。」[121]顯然，般若波羅蜜多之智慧，必依
「定」而後成之，此與三無漏學由戒、定而慧，是爲一致的，換
言之；般若波羅蜜多雖是一觀照智慧，且依此智慧可通達一切法，
然般若觀照智慧，無法憑空得到，必依三昧修證而得成，三昧是
大乘法、大乘相，故必包含入於「摩訶衍」中。摩訶衍既是大乘
法，惟依大、小之法義而論，大當可包含小，故對於有關百八三

[119] 龍樹《大智度論》卷 47，大正 25・398 下。
[120] 龍樹《大智度論》卷 28，大正 25・268 中。
[121] 《大般若經》卷 414，大正 7・74 上-中。

昧之論釋,《大智度論》之起首,與終末之述。即有將大、小乘之
義相融之勢,如云:

> 爾時須菩提白佛言:世尊!何等是菩薩摩訶薩摩訶衍?云
> 何當知菩薩摩訶薩發趣大乘?是乘發何處?是乘至何處?
> 是乘當住何處?……
> 問曰:佛多說諸三昧,汝何以但說諸法?
> 答曰:佛多說果報,論者合因緣果報說。譬如人觀身不淨,
> 得不淨三昧。身是因緣,三昧是果。又如人觀五衆無常、
> 苦、空等,得七覺意三昧,能生八聖道、四沙門果。復次
> 佛應適衆生故,但說一法,論者廣說,分別諸事。譬如一
> 切有漏,皆是苦因,而佛但說愛。一切煩惱滅名滅諦,佛
> 但說愛盡。是菩薩於諸觀行中,必不疑於諸三昧,未了故,
> 佛但說三昧。論者說諸法,一切三昧皆已在中。是諸三昧
> 末後,皆應言用無所得,以同般若故,如是等無量無邊三
> 昧和合,名爲摩訶衍。[122]

　　摩訶衍爲大乘法之總稱,修證者是菩薩摩訶薩,當以趣入阿
耨多羅三藐三菩提爲目標、爲所至、爲住處,此中般若波羅蜜多
之修證,亦必如摩訶衍是以阿耨多羅三藐三菩提爲乘所至、住處。
依「摩訶衍」而論,此中包括一切之大乘法,故任何之大乘修證
法,皆可名爲摩訶衍,既然如此,於般若波羅蜜多之修證,又爲
何要特別論列百八三昧呢?且於百八三昧之分述中,龍樹是以諸

---

[122] 龍樹《大智度論》卷46〈釋摩訶衍品〉,大正25‧393中-402下。

法之觀照而論釋百八三昧,換言之;三昧之證得,並非空心靜坐,而是依於法之觀照而成就,而如是之三昧,爲佛所肯定。且於法而言,法有善法、惡法,而一切不論其善或不善,皆可於般若波羅蜜多之觀照中而證得三昧,故能依「觀身不淨」而證得「不淨三昧」,亦能由無常、苦、空而生聖道諦,如是之義皆在表明,佛之言法,是應衆生之機而不同,但不同之法開演,於佛之本懷只有一個,即欲令人人皆入三昧,證得正覺境界。故不論是言諸法,或三昧,甚至是論述般若波羅蜜多,其目的皆是:凡一切皆無所有、不可得,故於諸法當不可執,於諸三昧更不可執,而般若波羅蜜多更以不執不著爲其觀照法,而法既是無量,故三昧必然亦是無量,而波羅蜜多之修證亦必無量無邊,唯不論所述之內涵有何不同,但一皆不可離卻「般若」,換言之;若無般若妙智爲依據,則無三昧之存在,三昧之得成是如是,凡一切之波羅蜜多亦是如此,以至摩訶衍亦必如是。

　　三昧(定)之修證,顯然於般若波羅蜜多之修證過程是具有其重要之地位,唯所謂修定,亦目的在呈顯清淨心而已。依「心性本淨,爲客塵所染」,此可謂是「心性本淨」說之發展,然心性本淨,已於聲聞經論中出現,至大乘佛教興起時,亦採用此說,唯般若部經典所論述之心性本淨義,是以般若之立場而有不同之見解,據云:

> 依經、論所說,清淨、無生、空等,都是異名同實。方便的約境說,名爲真如、法界、實際等。約行說,名爲空、無相、般若等。約果說,名爲菩提、涅槃等。雖有種種名字,而都表示那勝義的體悟內容。《般若經》的「心本性淨」,

可說引發了自性清淨如來藏說，但方法是不同的。《般若經》
是平等法門，觀一切法都是「本性空」的；如說「本性淨」，
那就是一切法本性淨。[123]

　　依般若波羅蜜多觀諸法皆自性離，故其性本空，此乃就一切
法皆依空而言之；若言般若爲平等法門，言一切法空，又言一切
法淨，「空」與「淨」是同或異，如《大智度論》所言：「畢竟空
即畢竟清淨，以人人畏空，故言清淨。畢竟空但爲破著心故說，
非是實空。」[124]依般若波羅蜜多所言之空即是清淨，此是法之權
變，「空」（真空）之義眾生難契入，爲教化方便，故言清淨（妙
有），此空、有兩面皆代表佛法之真實義，然言清淨心之呈顯，此
是一向上之實踐法門。

　　佛門強調三昧，此爲定之功夫，諸佛於定中而顯威光瑞相，
一方面是欲說大法，並非是入滅盡定，亦非是「遠離法」，依般若
妙智之不執，其修行不執必在曠遠之處，其所重在「心」，而非是
地方之問題，如《摩訶般若波羅蜜經》云：

　　佛告須菩提：若菩薩摩訶薩遠離聲聞、辟支佛心，住空閑
　　山澤曠野之處，是佛所許遠離法。須菩提！若惡魔所說遠
　　離法，空閑山澤曠遠之處，是菩薩心在憒鬧。所謂不遠離
　　聲聞辟支佛心，不勤修般若波羅蜜，是菩薩摩訶薩不能具
　　足一切種智。是菩薩行惡魔所說遠離法，心不清淨，而輕

---

[123] 印順《如來藏之研究》，頁 67-87，（台北：正聞出版社，1986 年）。
[124] 龍樹《大智度論》卷 63，大正 25．508 下。

　　餘菩薩。[125]

　　般若妙智重在不執，此不執乃約「心」而論，故佛所許之「遠離法」。是離卻聲聞、辟支佛之小乘心、斷滅心，依《法華經》之理想，佛只有一乘立場，二乘皆只是導入大乘之方便而已；若依此立論而觀之三昧修定，則佛法所言之禪定名稱雖多，如：「一、三摩地（等持）：令心平等，一味如流，相續不斷之平等流類保持一味繼續下去。二、三摩缽底（等至）：令心向前，使令到達所修之目標。三、摩呬多（等引）：引發定之功能由淺到深。四、奢摩他（止）：約初修止境而說。五、心一境性、禪那（靜慮）：心一境性，在小乘三學中稱為增上心學；禪那，僅限於四禪；靜慮，是靜定中還有明觀之思慮。六、現法樂住：通於一切禪定之始終歷程。七、心、瑜伽（相應）：是心、境（禪境）相應、契合，凝結在一處，無能緣（主觀）、所緣（客觀）之分野。約禪定之方法、意義、功德不同而有七種分類，到了中國佛法將禪與定結合一起，簡稱名為禪定。」[126]於佛法發展之過程中，不論是依何種立場而論之修定，顯然一切之智慧、解脫、神通皆由三昧修定而起，而佛所許之定力工夫，是不見遠離法，不住遠離相，是為直行遠離行，並依此而疾得阿耨多羅三藐三菩提，此亦深刻在表明：依般若妙智所言之靜默，非是僅止於曠遠處靜坐而已，此為初階歷程，其目標在主體心靈上之涵養，而能具體落實在安然之生活中，此為般若波羅蜜多所言之三昧修持。

---

[125]　《摩訶般若波羅蜜》卷 18〈夢誓品〉，大正 8．353 上-中。
[126]　佐藤泰舜著，印海譯，《中國佛教思想論》，頁 512-513，〈禪定之名稱〉，（台北：嚴寬祜文教基金會，2004 年）。

第二節　般若波羅蜜多「無」之行法

一、無生：無生波羅蜜多，是般若波羅蜜多

　　般若波羅蜜多於觀照「法」上，是依「無二無別，自性離故。」此中之「離」乃就一切法皆因緣和合而成，依緣起亦終依緣而滅，故於一切法而言，終究是空、是離。然「無」義，於《大般若經》中是重要之概念，且與「無」相配之名相亦甚多，如「無生」義。

　　所謂「無生」即不生滅，此爲諸法實相，是諸佛之所證悟。「無生」是緣於有生滅而反轉得成，因一切皆因緣而起、而滅，此即是有生滅，觀照於一切之人、事及相皆然如是。凡眼前所見之相，既爲相，則必有滅壞，此爲事物之定律，成、住、壞、空是觀一切有爲法所得之真理，故一切衆生皆處於生滅之大環境中，即使是科學界所稱之恆星太陽，亦終有滅壞之一日，宇宙是一大生命體，故終在生滅之範疇裡，無人可以逃脫。論述「無生」義，主要在闡述如何由「生而無生」，因生滅而造成煩惱，此爲凡夫見地，因生而喜、因滅而憂，此乃無法勘破「生」是暫時之現象，以一切法而論，終究是空，此爲諸法之本來面目。唯「無生」當依何而證悟？衆生既無法逃脫整個宇宙大生命體，故唯有於一切之人、事、物中，能於生滅中而勘破之，返歸諸法之本來空寂，於擁有當下，知是因緣聚合；於失去之時，亦能了然不罣礙，此即是無生之證得。據般若部經典所論述與「無生」相關之義，約略

列舉如下：

> 無生波羅蜜多，是般若波羅蜜多，諸法無著故。[127]
> 無生波羅蜜是般若波羅蜜，諸法無生故。[128]
> 無生法無來無去，無生法即是佛。[129]

　　上之引文，是闡述依「無生」法而修證，此即名爲「無生波羅蜜多」；而無生之修證方法即是「無著」，此乃依般若波羅蜜多之特性而論；而依無生波羅蜜多即可證得般若波羅蜜多，此正可明證無生爲般若波羅蜜多之內涵，而此亦是修證成佛之方法。唯「無生」當如何證得？此中依般若學之所述，能依「忍法」即可證得「無生」，如《大般若經》云：

> 云何名爲無生法忍？謂令煩惱畢竟不生，及觀諸法畢竟不起，微妙妙慧常無間斷，是故名爲無生法忍。[130]
> 時具壽善現白佛言：世尊！云何名爲無生法忍？此何所斷復是何智？佛言：善現！由此勢力乃至少分惡不善法亦不得生，是故說名無生法忍。此令一切我及我所慢等煩惱究竟寂滅。如實忍受諸法如夢、如響、如像、如光影、如陽焰、如幻事、如尋香城、如變化事，此忍名智。得此智故說名獲得無生法忍。[131]

127　《佛母出生三法藏般若波羅蜜多經》卷9〈歡勝品〉，大正8·619中-下。
128　《小品般若波羅蜜經》卷4〈歡淨品〉，大正8·533中。
129　《摩訶般若波羅蜜經》卷27〈法尚品〉，大正8·421中。
130　《大般若經》卷376〈初分無相無得品〉，大正6·944下。
131　《大般若經》卷378〈初分無相無得品〉，大正6·953下。

由「生忍」（尚有忍相）而「無生法忍」，此是忍法之依次步驟，而觀諸法之如夢、如幻等，此爲忍法之觀行，亦是般若波羅蜜多之觀行，依如是之觀行即可證得「無生智」。[132]無生之證悟是依於「忍法」，而「忍」之最高境界即是「無生法忍」，於忍而無忍相，無忍相實依忍相反轉而得；故如何能由生滅中而觀無生，由忍而無生法忍，此於般若波羅蜜多而言，其所提供之智慧正是「無」之應用。般若波羅蜜多於一切法之觀照是採「無二無別」，然所謂「無二無別」，其義並不是：生滅即是無生滅，無生滅即是生滅，前者是依生滅煩惱而轉爲無生之菩提，而無生之菩提既已顯現，則依「無生」所生起之一切法，將不再落爲生滅法，而所謂「無生而生」所呈顯之一切亦皆是菩提之流露，此亦即是「應無所住而生其心」之「生」義，[133]此才是依般若波羅蜜多所證悟之「無生」義。

二、無著：無著波羅蜜多，是般若波羅蜜多

行修般若波羅蜜多於一切法要能「無二無別」，以致才能通達一切法，此「無」亦即是「無著」之義。所謂「無著」，即是不執著，然於一切之人、事、物之所見當下，如何才能不執著，此中

---

[132] 《大般若經》卷415〈第二分念住等品〉有云：「云何無生智？善現！若智以無所得而爲方便，知諸有趣永不復生，是爲無生智。」（大正7‧80中）。

[133] 《金剛經》云：「不應住色生心，不應住聲香味觸法生心。應無所住而生其心。」（大正8‧749下）。

之重點在由「相對」而入「絕對」之中道義諦才能證得。[134]人事之爭必是因相對而起，此亦即「是非」之所由，既有是非，則有為判是非公斷之人以仲裁之，然此，終將入於莊子所謂：「以是其所非，而非其所是。」[135]事實上，是非乃起於以己之立場而觀己或他，此中任何之第三者之所判，亦終將是另一種是非之產生，以至莊子主張泯是非、薄辯義，亦唯有入於「齊物」，才能返歸事物之本來狀態而不落入彼此之紛爭中。以一切事物之本身立場而觀之本身，此中則無有相對而起之事物，當各不以自己之主觀意識而加諸於其他之一切事物時，此即無著之義。將無著用之於日常中，則是對一切之是非、對錯皆不加入參與；而行修般若波羅蜜多之無著，其境界是在面對一切法時，皆能不欣樂亦不厭惡，唯以無礙自在而悠然其中，若言如何依無著而見中道真諦，則唯有視一切法皆平等，此平等乃依事物本身之立足點而論，則一切法或一切事物，本無高低、上下、淺深、是非之辨，唯人喜論議優劣，此亦莊子所謂「一察」之見，而行修般若波羅蜜多，其無著即是不執著任何之一察，以事物之第一義而觀一切法，則一切法皆本平等。

　　據般若部經典所論述之「無著」義，如：

　　無著波羅蜜多，是般若波羅蜜多，不分別聲聞、緣覺地故。[136]

---

[134] 白雲《般若學疏義》，頁 198，文云：「般若學中說無著，乃言見真諦之義。行修般若波羅蜜，覺知相對，明辨諦理，突破相對，但得無著；久而久之，必能入達絕對之境。」（高雄：金禧廣播公司，2000 年）。

[135] 《莊子》〈齊物論〉。

[136] 《佛母出生三法藏般若波羅蜜多經》卷 9〈歎勝品〉，大正 8‧619 下。

佛言：須菩提！無著相是般若波羅蜜多。須菩提言：頗有
因緣如般若波羅蜜多無著相，一切法無我著相耶！佛言：
須菩提！有因緣如般若波羅蜜多無著相，一切法亦無著
相。何以故？須菩提！一切法空故、離故，是故須菩提，
如一切法無著相空故、離故，般若波羅蜜多無著相亦空亦
離。[137]

　　般若波羅蜜多於法之觀照是無著，依無著故能不分別諸法之
高下，此乃因般若波羅蜜多觀照一切法終究是空，依一切法皆本
自性離（無自性）而然，故依空與離而得成般若波羅蜜多，此爲
般若波羅蜜多之觀照內涵具有「無著智」，而所謂「無著智見」是：
「若於諸法能如是見，即說名爲無著智見。言無著者謂於此中著
不可得，著無著性，著無實性，故名無著。以於此中能著、所著，
由此、爲此、因此、屬此皆不可得，故名無著。」[138]既名無著，
則其所涵攝將包括於一切法皆然無著，而無著是依無著智見所
成，依無著智見則能於一切法無障，此即是「無著無障三摩地」，
[139]能如是即成爲「無著人」。[140]

[137]　《佛母出生三法藏般若波羅蜜多經》卷19〈善巧方便品〉，大正8‧654中。
[138]　《大般若經》卷600〈第十六般若波羅蜜多分〉，大正7‧1108下-1109上。
[139]　《大般若經》卷488〈第三分善現品〉有云：「離諸染著及一切障，是故名爲
　　　無著無障三摩地。」（大正7‧482上-中）。
[140]　《光讚般若波羅蜜經》卷2〈行空品〉有云：「少於色欲、無色欲、無明、憍
　　　慢斷除，是謂無著人也。」（大正8‧158下）。

三、無住：無住法者，是謂般若波羅蜜多

　　佛法暢論一切法皆無自性，乃因緣而起，於未來緣起前，實無一切法，亦無所謂「住」一切法之問題，而「無住」實爲能觀一切法之無常性所產生之一種狀況。[141]一切法皆有生起前、當時與之後之不同，此過程之現象，皆是一時之生滅所致，而生滅乃隨緣而形成，於一切法未生起前，本無生滅之問題，亦無所謂煩惱之產生，故一切法之本然狀況，即是無，既是無，則「無住」即是諸法之真諦。般若波羅蜜多之行修，即在照見諸法皆無常，於諸法是無常，於煩惱亦是無常，既是無常則無有煩惱與諸法之住相，既無有住相，則無有生滅；無有生滅，則無有煩惱，煩惱既無，則身心自然安寧；菩提自然呈顯。佛有十大尊號，「善逝」爲其中之一，逝即流逝，善逝即善於流逝，善於流逝則代表「無住」，於一切法（當包含善法與惡法）皆能不住相，此即爲諸法之實相，是第一義諦，是佛境，亦是佛之尊號。般若波羅蜜多觀照一切法是「自性離故」，此「自性離」，正顯一切法皆無自性，此亦如《金剛經》末後之偈所云：「一切有爲法，如夢幻泡影，如露亦如電，應作如是觀。」[142]「夢幻泡影，如露如電」正是說明一切法之無常性現象，於一切法皆當如是觀，此爲行修般若波羅蜜多所採用之觀照方法，依此方法所得之功效，即是能觀諸法而無所住。

---

[141] 白雲《般若學疏義》，頁200，有云：「基於法無常性，非生非滅，法相不遷，無去無來；真際不易，無有立本，但以無住而照見諸法之無常不住之相。」（高雄：金禧廣播公司，2000年）。

[142] 大正8‧752中。

據般若部經典所論之「無住」義是：

於一切法生無住想。無住法者是謂般若波羅蜜多。我等於
是無住法中，得金色身種種光明，三十二大人相、八十種
隨形好，皆悉具足，得不思議佛無上智、佛無上慧。[143]

云何名無住三昧？住是三昧中不見一切法住，是名無住三
昧。[144]

何名無住處三昧？住是三昧不見諸法住處，是名無住處三
昧。[145]

「住」法即是執著法，無住則是不執，般若波羅蜜多其所攝
是一切法，故執著法而住法即無法通達圓融一切法，是以唯「無
住法」者，始可謂是「般若波羅蜜多」，換言之，依無住一切法，
般若波羅蜜多才有呈顯之可能。就般若波羅蜜多之證得而論，「無
住」不僅是於一切法觀照之態度，實無住亦是一種定力之展現，
故曰「無住三昧」。於後之《六祖壇經》更立「無住為本」：「無住
者，人之本性於世間善惡好醜，乃至冤之與親，言語觸刺欺爭之
時，並將為空，不思酬害。念念之中，不思前境。若前念、今念、
後念，念念相續不斷，名為繫縛。於諸法上念念不住，即無縛也。
此是以無住為本。」[146]《壇經》所論之「無住為本」，是依「一行
三昧」而展開，顯然，無住是一行證方法，是一種三昧，更是智

---

[143] 《佛母出生法藏般若波羅蜜多經》卷 24〈常啼菩薩品〉，大正 8・670 中。
[144] 《摩訶般若波羅蜜經》卷 5〈問乘品〉，大正 8・251 下。
[145] 《摩訶般若波羅蜜經》卷 5〈問乘品〉，大正 8・252 下。
[146] 元・宗寶《六祖壇經》〈定慧品〉，大正 48・353 上。

行兼備之般若波羅蜜多。

四、無二：無二邊波羅蜜多，是般若波羅蜜多

　　就佛境而言是一絕對之理，佛為應眾生之機故有三乘之權設，然三乘皆是方便說，於佛而言，一切之善巧方便只有一個目的，即為引眾生入阿耨多羅三藐三菩提，故依佛之本懷而論，只有唯一佛乘，實無二亦無三，此為《法華經》之立論。而「無二」所代表之義，即是唯一乘之教，此為佛開法之目的，「無二」正說明無有可與佛乘、佛境相對之法，故「無二」是佛之圓覺之境。於佛法中，依修證階次而分，是由凡入聖，即使是聖界，亦有聲聞、緣覺、菩薩之不同，然至覺境，即是圓滿無盡、圓融無礙，此「圓」正為呈顯佛境是一渾圓之狀，是盡攝一切而無有缺漏，此為圓教之義，依圓教之所成即是「圓佛」。而般若波羅蜜多之特性，是於法之觀照採「無二無別」，此中之「無二」即對一切法之態度，皆以法之立場而觀照之，正因能以其本身之立場而觀之本身，則任何之法皆充份代表其本身，則任何之法亦必是「無二」，唯此法之無二，並非言一切法即是代表佛覺之最高境界，而是若能依般若波羅蜜多之觀照方法，必能融通一切法，以至達最圓滿之「無二」佛法：即一乘佛法。於佛之證悟而言，其歷程是有階次、有分別、有不同名相，然於證得涅槃而言，雖尚分有餘涅槃、無餘涅槃，此乃於未得「圓」、「無二」前之差別之相，然於最終之境只有無餘涅槃，只有唯一佛乘，一切皆是無二分別之實相真理，此是佛法之最終圓境；般若波羅蜜多雖非是佛境，然依般若波羅蜜多是可證得無餘涅槃之道，而此即是般若波羅蜜多之「無

二」作用。

　　據般若部經典所論之「無二」義是：

> 無二邊波羅蜜多，是般若波羅蜜多，諸法離著故。[147]
> 無二邊波羅蜜是般若波羅蜜。佛言：離二邊故。[148]
> 佛言：行二法，無道無果。行不二法，亦無道無果。若無二法、無不二法，即是道、即是果。[149]
> 佛言：若無二、無不二，即名得果，亦名現觀。[150]
> 佛言：諸有二者名有所得，諸無二者名無所得。一切有戲論者皆名爲二，一切離戲論者，皆名無二。[151]

　　「無二」是離卻二邊，換言之，所謂一切相對法皆當除去，此爲戲論；然「無二」亦非行持「不二」法，當以「不二」爲一法時，此「不二」法亦是戲論相對法，故唯有「無二無不二」才是「無二」之真義。既不落於「二法」與「不二法」中，此是超越兩邊法，其內涵在不執，既不執取任何之法，故於一切法實無所得。中道爲佛之所證悟，所謂「中道」並非去捨兩邊而行持一中間之道，如是亦是執，執有某一「中」法可行之。依佛之證果而言，中是非左、非右、非中間，「中」即是離卻諸法，是圓境之表徵，是一融通之境，此即是般若波羅蜜多所證悟之道，故曰是

147　《佛母出生三法藏般若波羅蜜多經》卷 9〈歡勝品〉，大正 8・619 下。
148　《摩訶般若波羅蜜經》卷 12〈遍歎品〉，大正 8・312 中。
149　《摩訶般若波羅蜜經》卷 26〈平等品〉，大正 8・414 中。
150　《大般若經》卷 396〈初分無性自性品〉，大正 6・1053 上。
151　《大般若經》卷 361〈初分多問不二品〉，大正 6・863 上-中。

「果」；此亦是般若波羅蜜多之觀照法，故亦名「現觀」。

五、無別：不分別波羅蜜多，是般若波羅蜜多

　　就一切法而言，一切法皆爲對治而有，對治之對象既有千種萬種，故有千法萬法之產生，是以於法而言，有分有別是確然的，實亦可謂是真理。若以藥草爲喻，藥草之功能在治病，在「治病」之原則上，則一切藥草皆無別；然不同之藥草可癒不同之病，此即是有分有別。將此相應於一切法上，一切法皆爲不同之眾生而設，此爲有分有別；然一切法皆爲度眾入佛境則爲無分無別。總之，一切法由有別而入於無別，前之有別看似有差異，然依終究之證悟而言，則實然一切法確爲無別。然眾生又何以執一切法爲有別？此非藥草之問題，亦非法之問題，而是人之心意識所產生之別，依心意識所產生之別，是虛妄之分別，亦是無明所起之因，此乃惑於暫時之假像，而不是以終究之境而觀照。依分別之義而有三分別，其釋義如下：

　　1、自性分別：即自體相應於外緣而生起分別，也就是意識對於現前六塵緣境生起分別。
　　2、隨念分別：即隨意念所起之分別，也就是意識對於過去六塵緣境生起分別。
　　3、計度分別：即計較度量所起之分別，也就是意識對於未來六塵緣境生起分別。[152]

---

[152] 白雲《般若學疏義》，頁 216-217，（高雄：金禧廣播公司，2000 年）。

　　不論是依自性、隨念或計度所起之分別，此乃皆緣於自我之執而然，而行修般若波羅蜜多即是要由別而入於無別；能深觀「別」是暫時之惑，「無別」才是終究之慧，而般若波羅蜜多依「無別」而觀照一切法，即是要以無別之慧蕩除分別之惑。唯於佛法之總體而言，法門確然是無量，雖於四弘誓願中，特強調法門無量誓願學，然於學人而言，恐是難以企及；學人唯能擇適己之法門而深入修學，此表面雖只修學一法，然若能運用行修般若波羅蜜多之智慧，於自己所修學之法不執不著，依此一法亦能通達佛境，故由有別之法亦能臻至無別之圓滿境界。換言之，根本問題不在「法」本身，而在運用之心態上，若自執己法爲最殊勝、爲最唯一，此即是執，執即是無明，既有無明又如何證悟無上菩提。般若波羅蜜多即在使一切法能立於「別而無別」之層次上，此是行修般若波羅蜜多之功德，亦唯有入於無別之慧中，才能相應於般若波羅蜜多。

　　據般若部經典所論之「無別」義是：

> 無分別者是寂靜法。所以者何？能取所取俱不可得，不生不滅，離我我所，如是名爲無分別法。[153]
> 無分別法即是寂靜。何以故？取可取無，離我我所，不起不息，是名無分別法。[154]
> 不分別波羅蜜多，是般若波羅蜜多，分別平等故。[155]

---

[153]　《大般若經》卷 572〈第六分現化品〉，大正 7・955 上。
[154]　《勝天王般若波羅蜜經》卷 6〈現化品〉，大正 8・718 下。
[155]　《佛母出生三法藏般若波羅蜜多經》卷 9〈歎勝品〉，大正 8・619 中。

不分別波羅蜜是般若波羅蜜，佛言：妄想不可得故。[156]

　　「無別」是不以「相對」義而視一切法，若將法與法之間採
比較方式，則一切法必有高下之別，此即是相對，此即是分別。
而般若波羅蜜多所言之「無別」，是依「平等」而論一切法，一切
法各有其存在、立足之意義，故以「平等」而觀照一切法，此乃
立基於一切法之本然狀況，換言之，任何之法皆是充分代表自身，
唯有依法之自身而觀照之，即不落於比較對待中，此亦即是依「平
等」而觀照一切法，亦即是不分別一切法。唯分別之產生，實源
於妄執而起，既是「妄」，則本不可得；既不可得，故於一切法採
比較對待，則顯然不具有任何之意義。且於眾生而言，各依適性
之法即可；於佛而言，一切法之立論，皆爲引導眾生而已，故於
法而言，本不可比較，一切之分別皆是一種妄執而已矣！

六、無捨：無得無捨，是般若波羅蜜

　　依修證而言，通常是讚美「捨」，如「六度」中之「布施」，
即是「捨」之實證：財施、法施、無畏施等，亦正因能施捨，才
有持戒、忍辱、精進、禪定與智慧等之產生，以布施爲六度之首，
亦足見其重要性。捨之對治是貪；爲治貪病，捨爲藥方；眾生貪
著財色名食睡五欲，爲求淨欲，故佛開演「捨」欲之法。又依唯
識宗所論，追求「轉識成智」，而由識至智之過程，其關鍵處即是
「轉」，而轉之內容包含兩個部份：一爲捨，一爲得，捨即是捨去

---

[156] 《摩訶般若波羅蜜經》卷 12〈遍歎品〉，大正 8・312 中。

有漏種子，得即是得無漏種子，故常言有云：有「捨」才有「得」，顯然依修證見道而言，「捨」是一修證方法。而般若波羅蜜多立「無捨」義，此無捨並非是因慳貪而不願施捨，而是立足於一切法其性皆平等上，既平等則無分別計執，既無分別計執，則亦無所謂捨與不捨。又眾生之本性是佛，故無所謂佛再證得佛之理，而證得之說是：本無所得，本無所證，爲化眾生，但名證得；既立足於眾生本性是佛，則無證得與不證得，如此則更無有捨與不捨之界分。般若波羅蜜多於一切法之觀照，是不採二分法，二分即是對立，則無法臻至般若波羅蜜多能通達一切法之境；既能通達一切法，則於一切法當是一如、平等而無捨。若以般若波羅蜜多爲修善之功，則於一切法當是捨而無捨，前之「捨」是指分別，一切法雖是有分有別；然一切法皆可依之證得無上正等正覺，此即是無別，由別而無別，亦即是捨而無捨，故般若波羅蜜多立「無捨」義，即是要學人以平等心性，視一切有情眾生亦皆平等，能饒益不捨任何一眾生，共證圓慧、同入佛境。

據般若部經典所論述之「無捨」義是：

> 無得無捨，是修般若波羅蜜。何以故？不爲生死過患，不爲涅槃功德故。[157]
> 修般若波羅蜜，不取佛法，不捨凡夫法，何以故？畢竟空中無取捨故。[158]

依眾生之本性而論，本具足一切，實無一法可得，亦無有一

---

[157] 《文殊師利所說般若波羅蜜經》卷下，大正 8．734 上。
[158] 《文殊師利所說般若波羅蜜經》卷下，大正 8．734 中。

法可捨；若依佛之本懷而論，則一切眾生皆本是佛，本具足一切
之萬德莊嚴與佛無異，亦本無生死之過患與涅槃之功德可證得，
故「無得、無捨」是一圓滿之境，是一佛境，是以依佛境而論，
則無所捨與無捨。而於般若波羅蜜多之修學，「捨」是捨一切之計
執分別，而計執分別實源於比較法與法之不同而起，一切法之不
同是爲對治而然，若依諸法本性空寂而論，則一切法皆本平等，
故實無所謂佛法或凡夫法，法之差別是在運用對象之不同上，然
諸法之究極是空、是寂靜、是平等則爲一致。修學般若波羅蜜多
於觀照一切法，是依「自性離故」，自性離則諸法平等，學人若能
當面對外境之感受當下，能心念平等，無分別計執，使「行」成
爲「捨」（捨分別計執）；並依此心念平等而觀之一切諸法亦皆寂
靜，至此已無所謂取捨之分別，取亦無所取，而捨亦無所捨，此
即是「無捨」之證得。且將此無捨行之於眾生，則一切眾生皆怨
親平等；將此無捨用之於自身，則一切貪瞋癡盡釋，至此即能得
成智圓行妙之境。

七、無取：不取波羅蜜，是般若波羅蜜

　　於十二因緣之流轉中，由「愛」而「取」、而「有」、而「生」、
而「老死」，此爲生死流轉之過程，此流轉所代表即是「苦」。「愛」
是一種欲望，是內心渴求能滿足自己欲望之狀態，而此即是煩惱
之開端。然人生之真正苦惱是來自於我執之取著，於現象界之一
切存在，若能依其本身立場而思之、觀之，則一切之存在終不干
擾吾心，唯當積極想盡辦法取著時，則一切之存在必與吾產生關
係，此即煩惱已然存在。依「取」而言，必經過一番思量籌劃始

能完成之，一旦執取成功，似乎代表擁有，人世間以擁有而爲滿足，然擁有之另一面亦代表繫縛，此確爲煩惱之源。般若波羅蜜多立「無取」義，此無取並非消極摒棄一切，而是於執取之當下，能再深觀之：因執取故終淪入老死中，此非悟境之路；唯有於一切法不計執取，還諸自我之自在，返歸一切法之本然，如此，則因執取所產生之煩惱自能消去。顯然「無取」是依執取而轉不執取，是由煩惱而轉菩提，是由迷而轉覺境；是於執取之時，能同時觀照而破執，此即是「無取」義。般若波羅蜜多之特性在能通達一切法，故若於一法有所執取，即受圍於一法，於一法既產生執有，必有愛怨對立之產生，如是將視一切法有淺深高下之判別，有喜歡厭惡之不同感受；於一切法既不能依「法性」而平等待之，終將無法通達圓融一切法，如是則背反般若波羅蜜多之內涵真義。般若波羅蜜多於法之觀照主要在「無」，而「無取」是在表明：並非摒棄一切法，而是不執取某一法，是由取而無取以至通達一切法。

據般若部經典所論之「無取」義是：

> 不思議者，是佛所知，亦無取無不取，不見三世去來等相，不取生滅及諸起作。[159]
> 不取波羅蜜是般若波羅蜜。佛言：過聲聞、辟支佛地故。[160]

「取」必源於對象而發，且因對象不同而產生不同之感受，因此，所謂取或不取，往往是取決於所執之感受而生起，換言之，

---

[159]　《文殊師利所說摩訶般若波羅蜜經》卷下，大正 8・730 上。
[160]　《摩訶般若波羅蜜經》卷 12〈遍歎品〉，大正 8・312 中。

不論是取或不取，皆是一種因外塵所引發之果，故取或不取皆是二分法。依般若波羅蜜多之修學，可證得阿耨多羅三藐三菩提，此無上正覺境界是不可依人之心意識而臆測，故總曰不可思議，既不可思議，則其境當是一全體圓融，亦理應是一絕對待之體，此中已無所謂取或不取之對待，因其中已無相對之外塵所引發之領納感受，既無感受則亦無有取或不取之判斷，是以依絕待不思議境而觀一切，則並無時空間之遷流變化，一切既不遷變，則亦無所謂三世說，更無所謂生滅與起作等問題。顯然，欲證得般若波羅蜜多之「無取、無不取」，需立基於不思議中，然學人之修學，所要面對處理之問題，是現象界一切差別之法，而此中之修學關鍵在「無取」之觀照，於領納感受之當下，能不執，此亦即以超越之心態看待一切法，故謂「過」，此過即超越之義，能不落於聲聞或辟支佛之境地，亦不執取聲聞或辟支佛，然又絕非不視一切法（例：聲聞、辟支佛）之存在，足見，「無取」之證得，是一內心感受觀照之境地。

八、無相：無相波羅蜜多，是般若波羅蜜多

　　所謂「相」於佛法而言，其內涵包含甚廣，凡一切有爲法皆名爲「相」，不但一切所見之存在物是「相」，一切色、聲、香、味、觸等亦皆是相。於「相」而言，是有形有相，以至終是有毀有滅，故言「相」即非究竟了義。依華嚴宗立「六相」義：總相、別相、同相、異相、成相、壞相，[161]此「六相」主要是說明一切

---

[161] 《佛光大辭典》上冊，頁 1280，「六相」條，有云：「指《華嚴經》、《大地經》所說萬有事物所具足之六種相。」（高雄：佛光出版社，1989 年）。

相所呈現之不同方式，此中雖有相之呈現差異，但一切相總不離成、住、壞、空，此爲一切相之共同特性。正因「相」終究成空，故《金剛經》特別強調無我相、人相、眾生相、壽者相。[162]又云：「凡所有相，皆是虛妄。」[163]此乃皆在表明：執相者決不能悟入究竟真如之理。「相」雖不究竟，但凡一切之存在又皆是相，故所謂「無相」並非是要捨除一切相，此乃不可能之事，即使是宇宙，亦終有滅壞之時，故宇宙亦是相，在時、空間之遷流變化中，實無有一物是永恆不變的。般若波羅蜜多立「無相」義，是於一切相能深觀之：凡一切相皆非真實義，於相而能不執相。般若波羅蜜多之證悟「無相」，是於諸相而能離相，是絕諸對待之相，唯存絕對之理，如是之境已然是涅槃，此亦是般若。《六祖壇經》有著名之「三無」：無相、無住、無念。其於「無相」之釋是：「外離一切相，名爲無相。能離於相，則法體清淨。此是以無相爲體。」[164]依《壇經》所立之以「無相爲體」之義，「無相」皆非棄捨一切相，此理已然明確，其主要之方法是「離」，並以「法體」爲「清淨」之理而立無相義；此乃因《壇經》是以暢論「自性、自心、自本性、自本心」爲其重要義理，如是與般若波羅蜜多所論述之「無」，兩者是有契入方式之不同，故《大智度論》所釋之「無相」是：「若諸法空者，即是無有男女長短好醜等相。是名無相相。」[165]《壇經》依「法體」而論「無相」，法體即是諸法之體性，然一

---

[162]　《金剛經》云：「無我相、無人相、無眾生相、無壽者相。菩薩應離一切相發阿耨多羅三藐三菩提心。」（大正 8 · 750 中）。
[163]　《金剛經》云：「如來所說身相，即非身相。凡所有相，皆是虛妄。若見諸相非相，則見如來。」（大正 8 · 749 上）。
[164]　《六祖壇經》〈定慧品〉，大正 48 · 353 上。
[165]　龍樹《大智度論》卷 70，大正 25 · 548 中。

切法皆自性本空；《大智度論》依「法空」而論「無相」，法空亦
即是一切法終究性空，兩者之契入角度雖有不同，但同爲證得「清
淨」、「絕待」之理則爲一致。

　　據般若部經典所論述之「無相」義是：

> 無相波羅蜜多，是般若波羅蜜多，一切法不可轉故。[166]
> 無相波羅蜜是般若波羅蜜。佛言：一切法不生故。[167]
> 無相第一義，無自無他作；因緣本自有，無自無他作。[168]
> 於諸等持不見共相，是故名爲無相三摩地。[169]
> 若菩薩摩訶薩修行般若波羅蜜多時，以無所得而爲方便，
> 觀一切法自相空故，皆無有相，其心安住，名無相解脫門。
> [170]

　　般若波羅蜜多所論述之「無相」，是依一切法本不可轉、不生
而得成，於一切法而言，法是源於一切因緣而起；以法而言，實
本無一切法，亦本無一切相，故以「無相」爲第一義。正因「無
相」是第一義，其若行之於六度修證時，則六度亦必然是：「無相
布施、無相持戒、無相忍辱、無相精進、無相禪定、無相般若。」
[171]亦唯有無相之六度，才能臻至三輪體空之境，此即是般若波羅
蜜多能觀一切法本無相可得，既無相可得，則心無爭競，無爭競

166　《佛母出生三法藏般若波羅蜜多經》卷9〈歎勝品〉，大正8‧620上。
167　《摩訶般若波羅蜜經》卷12〈遍歎品〉，大正8‧312中。
168　《仁王般若波羅蜜經》卷下〈觀空品〉，大正8‧829上。
169　《大般若經》卷52〈初分辯大乘品〉，大正5‧296中。
170　《大般若經》卷53〈初分辯大乘品〉，大正5‧300中。
171　《開覺自性般若波羅蜜多經》卷4，大正8‧862上-863下。

故得心安，此即是解脫；惟依「無相」修證可得「解脫」，此即是「無相解脫門」，而此觀照點亦不離「本性無所得」故。[172]

九、無作：無作波羅蜜多，是般若波羅蜜多

「作」即是造作，一切現象界之事物，皆因緣而起，此是造作；而人是由地水火風四大而有，此亦是造作，足見一切現象界之存在，無不是依據各種因緣條件與因果關係而相繼循環存在。事物有成住壞空，此是因緣聚合與因果相依而然；而人之生老病死亦然如是，故知佛法暢論人有三世因果，此理亦是據因、緣、果之相循相依而推述，此亦即是造作。凡人、事、物皆是造作而成，若僅依「人」而論之：人有身、語、意；於身而論：身為四大造作，故有由生至死之歷程；於語而論：言語之所出，亦必依六根、六識與六塵之相應而然，故言有時是滔如懸河，有時又是默然；於意而論：心念之起，剎那生、剎那滅，其間之變化正如天台宗所論「一念三千」，一意念可遍往三千大千世界之任何法界，昇與降之快速是不可以思議的，凡此身、語、意亦皆是造作。既言是造作，則必有生與滅、增與減、淨與垢等相對存在，既有相對，則終將落入一起一消之循環歷程，凡一切存在一旦有循環相生之過程，則無法證得絕對真如之理。般若波羅蜜多立「無住」義，並非是不視一切法之存在，一切法之存在，當有其存在之當下意義，於此，人類紀錄歷史，珍視前人經驗，然人類文明之所

---

[172] 《開覺自性般若波羅蜜多經》卷4，有云：「識自性無所得故，本性無所得故，觀諸如來亦無所得，本性無所得故。當知是菩薩摩訶薩於識法中修無相布施（持戒、忍辱、精進、禪定、般若）。」（大正8・862中-863下）。

以能向前永遠推進，亦實肇因於後人不為前人之歷史經驗所縛，故能創新再創新。而行修般若波羅蜜多，即是在一切法之造作下，能深觀一切法確是造作，既是造作，則必有變化之歷程產生，故知於一切法實不可執，能不執則不受縛，能不受縛，則於一切法自然能自在、無礙、清淨而不再相繼造作，此即是「無住」之精神。

據般若部經典所論述之「無作」義是：

> 無作波羅蜜多，是般若波羅蜜多，作者不可得故。[173]
> 無作波羅蜜是般若波羅蜜。佛言：作者不可得故。[174]
> 何等為無作空，於諸法無所棄，是為無作空。[175]
> 文殊師利言：無作智名不退智。要行境界，不念不著，無起無作，具足不動，不生不滅，爾乃顯現。[176]
> 云何為無作三昧？無常行苦行攝心，是名無作三昧。[177]
> 無作名諸法中不願不願作，是名無作解脫門。[178]

般若波羅蜜多觀一切法皆自性離故，依自性本空，則本不具一切法，故亦無所造之物與所造之事，是以依「作者不可得」即可證得「無作」。相應於無作之證得即有無作智與無作三昧，惟智與三昧皆是一正向之修持肯定，故曰「於諸法無所棄」、「要行境

---

[173]　《佛母出生三法藏般若波羅蜜多經》卷9〈歎勝品〉，大正8‧619下。
[174]　《摩訶般若波羅蜜》卷12〈遍歎品〉，大正8‧312上。
[175]　《放光般若波羅蜜經》卷4，大正8‧23上。
[176]　《文殊師利所說摩訶般若波羅蜜經》卷下，大正8‧730上。
[177]　《摩訶般若波羅蜜經》卷24，大正8‧394下-395上。
[178]　《摩訶般若波羅蜜經》卷5〈廣乘品〉大正8‧254下。

界」、「攝心」等，此乃造作；無作代表不執，亦表示否定，然不執（否定）後，才能有真正智慧：行證圓滿之產生，此為般若學之特殊用語，實亦是般若中道之原則。[179]

十、無所得：無所得空波羅蜜，是般若波羅蜜

「得」與「失」是相對義，有相對即有分別。於世俗中，人們追求得，恐懼失，且人情喜歡擁有，更喜越聚越多，以得、聚為滿足，但任何追求得與聚之過程，其伴隨者亦是擔心、害怕與患得患失，且一旦求得，又恐懼失去，為求得則無明亦伴隨而起，而人之一生亦在此得與失之間而悄然流逝。唯得之對象，各有不同，有人追求權勢，有人追求錢財，有人追求長生，有人追求功德，足見所謂得，將隨所追求之不同而呈現不同之內涵價值。不同之人有不同之追求，且各以所追求之對象為最高之價值，唯如是之不同價值所求，皆源於人之意識所產生之分別對待，故論「得」，則不論所追求之對象為何，皆是人之情識作用。於《般若心經》特論述：「以無所得故，無有恐怖，遠離顛倒夢想，究竟涅槃。」[180]正因「得」而產生無明煩惱，故般若波羅蜜多實無一法可得，般若波羅蜜多既已不執一切法，故於一切法終無分別對待而無所得，唯心住於道，則不依人欲之情識而分別取相，既不分

---

[179] 姚衛群《佛教的般若思想及其在中國的發展》，有云：「否定並不是一切，並沒有走向極端，否定的僅是事物的相的實在性，但並未否定事物的真實本質，實際是認為事物的真實本質要通過對其表露的相的否定來把握。」北京大學哲學系博士論文，1995 年。本文收錄於《中國佛教學術論典 4》，頁217-219，（高雄：佛光山文教基金會，2001 年）。

[180] 大正 8・848 下。

別取相，則無有得與失之煩惱。於行修般若波羅蜜多之無所得，並非不視一物、不取一物或摒棄所有，而是於一切境相出現，能隨緣而處之，心境不隨境相而轉，正所謂是不捨不取、於相而離相，此亦如莊子所言：「至人之用心若鏡，不將不迎，應而不藏，故能勝物而不傷。」[181]面對一切相、一切境時，問題不在相與境之本身，而在心念如何處之，莊子以「至人」爲智慧化身者，正因不執（不將不迎，應而不藏），才能「不傷」自身如如之境，此即是般若波羅蜜多之「無所得」。

據般若部經典所論述之「無所得」義是：

> 無所得即是得，即是現觀，即是無上正等菩提。[182]
> 無所得即是道、即是果，即是阿耨多羅三藐三菩提。[183]
> 無所得法能得無所得。何以故？甚深般若波羅蜜多及一切智智俱不可得故。[184]
> 無所得空波羅蜜是般若波羅蜜。佛言：無所有故。[185]
> 無所得故則得受記。[186]
> 佛語舍利弗菩薩摩訶薩爲學無學法。何以故？法無所逮得。無所得是故得。[187]
> 無所得是般若波羅蜜相，無所得是阿耨多羅三藐三菩提相，無所得亦是行般若波羅蜜者相。[188]

[181] 《莊子》〈應帝王〉。
[182] 《大般若經》卷 373〈初分無相無得品〉，大正 6・926 中。
[183] 《摩訶般若波羅蜜經》卷 23〈一念品〉，大正 8・386 中。
[184] 《大般若經》卷 463〈第二分巧便品〉，大正 7・339 中。
[185] 《摩訶般若波羅蜜經》卷 12〈遍歎品〉，大正 8・312 下。
[186] 《勝天王般若波羅蜜經》卷 5〈無所得品〉，大正 8・711 中。
[187] 《摩訶般若波羅蜜鈔經》卷 1〈道行品〉，大正 8・509 中。
[188] 《摩訶般若波羅蜜經》卷 21〈三慧品〉，大正 8・374 上。

行修般若波羅蜜多，是以無所得爲得，換言之，般若波羅蜜多之得是不爲何事而行般若波羅蜜多，此中當包含不僅不爲一切有爲色法而行般若波羅蜜多，亦不爲阿耨多羅三藐三菩提而行般若波羅蜜多；因有所得心反成一種罣礙，且有得即有失，無得即無失，惟般若波羅蜜多之無所得並非否定一切之得，而其所得的是無所得之得，正因不執得，反能證得般若波羅蜜多，故又謂「無得而得，乃名真得。」[189]

十一、無性自性空：無性是般若波羅蜜多自性

般若波羅蜜多於一切法皆不執不著，以是而通達一切法；般若波羅蜜多於法之觀照是採「無二無別，自性離故」，亦以是而融通一切法，此爲般若波羅蜜多之特性，唯如是特性，皆是在表明般若波羅蜜多於一切法之態度而言之。若僅就般若波羅蜜多本身之內涵而提問：般若波羅蜜多其內涵之義理究竟爲何？此是欲學般若行者所當關心處，唯般若波羅蜜多既是一觀照法，其所以能通達一切法之關鍵在「無」，唯所謂「無」是於法所採之觀照態度，故依「無」則有無二、無別、無取、無捨以至無所得等，此皆可謂是般若波羅蜜多之行法。因此，般若波羅蜜多究竟可謂是一「名相」（有內涵之思想義理可供敷陳）嗎？若以佛學廣義之「名相」言，此般若波羅蜜多當然是一名相，唯般若波羅蜜多既爲一名相，其內涵之義理又究竟爲何？據《大般若經》卷38〈初分般若行相

---

[189]　《大般若經》卷526〈第三分方便善巧品〉，有云：「無所得法能得無所得。所以者何？甚深般若波羅蜜多，及一切智智俱不可得故。無得而得，乃名真得。」（大正7‧697上）。

品〉所云：

> 菩薩摩訶薩修行般若波羅蜜多時，審諦觀察，若法無所有、
> 不可得，是爲般若波羅蜜多。於無所有、不可得中，何所
> 徵責？
> 時舍利子問善現言：此中何法爲無所有、不可得耶？
> 善現答言：謂般若波羅蜜多無所有、不可得。（一切法）無
> 所有、不可得，所以者何？內空故，……乃至無性自性空
> 故。如是審諦觀察，能於般若波羅蜜多常不捨離。
> 時舍利子問善現言：何緣故能常不捨離？
> 善現言：如實知般若波羅蜜多，離般若波羅蜜多自性。如
> 實知（一切法），離一切法自性故。
> 時舍利子問言：何者是般若波羅蜜多自性，乃至何者是（一
> 切法）自性。
> 善現答言：無性是般若波羅蜜多自性，無性是（一切法）
> 自性。舍利子！般若波羅蜜多，離般若波羅蜜多相。一切
> 法離一切法相，自性亦離自性，相亦離相，自性亦離相，
> 相亦離自性，自性相亦離相自性，相自性亦離自性相。若
> 菩薩於此中學，則能成辦一切智智。[190]

依上之引文，所謂「般若波羅蜜多」當如何解讀？其所代表
之意義又爲何？約略可述之如下數點：

1、般若波羅蜜多爲一切法之總稱：

---

[190] 大正5・210上-212上。

　　般若波羅蜜多為諸法之源，一切法皆可涵攝於般若波羅蜜多中，故般若波羅蜜多有無量法之名稱，任何法相之名亦皆是般若波羅蜜多之內涵意義。故若欲探究般若波羅蜜多之內涵意義，實無法敷列完盡，因法有無量數，而無量數之法義皆可代表般若波羅蜜多之內容意義。惟般若波羅蜜多既為一切法之總稱，一切法皆可代表般若波羅蜜多，足見，般若波羅蜜多亦實無有任何一法可充份表達圓盡般若波羅蜜多之內涵真義。般若波羅蜜多既為一切法之總稱，且其作用是可融通一切法，既為一切法之總稱又能融通一切法，故其本身絕不能是某一法義，若般若波羅蜜多本身具涵某種法義，則無法成為諸法之總稱，更不能融通一切法，此理則甚明矣！

　　2、般若波羅蜜多於一切法無所有、不可得：

　　法義是為對治煩惱病，此為佛開法之目的，故於諸法而言，皆可謂是暫時性（病癒則不需法）。般若波羅蜜多是以制高點而視一切法，其於一切法不執不著，此是於諸法之分判上不採評比之方式，換言之，並非是比較「法」之深淺高下，而是以一切法終是「無性自性空」，一切法既無自性，則終究成空，此為一切法之歸本即是「無法」，一切法既終究無法，則能融通一切法之般若波羅蜜多其亦必「無所有、不可得」，因般若波羅蜜多並不擁有任何一法，亦不可得自性本空之任何一法，足見，般若波羅蜜多亦是無所有而不可得。一切法與般若波羅蜜多皆是無所有、不可得，然立一切法與般若波羅蜜多之目的又何在？一切法是為對治煩惱而存在，而般若波羅蜜多是為對治執一切法者，然若以為有般若波羅蜜多一法之存在，此亦是一種執，故特以「無所有、不可得」之「審諦觀察」，才能真名為與般若波羅蜜多常不捨離。

3、般若波羅蜜多能成辦一切智智：

若依一切法無性自性空，則本無一切法可成辦之，因一切法本空，如：色蘊本空，故不可曰色生成辦，而是「色生成辦不可得」，於受想行識亦是如此，皆是「成辦不可得」。由五蘊乃至一切法亦皆是「成辦不可得」，一切法既皆成辦不可得，則能不執一切法（亦無法可執），不執則無諍，無諍則身語意清淨，三業既清淨則不生貪瞋癡毒，故由一切法之成辦不可得，反而能成辦一切智智（般若波羅蜜多），此乃在說明唯於一切法無所有、不可得，始名真行般若波羅蜜多，若以為有所得，則非是行般若波羅蜜多。[191]於諸法而言，畢竟不可得，既不可得，則畢竟清淨，此乃依「究竟」之義而論之，然若依此義，則又當學何法？順著《大般若經》之義理敷展之句法，其應是：「以無所學而學」，若再問：一切法既無所學，又為何有一切法之立呢？其答亦應是：「以無所有而有」[192]以「無」某某而某某，此中之重點亦在「無」，此「無」並非否定，而是不執，此為《大般若經》之特色，亦是行修般若波羅蜜多之奧妙處。所謂於一切法都「無所學」、「無所有」，此並非完全

---

[191] 《大般若經》卷38〈初分般若行相品〉有云：「（於一切法）生成辦不可得。若菩薩摩訶薩，作如是學般若波羅蜜多，便近一切相智。是菩薩摩訶薩得身、語、意、清淨，不生貪瞋癡俱行心，不生慢、諂誑、慳貪俱行心，不生一切見取俱行心。」（大正5‧212上-下）又卷41云：「若菩薩摩訶薩修行般若波羅蜜多時，不見般若波羅蜜多，乃至不見一切相智，是學般若波羅蜜多，則能成辦一切智智，何以故？以無所得為方便故。」（大正5‧233下。）

[192] 《大般若經》卷41〈初分般若行相品〉有云：「諸法不出不生，不沒不盡。無染無淨，無得無為。如是名為畢竟淨義。爾時舍利子白佛言：如是學時，為學何法？佛告舍利子：於一切法都無所學。何以故？非一切法如是，而有諸愚夫異生所執，可於中學。舍利子言：若爾，諸法如何而有？佛言：諸法如無所有，如是而有。若於如是無所有法，不能了達，說名無明。」（大正5‧231下。）

於一切法不學，而是學那「無所學」之法，此乃因眾生妄執五蘊
為有自性，無法信受佛言五蘊自性本空，正因無法信受佛論五蘊
為空，乃至一切法亦本為空之理，凡夫更無法信受，而此即為凡
夫之執，因執則一切法之名則立，故所有一切法之立名，實起於
凡夫之妄執而有。而般若波羅蜜多之修學，正是要轉凡夫之無明
妄執，故以無所學、無所有以破執著，因執任何一法，則所成辦
亦是一智，而般若波羅蜜多之所以能成辦一切智智，正因不執任
何一法故，是以「無所得為方便」，故總曰：「是菩薩摩訶薩修行
般若波羅蜜多時，以內空乃至以無性自性空故無所得為方便，如
是學般若波羅蜜多，則能成辦一切智智。」[193]

　　釋尊之悟道目的是為解脫煩惱，釋尊之轉法輪是為救度眾生
以成就佛果。顯然，佛法之存在意義，是為行證至佛境為目的，
若不能將佛法具體落實在生活中，則佛法只是戲論而已。以是佛
法強調：「佛出人間」、「由人成佛」、「人身難得」，此中之關鍵在
「人」，人具有眾生性，亦具有佛性，故一切眾生皆有成佛之可能
性，唯是否能成就佛道，則需仰賴波羅蜜多，亦即要有依法而行
之實證力。人能由行證無量之波羅蜜多而成就佛道，亦可顯出人
類具有與其他群生不同之妙智與殊勝處，如云：

> 依佛經所說，人類具有三事，不但超過了鳥、獸、蟲、魚，
> 還超過了天上。三事是：
> 一、憶念勝：善巧運用思惟意念，淘練雜染而擴充淨善，
> 經加行慧的熏修，即能引生清淨智慧。

---

[193] 《大般若經》卷41〈初分般若行相品〉，大正5·234上。

二、梵行勝：人是有自覺的德行的衆生，尊重自己、尊重
大衆，引發慚愧而勵行入情入理的德行。

三、勇猛勝：從願欲而起精勤，即從內心的想望，引發實
踐的毅力。[194]

人所具有之經驗智慧，能用之考察現在並推究未來，而人更
能清楚明白如何之生活是人類最契盼之樂園，在此前提下，人知
要各守倫常各安其位，才能營造和諧世界；而人之自覺乃來自慚
愧心，能恥惡趣善，並積極實證：以清淨慧、德行、精勤而學佛，
此爲人不共其他群生之特色，故若言：般若爲大乘不共法，實則
能爲人亦已是不共法（不共其他群生）。

第三節　波羅蜜多之行持所攝

一、六波羅蜜多之理趣義旨

佛法強調證悟，注重解行雙修，必須智行兼備，始稱圓滿。「般
若」是妙智慧，唯此智不同於一般之世智辯聰，其「妙」是依行
持般若空慧而得登彼岸，換言之，唯有能到彼岸，般若才可言是
「般若波羅蜜多」，而般若波羅蜜多即代表智行圓滿。於佛教之諸

---

[194] 印順《佛在人間》頁 88-94，（台北：正聞出版社，2003 年）。

菩薩中，向以文殊師利菩薩爲「大智」之代表，而其中又以普賢
爲如來之長子，如四十《華嚴經》所云：「一切如來有長子，彼名
號曰普賢尊，我今迴向諸善根，願諸智行悉同彼。」[195]此乃是表
彰以「行」（長子）而領「智」（衆子），換言之，具足波羅蜜多之
行持才可引導出「妙智」，唯般若波羅蜜多既是妙智之象徵，故波
羅蜜多之行持內涵所攝，當包含如何之範圍始可曰爲妙智、圓智，
此當要深思之。

　　佛法之修行，法門雖各有不同，修證之方法與內涵亦各具特
色，唯如何由雜染以轉清淨，由固執而自在無礙，則爲一致，而
此即是波羅蜜多行之根本。所謂波羅蜜多，其義有四，據云：

　　　譯言究竟、到彼岸、度無極，又單譯曰度。
　　　一、事究竟：菩薩之大行，能究竟一切自行化他之事。
　　　二、到彼岸：乘此大行能由生死之此岸到涅槃之彼岸。
　　　三、度無極：因此大行能度諸法之廣遠。
　　　四、度：方法。[196]

　　此波羅蜜之四義，總結即是由生死此岸過度至彼岸之方法，
且依波羅蜜之修持是可臻至涅槃之境，以證得阿耨多羅三藐三菩
提。波羅蜜多既是「大行」之總稱，其內涵之所攝範圍理應無量，
此乃因衆生無量，爲應機而施設之法門理應亦無量，唯於波羅蜜
之大行中，是以「六度」爲基本，此即於《大般若經》第十一會

---

[195] 大正 10．847 下。
[196] 丁福保編《佛學大辭典（二）》，頁 1538-1539，「波羅蜜」條，（台北：天華
　　出版公司，1986 年）。

至第十六會之所述，其內容大要如下：

一、布施波羅蜜多：[197]

菩薩摩訶薩欲證無上正等菩提，應緣一切智智，以大悲爲上首，修行布施波羅蜜多。[198]

菩薩摩訶薩寧以無記心行於布施或不行施，終不以迴向二乘地心而行布施。[199]

雖施少物而獲無量布施善根，何以故？以布施心境無分限迴向證得一切智故。[200]

菩薩摩訶薩修行布施生如是心，我施善根勿招餘果，唯證無上正等菩提，能盡未來，利樂一切。如是迴向無上菩提非餘果者，乃名布施波羅蜜多，普令一切波羅蜜多皆得圓滿。[201]

菩薩摩訶薩雖行布施而不執著，雖能迴向無上菩提亦不執著，雖能緣於一切智智，亦不執著，是菩薩摩訶薩方便善巧，修行布施波羅蜜多速得圓滿。[202]

菩薩摩訶薩欲證無上正等菩提，一切行中最初應學無染布施波羅蜜多，何以故？若學布施波羅蜜多，無始世來所習慳垢即便遠離，身心相續漸能親近一切智智。[203]

菩薩摩訶薩先應思惟一切法性畢竟空寂；次應思惟一切智

[197] 參見《大般若經·第十一布施波羅蜜多分》，卷 579-583。
[198] 大正 7·991 下。
[199] 大正 7·992 下。
[200] 大正 7·992 下。
[201] 大正 7·992 下。
[202] 大正 7·993 上。
[203] 大正 7·997 上。

智具勝功德；後應愍念一切有情貧乏珍財受諸苦惱，作是
念已，便捨一切若有執受、若無執受、若內若外，所有珍
財，施諸有情，心無所著。亦以正法施諸有情；亦以無邊
上妙供具，恭敬供養佛法僧寶。如是菩薩摩訶薩眾行布施
時，緣一切智，心無所著，應行布施。如是布施，隨順菩
提，疾能證得一切智智，與諸有情作大饒益。[204]

依第十一會布施波羅蜜多分，其重點約略如下：

1、布施是爲對治慳貪以達無染：慳貪是習染，布施可捨慳貪，
以通達無染。

2、布施是立基於悲智雙運上：布施是妙智慧之展現，是不但
求個人之證悟而行之，是爲愍衆故而生大悲，能觀空知苦而修行
布施波羅蜜。

3、布施之方法在不執與方便善巧：於布施之行法過程中，依
不執才能遍通一切而臻至圓滿。

4、布施之思惟順序：行法講究方法、順序，布施必由小至大，
先施珍財予衆生，此爲財施；次施正法予有情，此爲法施；再於
三寶皆恭敬供養，此爲因施所成就之功德。

5、行布施波羅蜜能圓滿一切波羅蜜多：由一而一切，其中關
鍵在「心」，布施之心無限、崇高，將如是布施心行之於一切波羅
蜜多，亦必是無限與崇高。

6、布施之迴向是爲證無上正等菩提：依布施波羅蜜多，不爲
求人天有漏福報，是爲迴向衆生同證覺境；又因布施心之無分限，

[204] 大正 7・1003 下。

才能依少布施而成就無量善根。

　　二、淨戒波羅蜜多：[205]

　　若諸菩薩安住聲聞、獨覺作意，是名菩薩非所行處；若諸
菩薩安住此處，應知是爲菩薩犯戒。若諸菩薩行於非處，
是諸菩薩決定不能攝受淨戒波羅蜜多。若諸菩薩決定不能
攝受淨戒波羅蜜多，是諸菩薩捨本誓願。若諸菩薩捨本誓
願，應知是爲菩薩犯戒。[206]

　　若諸菩薩修行淨戒波羅蜜多，不應受持一乘淨戒。由彼淨
戒不能攝受一切智智，不能引發一切智智，不能攝受菩薩
淨戒波羅蜜多，不能圓滿菩薩淨戒波羅蜜多。[207]

　　若諸菩薩心無分限饒益有情，修行布施、受持淨戒，是諸
菩薩乃能攝受菩薩淨戒波羅蜜多，亦能圓滿菩薩淨戒波羅
蜜多。[208]

　　若諸菩薩隨所行施，一切迴向無上菩提，與諸有情作大饒
益，窮未來際無間無斷，應知是爲菩薩持戒。[209]

　　若諸菩薩欲勸導他受持淨戒，是諸菩薩先應自起淨戒相應
心心所有法，然後勸他受持淨戒，既勸導他受持戒已，復
令迴向一切智智，如是菩薩自修善根迴向所求一切智智，
復能勸導他諸有情起清淨心受持淨戒，受持戒已，復令迴

---

[205]　參見《大般若經・第十二淨戒波羅蜜多分》，卷 584-588。
[206]　大正 7・1019 下。
[207]　大正 7・1021 下。
[208]　大正 7・1021 下。
[209]　大正 7・1021 下。

向一切智智，乃可名爲於善男子、善女人等能善化導。[210]

若諸菩薩隨所行施，無不皆用大悲爲首，常能隨順迴向一切智智相應之心，應知是名具戒菩薩。[211]

有二菩薩，俱證無上正等菩提。一有菩薩，有方便善巧故，疾證無上正等菩提。二有菩薩，無方便善巧故，遲證無上正等菩提。[212]

依第十二會淨戒波羅蜜多分，其重點約略如下：

1、「淨戒」是立基於由悲向智：爲憫眾生、教化有情而持戒，依淨戒可通往一切智智之圓滿成就。

2、持淨戒是爲饒益有情：持戒之初步是爲自身能不違犯，然若又爲自安樂則是住，住即不淨，故「淨戒」之義，在依持戒而饒益有情，以迴向無上菩提，始可名之。

3、捨本誓願即名犯戒：人因惡業而流轉生死，爲治惡業，故立淨戒。唯於修學菩薩道者，淨戒首在不犯，次要不執，執著乃起於貪欲，故凡安住（此即是貪執）聲聞、獨覺，即名犯戒，此乃將淨戒之層次向上提昇，持淨戒之目的是爲成就無上正等正覺之境。

4、由持戒而勸戒：菩薩要善盡化導之責，不以自持淨戒爲滿足，而是當要勸導諸有情，其依淨戒而同證菩提。

5、善巧方便可疾證菩提：能善巧則不執，不執不住才能圓滿一切，融通一切，以達無分限心之臻至。

---

[210] 大正 7・1023 中。

[211] 大正 7・1024 下。

[212] 大正 7・1034 上。

6、以心無分限而持淨戒，才能攝受一切智智與圓滿淨戒波羅蜜多：由一淨戒而至一切智智與圓滿淨戒波羅蜜多，此中之關鍵在「心」；心有分限，則會安住於二乘淨戒，既有住，則有隔，有隔則必不能以一而攝受、圓滿一切，而無分限心即是菩薩摩訶薩之心。

三、安忍波羅蜜多：[213]

若菩薩摩訶薩欲證無上正等菩提，於他有情種種訶罵，設謗言說，應深忍受，不應發起忿恚恨心，應起慈悲，報彼恩德，如是菩薩應於安忍波羅蜜多深心信樂，隨所發起安忍之心，迴向趣求一切智智，是菩薩摩訶薩，能住安忍波羅蜜多。[214]

諸聲聞衆所修安忍，名為少分行相，所緣非極圓滿。諸菩薩衆所修安忍，名爲具分行相，所緣最極圓滿。謂諸菩薩安忍無量，爲欲利樂無量有情。被安忍鎧作是誓言：我當度脫無量有情，皆令離苦證涅槃樂。[215]

菩薩摩訶薩欲證無上正等菩提，於第一人不應起愛（善心故以栴檀塗），於第二人不應起恚（惡心故以火燒身），應於彼二起平等心，俱欲畢竟利益安樂，如是菩薩摩訶薩衆能行安忍波羅蜜多，能住安忍波羅蜜多。[216]

諸菩薩修行般若波羅蜜多方便善巧，觀察身心與虛空等，

---

[213] 參見《大般若經‧第十三安忍波羅蜜多分》，卷589。
[214] 大正7‧1044中。
[215] 大正7‧1044下。
[216] 大正7‧1044下-1045上。

令於境界無所分別，堪修安忍波羅蜜多。謂諸菩薩摩訶薩
衆方便善巧，觀察身心無性無礙與虛空等，堪受種種刀杖
等觸，如是菩薩摩訶薩衆方便善巧，依止般若波羅蜜多。[217]
菩薩摩訶薩衆修行般若波羅蜜多，重苦觸時，便作是念：
我從無始生死以來，雖受身心猛利衆苦……況由此苦能證
無上正等菩提，今我身心所受衆苦，既爲利益諸有情故，
定證無上正等菩提，是故我今應歡喜受。如是菩薩摩訶衆
觀此義故，雖受衆苦而能發生增上猛利歡喜忍受。[218]

依第十三會安忍波羅蜜多分，其重點約略如下：

1、安忍是爲趣向於慈悲與智：忍法有生忍與無生法忍，依忍
法而論，唯不起瞋恨心之忍，始可稱之「安忍」；並轉安忍爲報恩
心以趣求一切智智，如是之忍是爲真安忍。

2、行安忍之方法－觀身心如虛空：「忍」字是心上一把刀，
於人而言，難忍之事甚多，其中又以身之所觸爲最直接，於《金
剛經》中曾以無我相、無人相等面對身體之割截，[219]除身之痛外，
心之苦亦是令人難受，而安忍之法主要在於「安」，若能以身心爲
虛空，則身心本無，又何來痛與苦呢，如是才能使身、心皆安。

3、行安忍法必依平等心：不平等之心則有喜與厭之差別對
待，既爲利益諸有情，則當一視平等，不分高低。

4、歡喜忍受之念：於受痛苦之當下，常人難以忍受，更何況

---

[217] 大正 7・1047 下。
[218] 大正 7・1047 下。
[219] 《金剛經》：「如我昔爲歌利王割截身體，我於爾時無我相、無人相、無衆生
相、無壽者相，何以故？若有我相、人相、衆生相、壽者相，應生瞋恨。」
（大正 8・750 中）。

生歡喜之心，唯此中之關鍵在如何轉念，爲利樂有情而受諸苦楚，定證無上正等菩提，則必能由忍而安忍，以至達歡喜忍受。

5、爲度脫有情之安忍，是名具分行相：持法之心量與態度，即決定大小乘之不同，菩薩爲利樂有情而持法，與諸聲聞爲自身故而持法，所緣不同，故結果亦大相徑庭，唯菩薩所緣爲一切有情，故稱圓滿之具分行相。

> 四、精進波羅蜜多：[220]
>
> 菩薩摩訶薩衆欲證無上正等菩提，最初發心應作是念：我之所有若身若心，皆不應令自在而轉，隨他所有饒益事業，一切皆當爲具成辦。如是菩薩摩訶薩衆依止精進波羅蜜多，不離精進波羅蜜多，誓爲有情作所應作，諸菩薩摩訶薩皆於精進波羅蜜多應如是住。。[221]
>
> 若菩薩摩訶薩爲令佛土最極嚴淨、爲多成熟諸有情類，久處生死，修諸功德，以無退轉，是菩薩摩訶薩安住精進波羅蜜多。[222]
>
> 若菩薩摩訶薩思惟劫數而作分限，精勤勇猛修菩提行，求證無上正等菩提，當知名爲解怠菩薩。若菩薩摩訶薩作是思惟，設經無量無邊大劫，精進勇猛修菩提行，方證無上正等菩提，我定不應心生退屈，勤求無上正等菩提，當知名爲精進菩薩，安住精進波羅蜜多，修行精進波羅蜜多，令速圓滿，遠離生死，疾能證得一切智智，與諸有情作大

---

220 參見《大般若經・第十四精進波羅蜜多分》，卷590。
221 大正7・1050中。
222 大正7・1051中。

饒益。[223]

菩薩摩訶薩衆，雖知諸法皆如幻事，而能發起身心精進，安住精進波羅蜜多，求大菩提無萎歇，由此菩薩摩訶薩衆，如是精進最極爲難。[224]

若菩薩摩訶薩作如是念：以一切法畢竟空故，我求無上正等菩提，覺諸法空爲有情說，令脫五趣生死衆苦，當知名爲精進菩薩。[225]

依第十四會精進波羅蜜多分，其重點約略如下：

1、精進立基於智：登地之層層修行，其中重要之關鍵在「精進」，唯無深智（觀法如行）之精進，易入執著，欲想求果，一旦有欲求心，則不名精進。

2、發精進心爲難：精進是爲對治懈怠，菩薩能觀諸法皆如幻如化，尚能發精進心，且安住精進，求勝菩提心無懈歇，此於菩薩已爲難，更何況凡夫耶！

3、觀法如幻爲有情說，令求脫離，是名精進菩薩：菩薩有深智，能觀諸法皆如幻如化，終究成空，是故不執不著；惟菩薩將此觀法如幻之智慧，是爲轉向有情說，令有情處世間能知生死流轉之痛苦，速求出離，此爲菩薩之精進目的。

4、精進是爲饒益有情作所應作：菩薩亦曰大心量，所謂大心量即是將別人看得重，將自己看得輕，依精進所得之能力皆爲迴向興助有情成所作辦，此是菩薩精進之心態。

223　大正 7・1052 上。
224　大正 7・1054 中。
225　大正 7・1054 下。

5、修諸功德，心無退轉，是謂安住精進波羅蜜多：精進之目的是爲饒益有情，既爲多成熟有情衆生，則菩薩當發願久處世間，爲衆生修諸功德，且心不退轉，如是之精進，是謂安住精進波羅蜜多。

6、無分限心之精進，才能圓滿一切智智：若有劫數之念，此即意謂於修精進之過程中，是有待心、有數心，既有待、有數，則所成就之精進皆是有限、有量，唯不念劫數（無時間之念）是謂真精進，依真精進才能圓滿精進波羅蜜多。

五、靜慮波羅蜜多：[226]

菩薩摩訶薩衆雖能現入此四靜慮，而不味著四靜慮樂及此等流勝妙生處。菩薩摩訶薩衆安住如是四種靜慮，爲勝方便引諸功德。如是菩薩摩訶薩衆依第四靜慮，起空無邊處想、起識無邊處想、起無所有處想、起非有想非無想處想，如是菩薩摩訶薩衆雖能現入四無色定，而不味著四無色定及此所得勝妙生處。[227]

諸菩薩摩訶薩怖墮聲聞及獨覺地故，不現入滅受想定，勿著此定寂滅安樂，便欣證入阿羅漢果或獨覺果入般涅槃。諸菩薩摩訶薩觀如是義，雖能現入滅受想定而不現入。[228]

如來應正等覺，許諸菩薩摩訶薩衆捨勝定地寂靜安樂，還受下劣欲界之身。不許菩薩摩訶薩衆生長壽天，失本所願。諸菩薩摩訶薩衆，勤求無上正等菩提，捨勝地身還生欲界，

---

226 參見《大般若經‧第十五靜慮波羅蜜多分》，卷591-592。
227 大正7‧1056上-中。
228 大正7‧1056中。

起勝作意方便善巧，雖觀色蘊常無常性都不可得，及觀受
想行識蘊常無常性亦不可得，而不棄捨一切智智。[229]
若諸菩薩摩訶薩眾，安住靜慮波羅蜜多，於諸靜慮波羅蜜
多，於諸靜慮及靜慮支，發起無著無常想等，復持如是相
應善根，迴向趣求一切智智。如是菩薩摩訶薩眾，安住靜
慮波羅蜜多，攝受般若波羅蜜多，於諸靜慮及靜慮支，不
生味著，亦無退轉。[230]

依第十五會靜慮波羅蜜多分，其重點約略如下：

1、安住靜慮是爲勝方便引諸功德：菩薩修證依定而生慧，安
住靜慮是一「靜心」之法，心定則智慧生焉，故菩薩雖爲饒益有
情而久處生死，於煩惱之世間中，靜慮之修持當不可廢捨。

2、雖修靜慮但不味著勝妙生處：依修靜慮是層層轉入到深層
大定，且依不同之靜慮層次，必有其勝妙處，此即所謂之禪悅；
惟菩薩既爲饒益諸有情，當不可味著於靜慮妙處，菩薩要能入定，
亦要能出定，入定是爲引諸智慧功德，出定是爲救度眾生，能出
入自在無礙，是謂菩薩之靜慮波羅蜜多。

3、欲界勝諸長壽天：「佛」非由天上來，乃依人修證而成，
欲界雖具煩惱，但轉煩惱（觀世間無常）能成菩提，成就一切智
智；而住長壽天，雖可安享靜樂，但卻非究竟地，故佛不許菩薩
生長壽天，其因在：將失本願（本願是佛）。

4、菩薩不入滅定之因：依佛之壽量而言，是甚大久遠，本無
滅度，爲度眾生而取證滅度，此爲佛之本懷、本願。菩薩依修靜

---

[229] 大正 7・1057 上-中。
[230] 大正 7・1060 中-下。

慮是為證得正等菩提，如佛一般，故取證滅度，即入聲聞、獨覺
之果；菩薩為成就佛道，雖能現入滅定而不現入。

5、不著靜慮才能迴向趣求一切智智：靜慮非靜慮，是名靜慮；
唯不著靜慮，才能依靜慮而安住之，並於其中圓滿一切智智與攝
受一切波羅蜜多，「不著」是通達一切之關鍵。

> 六、般若波羅蜜多[231]
> 甚深般若波羅蜜多，通攝聲聞、獨覺、菩薩及正等覺一切
> 法故。
> 若有情類於聲聞乘性決定者，聞此法已速能證得自無漏
> 地。若有情類於獨覺乘性決定者，聞此法已連依自乘而得
> 出離。若有情類於無上乘性決定者，聞此法已速證無上正
> 等菩提。若有情類雖未已入正性離生而於三乘性不定者，
> 聞此法已皆發無上正等覺心。[232]
> 何謂般若波羅蜜多者，實無少法可名般若波羅蜜多，甚深
> 般若波羅蜜多超過一切名言道故。甚深般若波羅蜜多實不
> 可說此是般若波羅蜜多，亦不可說屬彼般若波羅蜜多，亦
> 不可說從彼般若波羅蜜多。何以故？「慧」能遠達諸法實
> 性，故名般若波羅蜜多。如來智慧尚不可得，況得般若波
> 羅蜜多。[233]
> 般若者謂解諸法及知諸法，故名般若。云何般若解知諸法？
> 謂諸法異，名言亦異，然一切法不離名言，若解諸法、若

[231] 參見《大般若經・第十六般若波羅蜜多分》，卷 593-600。
[232] 大正 7・1066 中。
[233] 大正 7・1067 下。

知諸法俱不可說，然順有情所知而說，故名般若。[234]

般若者謂假施設，由假施設，說為般若，然一切法不可施設、不可動轉、不可宣說、不可示現，如是知者，名如實知。般若者非知、非不知，非此非餘處，故名般若。[235]

若能遠達諸法實性，是謂般若波羅蜜多。如是般若波羅蜜多，微妙甚深實不可說，今隨汝等所知境界、世俗文句，方便演說精勤修學。即色蘊非般若波羅蜜多，即受想行識蘊亦非般若波羅蜜多。離色蘊非般若波羅蜜多……如是般若波羅蜜多與一切法非相應非不相應。[236]

諸蘊處界本性清淨故，如是般若波羅蜜多本性清淨。……如是般若波羅蜜多無所造作、無所趣向、不可施設、不共、無相、無所照了、無邊無際、無所得等。[237]

以一切法無性為性，遠離自性則非實物，非實物故，無修無遣。若諸菩薩摩訶薩眾，於諸法中住如實見，修行般若波羅蜜多，於一切法無修無遣，名修般若波羅蜜多。若諸菩薩能如是行、能如是住，修行般若波羅蜜多速得圓滿。[238]

依第十六會般若波羅蜜多分，其重點約略如下：

1、「般若」是無一法可名之：般若義譯為中文是妙智慧，唯不以妙智慧而仍保留「般若」之音，其義主要是欲令眾生勿以一般之智慧而視之。般若既可通攝三乘一切法，則任何一法皆可名

---

[234] 大正7‧1068上。
[235] 大正7‧1068上。
[236] 大正7‧1074上-1075下。
[237] 大正7‧1087中-1088上。
[238] 大正7‧1098中。

之，亦皆不可名之；般若既能通達諸法實性，其境當是不可思議，故無法以言說道之、譬之，此謂般若是理域之境、是第一義。

2、「般若」爲方便名之：般若無法名之，爲度眾生，故強名曰般若。般若能通攝一切法，故於諸法而言，依般若皆能解之、知之，唯「法」於不同之時地人因緣，則其名亦異，此爲眾生所見，故爲順有情知見，並曉喻一切法終究成空，解與知俱不可說，以如是之智慧。強名曰「般若」。

3、般若波羅蜜多能通攝三乘：依佛之本懷只有一，即令眾生入「唯一佛乘」，言三乘皆爲方便說，故《法華經》立開權顯實，會三歸一，此乃依本願而論之。唯眾生於各習染中執入於三乘之地，而「般若」之作用在「不執」，能通令眾生出離已決定之自乘，以趣向正等菩提，此意謂般若波羅蜜多之意趣是佛境。

4、般若之知是非知、非不知：般若既不可名，強名之而已，故依般若而知解一切法，一切之知、解亦是假施設，此即爲般若之特性，不執於兩邊，故般若之實知亦是非知、非不知。

5、般若波羅蜜多之修學法是方便：「般若」雖本不可名，然爲令諸菩薩能方便精勤修學，亦需以各種善巧譬喻而演說之，唯此中之重點在不執、方便，換言之，於一切法之演說中，皆令諸菩薩知「非」，「非」是於一切法採取不住之態度，依不住故不執，不執故即能具足善巧方便，此是通達般若境地之修學方法。

6、般若之「無性」特性：般若之特性不離「無」字，如：無相、無作、無邊、無所得與無性等，如是之特性，皆在呈顯般若之修學法是「無修無遣」，既不執、不住一法，故行修般若波羅蜜多，非行修般若波羅蜜多，是謂行修般若波羅蜜多，唯有行證而不落言說，始可謂真修行圓滿般若波羅蜜多。

　　波羅蜜多雖有多義，然大抵即是「方法」，於修學佛法，首由信入，「信爲道源功德母，長善一切諸善根」，此乃言「信」爲行法之本，然信至行，尚得願力爲推動，故佛法總稱信、願、行、證，此中缺一不可。唯就「行」而言，即代表方法，於佛之佈法中，所言之六波羅蜜多，是爲捨執著、去染汚，並精進修法以達圓滿，換言之，修學佛法是以趣向無上正等正覺爲目標，而六波羅蜜則是推助此目標之圓成。此六波羅蜜多雖各有其對治之世法，然此僅爲初步之行持；必再依六波羅蜜多而次第生起諸善法，此爲行持六波羅蜜多之第二步。唯六波羅蜜多除治惡、生善之外，其最重要之目的是爲成就功德、攝受一切智，而此中最重要之關鍵即在般若智之「不執」上，故布施必達三輪體空，持戒必要不住以達「淨戒」，忍辱必是以無生法忍爲究竟，精進是爲饒益有情，靜慮是不著入勝妙生處，般若在實證而不在言說等，如是皆可呈顯行持六波羅蜜多必非但爲己身而行，更不以自住淨慮爲樂，其目標是依六波羅蜜多而圓滿一切智、成就饒益功德，並依無分限心而通達一切法，以疾證無上正等菩提，此爲行持六波羅蜜多之理趣方向。

　　唯依波羅蜜多行理應無量，又爲何以此六法爲基本行持呢？此乃依衆生所執較重、所乏較多與易患之過等爲入手處，衆生最執資生之財，故佛言布施；衆生易擾犯他人，故佛言持戒；衆生不安瞋恚，故佛言安忍；衆生易生退轉心，故佛言精進；衆生煩惱深重，故佛言靜慮；衆生無智慧趣向菩提，故佛言般若，此六波羅蜜多之名目確立，亦爲大乘菩薩行者立下目標方向。惟六波羅蜜多雖各自獨立爲一行法，然彼此之間是有互攝之關聯存在：即前五個波羅蜜多亦必以般若波羅蜜多爲所依，故亦可謂般若波

羅蜜多爲一切波羅蜜多之總攝。六波羅蜜多必依據般若波羅蜜
多，此爲六波羅蜜多彼此間之關係；然既以六波羅蜜多爲基本行
法，則相比於其他無量數之波羅蜜多，亦必一一皆依據於般若波
羅蜜多，換言之，若一切法、一切行法，不能以般若波羅蜜多爲
最後之根據，則一切法或行法，皆不可謂爲法或行法，其理在於：
無有般若智之法或行法，只能成爲執見、執法，終將入於偏邪，
背離菩提之道。

　　於諸法而言，於諸波羅蜜多而言，唯依於般若波羅蜜多，才
能確立諸法與諸波羅蜜多爲正道，換言之，唯一切波羅蜜多皆是
般若波羅蜜多，如是之任何一波羅蜜多才能成立存在，因唯有能
以般若波羅蜜多爲依據之任何一波羅蜜多，才能不執、不偏，而
真正成爲某一波羅蜜多之確立。同理，任何一波羅蜜多既能以般
若波羅蜜多爲依據，則任何一波羅蜜多亦必不執不著，而能與其
他之另一波羅蜜多相融，甚至通達至一切無量數之波羅蜜多，如
是之行法，始謂是正法，能通往菩提之道。如是以般若波羅蜜多
爲諸法之源、諸佛之母，其理趣義旨即是佛所言之諸行無常、諸
法無我、寂靜涅槃之法印義，一切法、一切諸波羅蜜多，皆爲度
衆生登至彼岸，彼岸是目的地，法與行皆是過程，然於過程中若
無般若波羅蜜多爲之捨執、遣相，則終無登岸之期，故亦可謂般
若波羅蜜多爲萬行之本。

二、九十波羅蜜多之內涵意義

　　上之六波羅蜜多爲菩薩摩訶薩修持之基本行法，而此六波羅
蜜多於《大般若經》是立於十六會中之最末六會，此乃正爲說明

唯有「大行」才能真正圓滿般若波羅蜜多之修證，而任何有關般若波羅蜜多之內涵闡述，此皆是「解」，而一切解若不能以「行」而實證，則一切之解皆終只是戲論而已。般若是空慧，然「空慧」兩字不在文字解說上，而是要依波羅蜜多之行證而呈顯，故所謂：「佛說般若波羅蜜，非般若波羅蜜，（是名般若波羅蜜）。」[239]「某某」而「非某某」是「名某某」，此雖於《金剛經》中是特殊之句法，不論後人依何種句法方式而解讀之：是採不全然肯定，亦不全然之否定；或是於否定中之肯定；或以爲是中道之展現等，於句法之解讀上可有不同，然其內涵真義總不離：唯有行持修證才是般若波羅蜜多，故凡任何欲透過語言、文字、臆測、思議等方式來瞭解般若波羅蜜多，皆非般若波羅蜜多之真義，換言之，般若波羅蜜多是一修證之境界，其真義不在言說而是在實行，更何況主體之境界體驗，本非言語可窮盡之。唯《大般若經》雖特立第十一至十六會，以分別闡述六波羅蜜多之內涵真義，然於般若學中，六波羅蜜多爲基本行法，在般若波羅蜜多能以一法而通達一切法之下，有關與波羅蜜多相關之行法，於般若學中，約明列有九十種之多，今以〈遍歎品〉[240]爲主，相對應於〈歎勝品〉[241]，以明波羅蜜多之內涵意義：

1、無邊波羅蜜，是般若波羅蜜，如虛空無邊故：

以虛空無邊，形容般若波羅蜜多之所攝內涵亦廣大無有邊畔，一切法皆可與般若波羅蜜多相融。

---

[239] 《金剛經》大正 8・750 上。

[240] 參見《摩訶般若波羅蜜經》卷 12〈遍歎品〉，大正 8・311 下-313 上。

[241] 參見《佛母出生三法藏般若波羅蜜多經》卷 9〈歎勝品〉，大正 8・619 中-620 上。

2、等波羅蜜，是般若波羅蜜，諸法等故：[242]

一切法皆平等，是依法之自性本空而不可得觀之，亦可依修證無生法忍而證得。

3、離波羅蜜，是般若波羅蜜，畢竟空故：

一切法自性本離故空，因畢竟空，故本無煩惱，亦無一切法；般若波羅蜜多因離而能通達一切法，故其本身亦不具有任何一法。

4、不壞波羅蜜，是般若波羅蜜，一切法不可得故：[243]

壞是依成、住推衍而然，成、住爲有、是可得，有得即有失；一切法自性離故不可得，既不可得則亦無所著、無所壞，般若波羅蜜多本不著一切法，故當不可壞之。

5、無彼岸波羅蜜，是般若波羅蜜，無名無身故：[244]

此岸爲煩惱生死，彼岸爲涅槃覺境，於初修學者而言，必捨此岸以登彼岸爲究竟，然般若波羅蜜多本無一法，亦不執一法，故亦無此岸可捨，亦無彼岸可登，其究竟涅槃之境，本是無名、無相、無身、無生滅。

6、空種波羅蜜，是般若波羅蜜，入出息不可得故：[245]

以實相而言，本無一切之入出息，入出息皆因生滅而然；般若波羅蜜本不具一切法，其究竟是空種、是無性。

---

[242] 〈歎勝品〉：「無等等波羅蜜多，是般若波羅蜜多，一切法不可得故。」（大正8‧619中）。

[243] 〈歎勝品〉：「不可破波羅蜜多，是般若波羅蜜多，一切法性不可得故。」（大正8‧619中）。

[244] 〈歎勝品〉：「無句波羅蜜多，是般若波羅蜜多，諸法無名無相故。」（大正8‧619中）。

[245] 〈歎勝品〉：「無性波羅蜜多，是般若波羅蜜多，諸法無來故。」（大正8‧619中）。

7、不可說波羅蜜，是般若波羅蜜，覺觀不可得故：[246]

一切法畢竟空，故不需覺觀，亦無分別，亦無言說；此爲般若波羅蜜多之圓境，是究竟不可思議，不落於對待，一切皆不可得故。

8、無名波羅蜜，是般若波羅蜜，受想行識不可得故：[247]

般若波羅蜜多本不具一法，故本不可名，五蘊爲因緣而起，故有名，五蘊亦終將成空，故本不可得，以般若空慧而觀之諸法，則一切法皆本無名。

9、不去波羅蜜，是般若波羅蜜，一切法不來故：[248]

去來爲緣起法、是生滅法，般若波羅蜜多是實相、是圓境、是不思議境、是絕待，故本無來去。

10、無移波羅蜜，是般若波羅蜜，一切法不可伏故：[249]

般若波羅蜜多爲諸法之母，能興助一切法之得成，然其本身卻無取、無集任何一法，故爲無人所不能伏、不能移。

11、盡波羅蜜，是般若波羅蜜，一切法畢竟盡故：[250]

盡與無盡是相對義，言法有盡，則一切法皆是生滅而不可住，若言法無盡，則一切法終不可得故；般若波羅蜜多不執一法，觀一切法自性離故，是爲不住一法、不得一法。

---

[246] 〈歎勝品〉：「無言波羅蜜多，諸法無分別故。」（大正 8・619 中）。

[247] 〈歎勝品〉：「無來波羅蜜多，是般若波羅蜜多，諸蘊不可得故。」（大正 8・619 中）。

[248] 〈歎勝品〉：「無去波羅蜜多，是般若波羅蜜多，諸法無來故。」（大正 8・619 中）。

[249] 〈歎勝品〉：「無集波羅蜜多，是般若波羅蜜多，諸法無取故。」（大正 8・619 中）。

[250] 〈歎勝品〉：「無盡波羅蜜多，是般若波羅蜜多，諸法無盡相故。」（大正 8・619 中）。

12、不生波羅蜜，是般若波羅蜜，一切法不滅故：[251]

諸法皆因緣而生，本不自生，既不生則不滅，既不生滅則亦無有著處；般若波羅蜜多本不生一法，故其亦是不滅、無著。

13、不滅波羅蜜多，是般若波羅蜜多，一切法不生故：[252]

一切法依緣而滅，依諸法自性而論，本不生不滅；般若波羅蜜多本不具一法，故於一切法皆不可得。

14、無作波羅蜜，是般若波羅蜜，作者不可得故：

無作即無造作，一切造作皆因眾生心意識而起；般若波羅蜜多本無造作，一切造作皆因眾生心意識而起；般若波羅蜜多本無造作，因一切法畢竟空故。

15、無知波羅蜜，是般若波羅蜜，知者不可得故：[253]

一切法皆因緣而起，故無主宰者，無主宰則無造作，故知亦不可得；般若波羅蜜多無造作一切法，故實是無知。

16、不到波羅蜜，是般若波羅蜜，生死不可得故：[254]

生死是循環，是業緣相續而然，故生與死皆本不可得，前世不到今世，今世亦不到來世，既無所至（生），故亦無有退沒（死）。

17、不失波羅蜜，是般若波羅蜜，一切法不失故：

般若波羅蜜多觀一切法之實相，實相本無相，故本不失。

[251] 〈歎勝品〉：「無生波羅蜜多，是般若波羅蜜多，諸法無著故。」（大正 8 · 619 中-下）。

[252] 〈歎勝品〉：「不滅波羅蜜多，是般若波羅蜜多，前後中際，不可得故。」（大正 8 · 619 下）。

[253] 〈歎勝品〉：「無知者波羅蜜多，是般若波羅蜜多，諸法無主宰故。」（大正 8 · 619 下）。

[254] 〈歎勝品〉：「無所至波羅蜜多，是般若波羅蜜多，無退沒故。」（大正 8 · 619 下）。

18、夢波羅蜜，是般若波羅蜜，乃至夢中所見不可得故：

夢爲「亂劇」（潛意識）之所現，本不可得；般若波羅蜜多本不生、不執一法，故亦不可得。

19、響波羅蜜，是般若波羅蜜，聞聲者不可得故：

聲響無法久留，無可執、亦不可得；行修般若波羅蜜多，亦不可執般若波羅蜜多，因般若波羅蜜多是觀照諸法之方法，其本身亦本無一法。

20、影波羅蜜，是般若波羅蜜，鏡面不可得故：

鏡中現影，是爲短暫之幻像，影相與鏡照皆非實相，故皆不可得；行修般若波羅蜜多，不但於諸法皆不可執，於般若波羅蜜多亦不可執，因本不可得故。

21、焰波羅蜜，是般若波羅蜜，水流不可得故：

炎焰、水流皆無實相，皆了不可得；般若波羅蜜多觀諸法皆是虛幻之境，一切法實皆不可得。

22、幻波羅蜜，是般若波羅蜜，術事不可得故：[255]

幻相依術而化，爲暫時之相，既爲幻，則當不實；行修般若波羅蜜多於諸法當能深觀是幻相，則能不執。

23、不垢波羅蜜，是般若波羅蜜，諸煩惱不可得故：

世俗有爲法皆是有漏有垢，以般若波羅蜜多觀之諸法，則一切無明煩惱皆本無實體，皆不可得。

24、無淨波羅蜜，是般若波羅蜜，煩惱虛誑故：

自性本自清淨，煩惱本不可得；淨、垢之相待乃依業緣而起，般若波羅蜜多是絕待之境，故無淨與垢之對待。

---

[255] 〈歎勝品〉：「夢幻影響陽焰等波羅蜜多，是般若波羅蜜多，諸法不生故。」（大正 8・619 下）。

25、不污波羅蜜是般若波羅蜜，至處不可得故：[256]

有處則有住，有住則有污；般若波羅蜜多實無至處，故為不住，不住則不污。

26、不戲論波羅蜜，是般若波羅蜜，一切戲論破故：[257]

諸法自性本自平等，依憶想分別所產生之戲論，一皆不實；於行修般若波羅蜜多，當觀戲論不實，故當破之。

27、不念波羅蜜，是般若波羅蜜，一切念破故：[258]

念念生滅，本無實性，諸念本自不生、無住；於行修般若波羅蜜多，當依不念而破諸念。

28、不動波羅蜜，是般若波羅蜜，諸法性常住故：[259]

諸法性常住，故為不動；般若波羅蜜多為總持諸法，故其性本不動。

29、無染波羅蜜，是般若波羅蜜，知一切法妄解故：

諸法皆緣愛染而生，皆是妄解；般若波羅蜜多不住一法，其性本淨，故本無染。

30、不起波羅蜜，是般若波羅蜜多，一切法無分別故：[260]

一切法之分別，乃因人之業識妄想而起；行修般若波羅蜜多，觀諸法性本自無二無別，則一切之業緣自當不起。

---

[256] 〈歎勝品〉：「無染污波羅蜜多，是般若波羅蜜多，虛空清淨故。」（大正8・619下）。

[257] 〈歎勝品〉：「無戲論波羅蜜多，是般若波羅蜜多，諸法平等故。」（大正8・619下）。

[258] 〈歎勝品〉：「無念波羅蜜多，是般若波羅蜜多，諸念不生故。」（大正8・619下）。

[259] 〈歎勝品〉：「無動波羅蜜多，是般若波羅蜜多，諸法性常住故。」（大正8・619下）。

[260] 〈歎勝品〉：「無起波羅蜜多，是般若波羅蜜多，諸法無疑故。」（大正8・619下）。

31、寂滅波羅蜜，是般若波羅蜜，一切法相不可得故：[261]

諸行無常與寂滅爲樂，皆爲佛理，言無常亦言常，此皆爲佛方便說；依行修般若波羅蜜多，於一切法相不取著，故當可證得寂靜涅槃。

32、無欲波羅蜜，是般若波羅蜜，欲不可得故：[262]

於自性而言本無貪欲，一切貪欲緣於外塵有爲法，唯諸法皆緣起緣滅，實本不可得，故欲亦不可得；般若波羅蜜多本自清淨，欲實無所起。

33、無瞋波羅蜜，是般若波羅蜜，瞋恚不實故：

瞋恚之產生是緣於所欲之不足，行修般若波羅蜜多知諸法畢竟空，故無欲、無瞋，以是知瞋恚不實，本不可得。

34、無癡波羅蜜，是般若波羅蜜，無明黑闇滅故：

由無明而產生癡，因癡而造成惑業苦之流轉，依般若空慧而行修，當能破無明闇癡。

35、無煩惱波羅蜜，是般若波羅蜜，分別憶想虛妄故：[263]

煩惱緣於分別憶想，若意念清淨，則本無煩惱；能依般若波羅蜜多行修，則觀諸法性皆本無煩惱，諸法皆性本清淨。

36、無眾生波羅蜜，是般若波羅蜜，眾生無所有故：[264]

心念眾法即曰眾生，若心念滅，則本無眾生；般若波羅蜜多

---

[261] 〈歎勝品〉：「寂靜波羅蜜，是般若波羅蜜多，諸法相不可得故。」（大正8‧619下）。

[262] 〈歎勝品〉：「離欲波羅蜜多，是般若波羅蜜多，諸法性真實故。」（大正8‧619下）。

[263] 〈歎勝品〉：「無煩惱波羅蜜多，是般若波羅蜜多，貪瞋癡等性清淨故。」（大正8‧619下）。

[264] 〈歎勝品〉：「無眾生波羅蜜多，是般若波羅蜜多，眾生際不可得故。」（大正8‧619下）。

於諸法皆平等視之，故本無念、無眾生。

37、無斷波羅蜜，是般若波羅蜜，諸法不起故：[265]

諸法皆因業緣而生、而起，故需斷之；般若波羅蜜多於諸法本不生、不起，是故無斷

38、無二邊波羅蜜，是般若波羅蜜，一切法不相離故：[266]

相對法即為二邊，般若波羅蜜多觀諸法無二無別，其本不具一法，故本無二邊。

39、不壞（破）波羅蜜，是般若波羅蜜，一切法不相離故：

般若波羅蜜多觀諸法無二無別，以是而融通一切法，其是諸法皆空，故本不離，亦無可壞之、破之。

40、不取波羅蜜，是般若波羅蜜，過聲聞辟支佛地故：[267]

聲聞、辟支佛依著相而分別，般若波羅蜜多其性清淨，於一切法相乃至聲聞、緣覺悉皆不取、不著故不分別之。

41、不分別波羅蜜，是般若波羅蜜，諸妄想不可得故：[268]

依妄想故有分別，唯妄想本不可得；般若波羅蜜多為實相，故本無妄想分別。

42、無量波羅蜜，是般若波羅蜜，諸法量不可得故：[269]

般若波羅蜜多出自無量波羅蜜多，無量則無邊，究竟不可得、

[265] 〈歡勝品〉同之。

[266] 〈歡勝品〉：「無二邊波羅蜜多，是般若波羅蜜多，諸法離著故。」（大正8・619下）。

[267] 〈歡勝品〉：「無著波羅蜜多，是般若波羅蜜多，不分別聲聞緣覺地故。」（大正8・619下）。

[268] 〈歡勝品〉：「不分別波羅蜜多，是般若波羅蜜多，分別平等故。」（大正8・619下）。

[269] 〈歡勝品〉：「無量波羅蜜多，是般若波羅蜜多，量法平等故。」（大正8・619下）。

不可量。

43、虛空波羅蜜，是般若波羅蜜，一切法無所有故：[270]

諸法皆在虛空範圍內，然虛空卻不掛入（不著）一法，一切法皆不爲虛空所有；般若波羅蜜多雖融通一切法，卻不得一法、無有一法。

44、無常波羅蜜，是般若波羅蜜，一切法破壞故：[271]

一切有爲法皆緣起緣滅，此即是無常，因無常則一切法皆可破、可壞；依般若波羅蜜多觀之諸法，知諸法皆無常而畢竟空，聖者依於無常而修常。

45、苦波羅蜜，是般若波羅蜜，一切法苦惱相故：[272]

諸法無常一皆是苦，故諸法皆具苦惱相；行修般若波羅蜜多能觀諸法皆苦，唯苦亦本空無所得，以是而離苦惱相。

46、無我波羅蜜，是般若波羅蜜，一切法不著故：[273]

於諸法皆不著，則無我，「我」亦四大假合，實無有一我可得；般若波羅蜜多不執一法，故謂諸法無我。

47、空波羅蜜，是般若波羅蜜，一切法不可得故：[274]

一切法皆因緣和合，故終究成空；般若波羅蜜多觀諸法皆畢竟空而不可得，以是於一切法亦無著無取。

---

[270] 〈歎勝品〉：「如虛空波羅蜜多，是般若波羅蜜多，一切法無障礙故。」（大正 8・619 下）。

[271] 〈歎勝品〉：「無常波羅蜜多，是般若波羅蜜多，一切法有爲故。」（大正 8・619 下）。

[272] 〈歎勝品〉：「苦波羅蜜多，是般若波羅蜜多，虛空平等故。」（大正 8・619 下-620 上）。

[273] 〈歎勝品〉：「無我波羅蜜多，是般若波羅蜜多，我不可得故。」（大正 8・620 上）。

[274] 〈歎勝品〉同之。

48、無相波羅蜜，是般若波羅蜜，一切法不生故。[275]

法生則相有，諸法不生則無相；般若波羅蜜多不具一法，不生、不著一法，是故無相。

49、內空波羅蜜，是般若波羅蜜，內法不可得故：

般若波羅蜜多觀諸法皆不可得，內之六根亦不可得，故曰內空。

50、外空波羅蜜，是般若波羅蜜，外法不可得故：

外之六塵本不可得，故曰外空。

51、內外空波羅蜜，是般若波羅蜜，內外法不可得故：

觀內六根與外六塵皆無我、我所，故曰內外空。

52、空空波羅蜜，是般若波羅蜜，空空法不可得故：

諸法皆畢竟空，故諸法不可得；而執空亦是妄，故空亦不可得。「空空」之第一個空字爲動詞，空法不可執，故空法亦要空之，故曰空空。

53、大空波羅蜜，是般若波羅蜜，一切法不可得故：

一切法皆緣生緣滅，地、水、火、風四大，以至四維上下十方亦皆是空。

54、第一義空波羅蜜，是般若波羅蜜，涅槃不可得故：

依第一義空可證得涅槃，唯實相本無相，故涅槃亦不可以相得，故曰涅槃實不可得。

55、有爲空波羅蜜，是般若波羅蜜，有爲法不可得故：

一切有爲法，如夢幻泡影，皆依緣而生滅，故終究爲空而不

---

[275]〈歎勝品〉：「無相波羅蜜多，是般若波羅蜜多，一切法不可轉故。」（大正8．620上）。

可得。

56、無爲空波羅蜜，是般若波羅蜜，無爲法不可得故：

依有爲法則終究成空，故於一切法當不取不著；而無爲則無有成、住、壞、空之循環，其本是空，故不可得。

57、畢竟空波羅蜜，是般若波羅蜜，諸法畢竟不可得故：

諸法畢竟空，故不可得；但亦不執諸法之畢竟空不可得。

58、無始空波羅蜜，是般若波羅蜜，諸法無始不可得故：

諸法皆因緣而生，其始不可得尋，故曰無始，亦曰空，故以「無始劫」爲總論整個法界之循環周流無法計數。

59、散空波羅蜜是般若波羅蜜，散法不可得故：

諸法因合故有，因離故散，散則成空，故不可得。

60、性空波羅蜜，是般若波羅蜜，有爲無爲，性不可得故：

一切有爲法，終究成空，其性本不可得；無爲法乃依不生、不住、不滅而論，其性亦是空。

61、諸法空波羅蜜，是般若波羅蜜，一切法不可得故：

所謂一切法當涵括一切諸相，依相而言，則有生滅，故爲不實，終不可得。

62、自相空波羅蜜，是般若波羅蜜，自相離故：

以相而言，有總相與別相之分，然任何之相或法，皆各依其因緣而生、而滅，故一切法之各自相皆是終究成空。

63、無法空波羅蜜，是般若波羅蜜，無法不可得故：

既是無法，則當是空、不可得；於法而言，過去之法已滅，未來之法未生，此皆是無法空。

64、有法空波羅蜜，是般若波羅蜜，有法不可得故：

一切法皆因緣和合，終歸無常，是空、不可得。

65、無法有法空波羅蜜，是般若波羅蜜，無法有法不可得故：

　　無法本不可得，而有法亦終歸於空；且以相而言，不論無法、有法，其相皆不可得；無法之相，本無生滅，本不可得；而有法之相亦終爲空，故曰無法有法皆空、不可得。

66、念處波羅蜜，是般若波羅蜜，身受心法不可得故：

　　身、受、心、法四念處，是依色、受、識、行而起，此皆是五蘊之作用生起，終是無常、不可得。

67、正勤波羅蜜，是般若波羅蜜，善不善法不可得故：

　　依正勤精進可使已生善法增長，未生之善爲生；使不善法已生當斷，未生令其不生；惟善不善法皆依因緣而起，本不可得，而正勤波羅蜜乃緣於善不善法，故亦不可得。

68、如意足波羅蜜，是般若波羅蜜，四如意足不可得故：

　　如意足又謂神足，亦是禪定，「定」乃爲攝心而起，若心不散亂，則以定攝心，實不可得。

69、根波羅蜜，是般若波羅蜜，五根不可得故：

　　「根」具能生之義，於行持正道，根能生一切善法之生，如信、精進、念、定、慧根，唯善法皆因緣而起，其本是空，故五根終不可得。

70、力波羅蜜，是般若波羅蜜，五力不可得故：

　　依五力－信、精進、念、定、慧力，可治五障，不爲煩惱所壞，此五力乃依五根而增長成之，唯五根既不可得，故五力亦不可得。

71、覺波羅蜜，是般若波羅蜜，七覺分不可得故：

　　覺有覺察之義，依七覺分－擇法、精進、喜、輕安、念、定、行捨覺分，此皆由外緣而起，其本是無，故不可得。

72、道波羅蜜，是般若波羅蜜，八聖道分不可得故：[276]

八聖道分即正道，其道離偏邪，依於八正道－正見、正思惟、正念、正語、正業、正命、正精進、正定，皆爲對治法，但總不離在生滅中，故不可得。

73、無作波羅蜜，是般若波羅蜜，無作不可得故：

於一切法應作無作，故是空、是無相，不可得也。

74、空波羅蜜，是般若波羅蜜，空相不可得故：

「空」非是一實相物，無法以某一事物而言其是「空」，空是一表述辭，於因緣散滅而言其爲終究成空，故實無空相可得。

75、無相波羅蜜，是般若波羅蜜，寂滅相不可得故：

無相乃依相而言，故所謂無相是於相而離相，亦可謂是於相而不執；唯一切相終究爲寂滅，故曰不可得。

76、背捨波羅蜜，是般若波羅蜜，八背捨不可得故：[277]

背捨是爲遠離三界貪愛，於三界一切皆無所著，以至於背捨亦無著，故曰不可得。

77、定波羅蜜，是般若波羅蜜，九次第定不可得故：[278]

禪定之極至是一切心識作用皆靜止，其間依修定而有層次之遞昇，於一一遞昇中，則永無前第定之存在，故曰不可得。

78、檀那波羅蜜，是般若波羅蜜，慳貪不可得故：

布施之極至是三輪體空，能具足布施，則必無慳貪之存在。

---

[276] 〈歡勝品〉：「念處正勤、神足、根、力、覺、道波羅蜜多，是般若波羅蜜多，三十七菩提分法不可得故。」（大正 8・620 上）。

[277] 〈歡勝品〉：「內有色觀外色等波羅蜜是般若波羅蜜，八解脫不可得故。」（大正 8・620 上）。

[278] 〈歡勝品〉：「初禪定等波羅蜜多，是般若波羅蜜多，九先行法不可得故。」（大正 8・620 上）。

79、尸羅波羅蜜，是般若波羅蜜，破戒不可得故：

佛法強調以戒爲師，能修持淨戒，則可止惡不犯，以至心淨，故依戒而言，由「律」（止惡）義，以至「清涼」（心淨）義，則是修戒之歷程。

80、羼提波羅蜜，是般若波羅蜜，不忍辱不可得故：

依修忍而言，是由生忍以至無生法忍，唯至無生法忍始達清淨境地，至此，忍不忍皆不可得。

81、毘梨耶波羅蜜，是般若波羅蜜，懈怠精進不可得故：

精進是爲對治懈怠，若依法而行精進，則心念必無分別，以至究竟安穩，至此即無懈怠或精進之別。

82、禪那波羅蜜，是般若波羅蜜，定亂不可得故：靜慮之境是專心一處，意念清明，一切染著皆不起，至此，亦無所謂亂與定之存在。

83、般若波羅蜜，是般若波羅蜜，癡慧不可得故：[279]

般若象徵圓滿智慧；能覺知諸法實相，能證得正等菩提，至此，癡慧自不可得。

84、十力波羅蜜，是般若波羅蜜，一切法不可伏故：[280]

依十力可成就一切諸功德，一切皆能成辦，永斷一切習氣妄惑，住妙覺勝境，爲一切法不可攝伏之、不可破壞之。

85、四無所畏波羅蜜，是般若波羅蜜，道種智不沒故：[281]

---

[279] 〈歎勝品〉：「布施等波羅蜜多，是般若波羅蜜多，十波羅蜜多不可得故。」（大正 8・620 上）。

[280] 〈歎勝品〉：「十力波羅蜜多，是般若波羅蜜多，不可破壞故。」（大正 8・620 上）。

[281] 〈歎勝品〉：「四無所畏波羅蜜多，是般若波羅蜜多，不怯不懼、不退不沒故。」

所謂無畏即化他之心不怯，能知眾生心行所趣，以大無畏心爲其佈法，令知諸法實相、不生不滅，以至涅槃之境。

86、無礙智波羅蜜，是般若波羅蜜，一切法無障無礙故：[282]

一切法皆爲度眾生而起，而一切法亦必以智慧爲依據，故於智慧而言，本具足一切而圓融無礙。

87、佛法波羅蜜，是般若波羅蜜，過一切法故：[283]

佛法是諸佛親證之法，依法界眾生因緣而開法，具足一切法門以接引學人，以得成正等菩提，如是圓滿、圓融且具足智慧、覺悟之法，是一切世法所無法及之。

88、如實說波羅蜜，是般若波羅蜜，一切語如實故：

佛爲如實語者，其所開示之法爲如實法，其行爲如實行；眾生依如實語而行如實法，亦能圓成阿耨多羅三藐三菩提，必無虛妄。

89、自然波羅蜜，是般若波羅蜜，一切法中自在故：[284]

依般若波羅蜜多之具足一切法、通達一切法，故能於一切法中皆自然自在，其後亦必自然成佛，圓成正等菩提。

90、佛波羅蜜，是般若波羅蜜，知一切法、一切種智故：[285]

佛是一切圓滿、圓融之妙覺境地，能知一切法、一切種智，

（大正 8・620 上）。

[282] 〈歡勝品〉：「離繫波羅蜜多，是般若波羅蜜多，一切智智無著無礙故。」（大正 8・620 上）。

[283] 〈歡勝品〉：「如來無量功德波羅蜜多，是般若波羅蜜多，過諸數法故。」（大正 8・620 上）。

[284] 〈歡勝品〉：「自然智波羅蜜多，是般若波羅蜜多，一切法自性平等故。」（大正 8・620 上）。

[285] 〈歡勝品〉：「如來真如波羅蜜多，是般若波羅蜜多，一切法真如平等故。」（大正 8・620 上）。

轉法輪、度羣生，共入涅槃，圓成菩提，此乃因一切眾生皆有如來智慧德相，圓悟佛道亦必是可證、可期。

以上所列之「九十」波羅蜜多，是為可數、可列，既可數則為有限，唯諸佛之開法，其主要依據是因緣和合，一切法之開示，總不離時、地、人、事等因緣而成，佛為引領眾生，亦必在其所能觸及之因緣而開示法義，故於佛法而言，常以「法門無量」而概括之。唯佛知因緣法、觀因緣法而開示因緣法，無非要眾生證得一「空」字；而「空」之呈顯，正是佛於開法、示法之當下，所欲引領眾生契入之境。而般若波羅蜜多正以空智為導向，令眾生知一切法皆因緣生而必因緣滅，然於生滅之中，既不著生、亦不著滅，佛之心懷於開法行持中，依於佈法與一生之行教，其明示之法只有一目的：即生而無生、始而無始，於一切法務要不執不著，才能不取斷滅相，才能知諸法實相之不動義。

於般若部之經典中，「般若波羅蜜多」是一種智與行完美結合之表徵，於《大般若經》中雖特以第十一至十六會為六波羅蜜多之闡述，此乃在強調此六度為最基本之行法，依此六度可通達、圓滿一切法，若依此之義，則六波羅蜜多可謂已完具一切，又何需再有「九十」波羅蜜多之羅列呢？然試觀此九十波羅蜜多之內容，其所包涵之項目，除有以「無」為主如：無邊、無彼岸、無無名、無移等；尚有以「不」為主如：不壞、不去、不生、不滅等；有以「幻」為主如：夢、響、影、焰等；有以「空」為主如：虛空、內空、外空、第一義空等；有以「菩提法」為主如：正勤、如意足、根、力等；有以「佛」為主如：佛、佛法、如實說等；此中尚包括「六度」，足見所謂九十波羅蜜多，其義本不在「數」，而是在指向「無量」上，故以九十波羅蜜多以言是「無量數」之

波羅蜜行，實亦契合般若部經典之義。惟依所列之波羅蜜多之內容察之，其重點是：「不可得」，一切法不論是去捨法或菩提行持法，其終究是「不可得」，顯然，所謂般若波羅蜜多之修證法，是於一切法皆予肯定，故肯定一切法皆是般若波羅蜜多；然一切法又皆不可得，此乃於一切法予之否定，正是能界於肯定與否定之間，則一切法才可言是般若波羅蜜多，然如是之詞語表述，其終究之用意有二：一為是顯中道、實相、第一義，此乃不落二邊之最高表徵；二為於世之行持中，能積極（肯定一切法）又能無礙（不著一切法），既不著相煩惱、亦不入斷滅空相，如是才能於真實世間而圓成佛道，故又曰般若波羅蜜多是如實法、如實行。

第五章　般若波羅蜜多之證悟

第一節　般若波羅蜜多證得菩提之歷程

　　雖言一切法終究成空，此乃依究竟而言之，唯眾生之煩惱又實緣於執一切法而然，故於眾生而言，在遇緣之當下，如何能保持清淨心而不動？又如何才能於一切根、塵、識相應之下依然自在？此是眾生之最關注處，亦是於眾生有實際之受益。當費心於探究形上體之時，若再追問最最之初根源為何？此乃永無答案，且追求最初之形上體，於自身及他人之當下生命亦無甚大之意義，故對於是否有原始最初之開端，總曰「無始」，而生命之出殼入殼之計數亦以「無始劫」為總括言之。雖然如是，然人生之存在，其時間或許短暫，即使縱有累劫生命之流轉，然每一轉生之時、空因緣皆已然不同，故佛法即或言有三世之說，但仍重視此世，此乃依於時間而言；若於空間而言，佛法有淨土之闡述，但仍以此土為主；而於度眾而言，雖遍及至天、人及三塗苦道，但仍以人道為主；故觀之整體佛法之傾向：重此世、此土，並依此當世人身而證悟菩提之道。所謂菩提，其義在「覺」，換言之，如何於此當世人生能依智慧而覺悟人生，因有覺悟人生才能使生命真正獲得光輝，此即是修證菩提之重要性。顯然，所謂修證菩提，

並非是追求形上體之根源，此乃是永無答案的；佛陀之開法重在
解脫人生之苦惱，此需要智慧，而此智即是般若智，亦唯有依般
若妙智所覺悟之人生，才能使人生在塵不染塵，於世而不著世，
而佛教之基本法印，以至後來發展之各宗教義，一皆不可離卻般
若智與證得菩提，此兩者之結合，才能營造真正覺悟之人生與人
世。

一、菩提依一切法本性空寂而證得

　　覺悟之人生來自依般若妙智而證得菩提，唯就般若波羅蜜多
而言，此智本身並不具涵任何一法，而以空無一法之智欲證得菩
提，又將如何證得？且依不具一法之智所證得之菩提，此「菩提」
之內涵又為何？其所謂證得菩提之義又為何？以下先引證一段
《大般若經》卷 576〈第八會·那伽室利分〉之文云：

> 妙吉祥欲入室羅筏城乞食。龍吉祥言：尊者！今於食想，
> 猶未破耶？
> 妙吉祥曰：吾於食想，都不見有，知何所破！所以者何？
> 一切法本性空寂，猶若虛空，無斷無壞，我何能破？
> 龍吉祥言：頗有能證菩提者不？
> 妙吉祥曰：若無名姓施設，以無表心、無見心等，能證無
> 上正等菩提。
> 龍吉祥言：以何等心當得菩提？
> 妙吉祥曰：我無所趣，亦非能趣。所以者何？諸法無動，
> 不可破壞，不可攝受，畢竟空寂。我以如是非趣心等，當

得菩提。

龍吉祥言：菩提何謂？

妙吉祥曰：言菩提者，遍諸時處一切法中，譬如虛空，都無障礙。於時處法無所不在，如是菩提最爲無上。仁今欲證何等菩提？

龍吉祥言：欲證無上。

妙吉祥曰：無上菩提，非可證法，汝欲證者，便行戲論，何以故？無上菩提，離相寂滅，仁今欲取，成戲論故。諸佛世尊，說一切法不可分別，皆如幻事。汝今欲證無上菩提，豈不便成分別幻法？然一切法皆不可取亦不可捨，無成無壞，非法於法能有造作及有滅壞。無法於法能有和合及有別離，寧可於彼起分別心。

龍吉祥言：我今由此定得菩提，由尊爲我說深法故。

妙吉祥曰：我於今者，未曾爲汝有所宣說，若顯若密、若深若淺，云何令汝能得菩提？所以者何？諸法自性皆不可說，以一切法皆如幻事，畢竟性空，尚不可知，況有宣說。爾時無能勝菩薩，來至其所，讚言：正士大士，能共辯說甚深法門。

時妙吉祥詰無能勝言：正士大士爲說何法？作是念者，便行戲論。若行戲論，流轉生死，彼於如響一切法中，不如實知，起諸乘諍，心則動搖，多諸迷謬。是故世尊親於晝夜，教誡教授，汝等苾芻，勿行戲論，於我所說寂滅法中，常應思惟，審諦觀察，精勤修習，無得法忍，如是能寂大聖法王，說諸法空，本性寂靜，無染無得，無所依住，能

　　如實知，解脫生死，定當證得菩提涅槃。[1]

　　依上之引文，其爲如何證得菩提之論說約略有如下之數個要點：

　　1、一切法皆本空寂，既不見有，亦無可破、可證：

　　此第八會之內容，緣於妙吉祥欲乞食，而開啓妙吉祥與龍吉祥之間，展開於法、於證得之一段辯詰。「乞食」是一修行法門，唯此中是以乞食另譬喻爲求法，人有求法之心，必來自於法之不足而渴求之；同理，若本已飲食，則當無有乞食之想、之行，故若本具足一切法，則亦不用求法、求證得。依釋尊所開示之法，諸法皆緣生緣滅，其性本空寂，是其本質；而一切法終究成空，是其結果。不論是依諸法之本質或結果而觀照之，則本無可破執之法，故亦當無有菩提可證得之。妙吉祥與龍吉祥兩人之辯詰，先以一切法無有可破爲立基點，以明菩提本無可證得、亦不待證。

　　2、無上正等菩提依「無」而證得：

　　立基於一切法皆本性空寂，則本無可破之法，亦無可證之菩提，此爲釋尊之究極境地；唯釋尊爲引學人入此境界，故於無法中而開示諸法，於本不待證而開示可證得無上正等菩提，此一方面是釋尊開法之善巧方便，實際上亦爲眾生有一目標依循與精進之著力處。唯無上正等菩提之證得，是釋尊言法之最高目標，亦是引學人能向上提昇之源動力；然菩提之證得，必依諸法之本質與結果：「無」而論之，此「無」並非是無記空或頑空，而是不執，不執有一名姓，更泯除能、所之對待，當觀之諸法之無動，即是

---

[1]　大正 7・974 下-975 下。

證得無上正等菩提。於佛法而言，雖言「無上菩提，非可證法」，此乃爲表明：若於「法」上而執，則非菩提，故當欲求、欲證菩提時，則菩提即成爲某一對象、某一法門，如是必起分別，終將成戲論；而菩提之證，此證是離分別、離戲論，是實相之證，故曰菩提是非可證法，此並非否定菩提之證悟（此爲釋尊演法之核心價值），而是肯定菩提不依分別幻法而證得之。

3、「菩提」之內涵遍諸虛空：

菩提不可依分別戲論之心、之法而證得，然學人證得菩提，不可能憑空而入、而得，故欲證得菩提者，首步亦必於諸法中而明、而入而後證得。唯當證悟之當下，此悟即全體全悟，於悟而言不可言「漸」，漸僅能相對於「修」，依修持而論，則有種種法門，此似於孩童入學時，必習各種學門，待習成之時，於各學門皆可融會貫通，此並非否定原各學門有不同之義涵所習處，唯「領悟力」將使各學門皆爲增長事業之助力，而領悟力是一全稱，是於學中而自得之智慧。而菩提與諸法之關係亦然如是，諸法是依緣而起，其起必有其存在之價值與意義，且學人於修學之過程中，並依諸佛所宣說之諸法而各依根器秉性而擇中習之，然一旦至融會貫通時，此依佛法之意，即當達至明心見性時，此即是悟，此即是菩提之證悟。而所謂明心見性即是真正之「目明」，相應於明心見性之「目明」，則其他皆可曰盲；此明是一念覺明、見性不變，依此明之所視，則三界亦皆明，至此境地，一切法皆無障礙，此猶若於虛空中，萬物萬類皆各安其位、各得其所。若依此論之菩提之證得，菩提是依心明、心悟而言，此爲自我本性本心之悟，是自心宗之事，一落言說，則成爲教、成爲修、成爲漸，故以菩提與諸法之關係，喻以虛空與萬物之關連性，則兩者是相融而不

可分，且諸法之自性本不可說，而菩提之證悟更是自性之事，又豈可成爲言說戲論！

4、於寂滅法中，常應思惟、審諦觀察、精勤修習，與證得菩提之關係：

菩提之證得是自性之悟，此爲主體之境界，此爲第一義，故一落言說，則成戲論，則有所恃，則成第二義，此即無法謂之爲菩提之證得。惟主體境界之悟得，並非空心靜坐，更非無所事事，此乃依真空所起之妙有，故菩提之證得，雖是由寂靜中而得，然如上文內容之所述，菩提當於諸法之寂滅中，而「思惟、觀察、修習」，此三步驟於佛法門中，是屬於有思、有習，此通稱是有爲法，唯此有爲法，是先立於諸法本性寂靜後之所起，故其思惟、觀察與修習，並非是漸修法，不是由一法修持後，再一法修持，簡言之，並非是漸修而頓悟，再漸修而頓悟，如是循環不已；其是於寂滅法中，永保清明之心，換言之，即是將證悟之得，永遠保持住，依如是所證得之菩提，其與一般思維、觀察、修習之有爲法不同，如是之菩提證得，是於自性寂靜中，有源源不絕之生機妙有，是一清明境界之永續，而非死寂無生機，此才是佛陀所言之菩提證悟。此菩提境界之證得，才能於諸法無染無得，又能不礙諸法，故若問曰：一切法皆自性空寂，菩提又如何才能證得？其答案必是：依一切法之本性寂靜，即定當證得菩提涅槃。依如是之陳述，其義主要是：欲證得菩提，當不礙諸法，因菩提是依諸法本性寂靜而證得，因此，若離開諸法，則實無菩提可證得，如是之法即爲圓融法，不異法、和合法，而菩提即是依此圓融、不異、和合而證得，故必不循二分法、戲論法、別離法，而證得菩提，此即是般若波羅蜜多之殊妙處。

二、觀諸人人本具之諸佛妙法即可證得菩提

　　依般若波羅蜜多觀諸法皆本性空寂，即定當證得菩提涅槃，此為《大般若經》之所肯定，此乃讚《大般若經》為殊勝法之必然如是。惟肯定依般若波羅蜜多即可證得菩提，此是於「法」之肯認，然如是之殊勝妙法，又將待如何之人始可證得？此乃立基於「人」上而思。依佛意，開法之不同，是因人而異，故人異則法異，而依般若波羅蜜多即可證得菩提，此法已然受肯定而不變，換言之，重要點在「人」，而如何之人才能契入呢？如〈第八會・那伽室利分〉之所述：

> 諸有情類，本來皆有諸佛妙法，一切已有無退佛智。故諸有情咸可安立於佛妙法。
> 龍吉祥言：諸佛妙法，誰能信解？
> 妙吉祥曰：諸佛真子，皆能信解，已善安住畢竟空法、無所得法。所以者何？是諸菩薩妙菩提座，已現在前，能對世間、天魔、梵釋等前，大師子吼。我於此座結跏趺坐，乃至未得無上菩提，終不中間暫解斯坐。何以故？菩薩已善安住畢竟空法、無所得法，一切有情不能傾動，令離覺所覺之菩提座處。[2]

　　於《大般若經》中，所論之菩提，是依一切法本性空寂而證得，然證得之人當行何事始能臻至，依上之引文，所論如下：

---

[2]　《大般若經》卷 576，大正 7・975 下-976 上。

1、諸有情類皆本具足諸佛妙法，皆可安立於佛妙法：

依佛意，一切眾生皆本是佛，人人皆本有諸佛妙法，故一切眾生皆可安立於佛法，此爲佛之本懷，亦是於佛由人成之絕然肯認。於《法華經》義，依佛之本懷，眾生皆本是佛，是「遠劫」已具、已得成，而佛開近迹，其意在使一切眾生皆能憶念遠劫實已成佛，故法華之開近與顯遠是相融爲一的。再觀《六祖壇經》，於五祖弘忍爲惠能講解《金剛經》至「應無所住而生其心」時，惠能言下之悟是：「何期自性本自清淨、何期自性本不生滅、何其自性本自具足、何期自性本無動搖、何期自性能生萬法。」[3]觀之《法華》與《壇經》，雖所論之背景因緣或有不同，但一皆肯定一切有情皆本具諸佛妙法，皆本是佛，如是之義理趣向，實與《大般若經》是爲一致。顯然，佛法之大方向是：人人皆具佛因子，故菩提之證得與終成佛道，此爲必然之事，絕非奢望而遙不可及之事。

2、諸佛妙法，諸佛真子，皆能信解：

佛法雖高深奧妙，此乃於諸法而論，因法各有其適應性，故就整體佛法而論，確實龐雜繁複。然佛法之最高境界，並非向外探索諸法，而是著重向內自本性之悟，此乃是依本性已具足一切諸佛妙法而言悟，故佛法之所謂「悟」，並非是尋思籌量，而是在於是否能善安住此本無所得之法，因本「已」具足，又何需再另尋覓追求？依如是所言之悟、之證得，理應最易了達，然此向自我本性之悟得，與常人向以探究諸法之路正好背反，故最易了達之徑，反成爲最難臻至之地。正因以諸佛妙法爲一切眾生本具，

---

[3]　《六祖壇經》〈行由品〉，大正 48．349 上。

故一切衆生亦可名爲佛真子，而一切衆生之所以仍淪爲衆生，而無法成爲佛真子，其因唯在衆生無法或不敢信解一切衆生本具諸佛妙法。顯然，菩提之證得，不在如何證？如何得？更非是依何法而行持之。菩提之證得唯在「信解」而已，一切衆生若敢、若能真正信解諸佛妙法就在自我身上，此即是悟、此即是菩提之證得，此是內學自悟之事，且依內學而言，是無時、空間性，亦無遷流變化之事，如是始可謂真正善安住於畢竟空、無所得之境地。

　　3、由結跏趺坐至菩提證得之意義：

　　菩提唯在心覓，不在外求，此爲《大般若經》之義，亦爲《六祖壇經》多所闡述發揮。[4]菩提之證得既是在悟，而不是在修，然又爲何有：「我於此座結跏趺坐，乃至未得無上菩提，終不中間暫解斯坐」之語？依結跏趺坐，本就是佛法中之一種修持法門，此爲定之工夫，而定是發慧之源頭，故結跏趺坐多爲各宗門所肯定。惟依《大般若經》之述、之義，言結跏趺坐與得無上菩提，此非是二分法，而是不可暫解，換言之，結跏趺坐與無上菩提，皆本畢竟空、無所得，故本無坐不坐之問題，更無證得與否之事，而《大般若經》如是之論之重點在：言菩提之證悟，不在任何法上多所造作，故不著於結跏趺之坐與起，而是在不可離、不可傾動上。於靜坐之闡述上，後起之《六祖壇經》更有關於如是論述之兩偈比較，而其中惠能大師之主張是：「惠能沒伎倆，不斷百思想，對境心數起，菩提作麼長。」[5]如是皆在表明：並非靜坐斷思之問

---

[4]　《六祖壇經》〈行由品〉，有云：「菩提自性，本來清淨，但用此心，直了成佛。」（大正48．347下）。又云：「汝等各去自看智慧，取自本心般若之性。」（大正48．348中）。〈般若品〉有云：「菩提般若之智，世人本自有之。」（大正48．350上）

[5]　《六祖壇經》〈機緣品〉，大正48．358中。

題，而是心境之證悟。

三、雖有所行而無行想，是謂趣菩提行

　　雖言一切眾生本具足諸佛妙法，皆可證得菩提，且菩提之證
得是依一切法本性空寂而證得，如是之論，皆立足於人人皆可證
得菩提之上，然因信解之人少，且由信解而悟入之人更少，故有
諸佛之演法、菩提之示現，如是皆在向眾生表明：如何修學才可
稱爲趣菩提行，而諸佛菩薩亦依如是之修學趣菩提行而證得菩
提。且依如下之引文所述：

> 妙吉祥言：諸菩薩眾無得法忍，豈無差別？
> 龍吉祥曰：若菩薩眾於少分法有執著者，是則名爲行有所
> 得。菩薩不行有所得故，無得法忍非有差別。
> 妙吉祥言：若爾，菩薩云何修學趣菩提行？
> 龍吉祥曰：若菩薩眾於諸法中無所取著，是爲修學趣菩提
> 行。若菩薩眾雖有所行而無行想，是爲修學趣菩提行。
> 妙吉祥言：如是如是！如人夢中，雖謂遊止種種方所，而
> 無去來行坐臥，亦無真實遊止處所。菩提亦爾，雖住寤時，
> 有所修行而無行想，觀所行行，本性皆空，於諸法中無所
> 取著。能如是行，無所執取，離諸戲論，是天人等真淨福
> 田，堪受世間恭敬供養。
> 爾時龍吉祥歡喜踊躍而作是言：我今欲往室羅筏城乞食。
> 妙吉祥曰：隨汝意往，然於行時，勿得舉足，勿得下足，
> 勿屈勿伸，勿起我心，勿興戲論，勿生路想，勿生城邑聚

落大小男女之想，勿生街巷園林舍宅戶牖等想。遠離諸所有想，是爲菩薩所趣菩提。[6]

釋尊之一生示現，由出生、習學、出家、悟道、轉法輪以至涅槃，如是之一生，簡言之亦是一場由生至死之歷程，唯釋尊與凡夫之差異，在於釋尊是正覺之一生，凡夫是苦惱之存在，而此間之差異，一在修學趣菩提行，另一爲空生空死之輪迴，故釋尊之法義，各名相之內涵或有不同，但爲如何修學趣菩提行則爲一致。依《大般若經》所論之菩薩如何修學是謂趣菩提行之文，其義約有如下之數點：

1、依無得法忍，則無有差別：

般若波羅蜜多之修學，無法憑空取證，雖言般若波羅蜜多本不具涵任何一法，此主要在說明：不執任何一法，是般若波羅蜜多之主要作用。而般若波羅蜜多所能具有之作用，此已是結果論，故尚需問：又當如何成就般若波羅蜜多之智呢？此中則已涉及修證之問題，既言修證，則必有方法與歷程，故般若波羅蜜多之修學，必與菩提道之一切善根資糧結合而開展，而一切修證方法亦能興助般若波羅蜜多之得成。唯就一切菩提分法之行待，但以無生法忍爲最高境界，此乃終必立足在無我、人、法、相之上，至此境地，則本無一切法，亦無一切法之差異，無差異則無喜厭取捨，如是之平等無差別，是依一切法皆本性空寂而論，故唯有依無生，才能無差別，以是而通達一切法，而此即是般若波羅蜜多之作用。

---

[6] 《大般若經》〈第八會·那伽室利分〉，大正 7·976 中-977 上。

2、修學趣菩提行之方法－於諸法中無所取著，雖有所行而無
　　行想：

　　釋尊之開法，有一特色，即雖論之兩邊，但皆不可執，如是
之謂中道。將此中道立場，觀之如何依般若波羅蜜多之修學，而
趣入菩提行，亦能明之。修學般若波羅蜜多，主要在不可執一切
法，才能通達一切法，故稱修學趣菩提行之方法，第一必是於諸
法中無所取著，此為修學般若波羅蜜多之首要之行。然如前之論，
菩提無法憑空取證，其必依一切菩提分法，簡言之，菩提必依一
切善法而得成，唯此中之重點是：雖有所行而無行想。如是一方
面肯定行（行菩提分法），另一方面又要求無行想（不可執於行），
如是行與無行同時兼之，此為佛法之中道特色，言中道，其義在
不執，亦即不可落入兩邊。若行有行想，則成執，一有執則無法
通達一切法；同理，若僅言無行，易入於頑空，此亦是另一種執。
而所謂「行無行想」，又當如何釋之、明之與行之呢？此中唯在依
般若波羅蜜多之妙智慧，真智慧即「無法」，一切皆依人而治人、
依法而治法，實則諸佛並無有任何法予眾生，眾生亦不依任何法
而證得菩提，一切眾生皆由自我真性而修，唯如是之修，是謂真
正超三界、超時空，此即如引文中之所述：「雖謂遊止種種方所，
而無去來行住坐臥，亦無真實遊止處所。」能遊止是行，而無真
實遊止處所，此為無行想，總之，若依於二分法（行或無行）則
終成戲論，若依本性空無所取著（即行無行想），則終能證得菩提。

　　3、乞食之無所有想：

　　佛經之起首，有一慣例，即依「如是我聞」後，依敘說明：
時、地、人、事等因緣，而對世尊之描述是：「爾時，世尊，食時、
著衣、持缽、入舍衛大城乞食。於其城中，次第乞已，還至本處。

飯食訖、收衣缽、洗足已、敷座而坐。」[7]如是之述，向爲多數大
衆所忽略，以爲僅是經典之慣例交待。殊不知，世尊常被讚稱爲
「希有！世尊！」[8]「希有」爲讚佛之辭，而通常釋「希有」有四
義：時希有、處希有、德希有、事希有，[9]唯細思之：讚佛爲希有，
除爲佛具有極大威德，能因時地、事之因緣而說法度衆外，而真
正能顯佛之真心本體，則在其日常之行、住、坐、臥、吃飯、穿
衣以至休息等，故有言：「是真佛只論家常」，而佛所展現之一切
行動，皆不徐、不快，猶如天之運行，且於行動間，亦在彰顯佛
之戒律，其中次第乞食，是爲教衆生布施，且不分貧富以示大慈
平等。惟《大般若經》所述之乞食，是依般若波羅蜜多觀諸法畢
竟空而論之，故於乞食之當下而無所有想，此即如上之引文所言：
「勿得舉足、下足，勿生城邑聚落等想」，如是之述，並非否定乞
食之舉，而是於乞食間，不執於心，於一切所見之城邑、男女以
至食物等皆不興第二念，無有戲論，唯有如是之乞食，才是依般
若波羅蜜多所行之乞食，而如是之乞食，是謂真正趣菩提行之乞
食。釋尊於日常起居間而示現菩提妙法，並非深奧繁複之義理敷
陳，而「佛」就是真正放下，放下一切之執念、分別與對待，能
如是者，由乞食亦能證得菩提。

---

[7]　依《金剛經》之所述，大正 8・748 下。

[8]　《金剛經》有云：「希有！世尊！如是善護念諸菩薩，善付囑諸菩薩。」（大
　　正 8・748 下）。

[9]　參見《佛光大辭典》中冊，頁 2874，「希有」條：「《金剛經纂要刊定記》卷
　　3，謂佛陀有四種希有。」（高雄：佛光出版社，1989 年）。

四、由入定（法食）以成無上勝行，是為趣菩提行之入門方法

　　般若波羅蜜多是依觀照諸法畢竟空，而得以通達一切法，此觀照諸法畢竟空，即是修學般若波羅蜜多能趣菩提行之重要關鍵處，惟觀照諸法畢竟空，並非否認法之存在，而是般若波羅蜜多修學之內涵，故般若波羅蜜多之修學趣菩提之方法是：有所行而無行想，至此，即要向前再追問：如何之行是般若波羅蜜多之最勝行？此即如下文所云：

> 龍吉祥既承教誡威力，入海喻定。此定威力廣深，神用難思，三業安靜，具功德寶，攝養含識。
>
> 時有菩薩名曰善思，為欲令彼速出定故，設大加行，觸動其身。雖令三千大千世界諸山大地六反變動。而龍吉祥身心宴寂，安固不動，如妙高山。後從定起。
>
> 善思問言：仁在定中，覺地動不？
>
> 龍吉祥曰：善思當知，若諸身心有動轉者，見大地等亦有傾搖。諸佛菩薩及大獨覺、大阿羅漢，身心安靜，遠離動搖，於諸法中，不見不覺有動有轉、有傾有搖。
>
> 時妙吉祥見聞此已，歡喜讚歎：善哉善哉！今者隨意入城乞食。
>
> 龍吉祥曰：我今已證海喻勝定無上法食，於諸段食不復希求。我今唯求布施、淨戒、安忍、精進、靜慮、般若、方便、善巧、妙願、力、智、波羅蜜多，及餘無邊菩薩勝行，疾證無上正等菩提，轉妙法輪，拔有情類生死大苦，令住

究竟清淨涅槃。棄捨諸行，不欲資養雜穢身心。今我由尊真淨善友哀愍我力，證獲勝定，我今頂禮。

妙吉祥言：善哉仁者！能得如是海喻勝定，了達諸法，汝今應求如來十力、四無所畏、四無礙解、大慈大悲大喜大捨，并十八佛不共法等，無量無邊無上法食，用自資益，解脫法身一切如來應正等覺，皆由此食。所以者何？如是法食，無漏無繫，能永解脫執著世間不出離法。一切菩薩摩訶薩眾，皆希此食。[10]

依上文之述，其要義如下：

1、入定於趣菩提行之重要性：

佛之開示，法門可謂無量，唯無量之法門，可總曰為三無漏學，而其中「戒」為最基本，故各宗於判別主張不同時，鮮少以「戒」為相較之點，因「戒」不但是三藏之一，更是修學之入門，此為各宗、各學人所必然遵守。若僅就定、慧而言，則「定」是慧之源，故佛經為闡述佛之開法，常以佛「洗足已，敷座而坐」為啟首，此中洗足是表示去除塵染，是為清淨身業；而敷座正是表靜定，以收攝心念而不動，此亦表佛將說法也。足見，靜慮以至入定是一門重要修行，當然，佛法有關入定之界分有甚多層次，但總在一身心宴寂之狀態，唯此寂非空心靜坐，而是清明之心，無有第二念，亦如《六祖壇經》中惠能大師為度陳惠明所言：「不思善！不思惡！正與麼時，那箇是明上座本來面目。」[11]顯然，「入定」是一遠離對待之境，是不見、亦不覺有動有靜、有傾有搖，

---

[10]　《大般若經》卷 576〈第八會・那伽室利分〉，大正 7・977 上-中。
[11]　《六祖壇經》〈行由品〉，大正 48・349 中。

更非思善、惡之事，此是「心」之事，故心不動，則大地亦無傾動，如是之觀念，於《六祖壇經》中亦有論述：「值印宗法師講《涅槃經》，時有風吹旛動。一僧曰風動，一僧曰旛動，議論不已。惠能進曰：不是風動、不是旛動，仁者心動。」[12]顯然，心定、心不動是開啓無上勝行之門，是受佛教各宗所肯定。而般若波羅蜜多以觀照諸法畢竟空，而得以證悟菩提，此中之所以能成就觀照諸法畢竟空，實則是由入定中而得，故有於承教戒後，而「入海喻定」之論，以彰顯欲趣菩提行者，「入定」是一門重要修行。

2、無上法食成就無上勝行：

佛有一定之食，乞食除可教衆生布施外，主要亦在維持色身，唯就「乞」而言，有「求」之義，然依色身可成就法身，故乞食之深涵意義是爲乞法食。而乞法食之方法，必由定生慧而然，能具般若波羅蜜多之妙智，才能觀諸法畢竟空，而法之演示，在心悟者依人、事、地等因緣而有，故法由心悟、心生，而入定亦可謂是乞法食之重要因素。惟於「已證海喻勝定無上法食」者，其所希求已不在段食（即資益色身之食，爲分段受用），換言之，爲求趣菩提行，首要身心宴寂，此乃依定而成，而入定是爲求法食，而法食之內涵，則當包括一切之菩提分法，簡言之，無量無邊之波羅蜜多皆涵括在其中，總曰：成就法食是爲成就菩薩勝行，且依無上勝行而證得無上正等菩提，而此即爲菩薩所乞之食。

3、由無上勝行至究竟圓慧：

以般若波羅蜜多觀之諸法，則諸法是畢竟空，了不可得，此爲究竟之觀照諸法。佛法之「法」其究竟義是「無法」，因一切法

---

[12]　《六祖壇經》〈由行品〉，大正 48・349 下。

皆因緣而起，亦可言一切法皆本存在宇宙中，而緣起法雖爲佛法之基本理論，然緣起法亦非釋尊所創，緣起法本存在於宇宙中，釋尊於觀照諸法時而覺悟之，故闡述此緣起法予大衆，並引領衆生依觀照緣起法則而視之諸法。顯然，於法之覺悟、於法之勝行、於法之圓滿，惟佛能之；而佛所成就之妙德，有十力、四無所畏、四無礙解、慈悲喜捨等無量無邊。依證得八地以上菩薩位者，其智行已達不動不轉、更無餘念唯入佛境界、所有智慧廣大無量等，[13]然「十力」等之妙德，菩薩尙不稱之，故知菩薩依般若波羅蜜多觀諸法畢竟空，而得入定，依定而成就無上勝行，至此，必再求入如來無漏境界、圓滿智慧。就「悟」而言，是全體大悟，此中是圓、是全，非漸、非分，然菩提勝行之歷程，又必有其願、其行，故就佛之十力而言，其第十力爲：漏盡力，即一切之習氣永斷之智慧力，[14]亦唯至此，才是力用之極至，以成究竟圓滿之智慧。故菩薩摩訶薩依修學般若波羅蜜多，當不執著一切法，當依法食勝行而至無漏無繫，以至證得如來應正等覺，而如來之證得亦源由法食勝行。

五、一切有情本自性充足，自證菩提，由心靜思

　　菩提依法食而證得，菩薩欲求之食即是法食，於靜坐之學人而言，則以禪悅爲食，此法食是資養法身，而法身之成就，是爲

---

[13] 參見八十《華嚴經》〈十地品〉中「十種智地之八：不動地，之九：善慧地，之十：法雲地。」（大正 10・199 下-208 下）。

[14] 《雜阿含經》卷 26〈第 684 經〉，有云：「如來諸漏已盡，無漏心解脫，慧解脫，現法自知，身作證，我生已盡，梵行已立，所作已作，自知不受後有，是名第十如來力。」（大正 2・187 上-中）。

轉妙法輪，拔諸有情；解脫生死苦惱，此爲菩薩欲求法食之目的。菩薩雖有大誓願，願以法食自充足已，並充足一切有情，唯此中仍涉及「法」，依「法」而言，各具不同之內涵，故欲以法食而充足一切有情是否可能？觀《大般若經》所云：

> 龍吉祥曰：我今聽尊所讚，如斯無上法食，已爲充足，況得食耶！我食當來得斯法食。即以無食而爲方便。自充足已，復持充足一切有情。
>
> 妙吉祥言：汝能充足虛空界不？汝能充足響、像、夢、幻、陽焰、光影諸變化事、尋香城不？汝頗能以眾流充足諸大海不？
>
> 答曰：不能。
>
> 妙吉祥言：諸法亦爾，云何汝欲充足一切？汝欲充足一切者，則欲充足太虛空界，亦欲充足響、像、夢等，亦欲充足一切大海，亦欲充足一切法空無相無願、無造無作、無生無滅，亦欲充足遠離寂靜、離染、涅槃、畢竟解脫，亦欲充足無色無見、無對一相，與虛空等，不可執取真如法界。
>
> 龍吉祥言：如尊所說，食及食者，無不皆空。則諸有情，應不資食。
>
> 妙吉祥曰：法及有情，皆如幻化，是故一切無資食者。若不能了達諸法皆如幻化，則於諸趣、生死輪迴，虛妄執爲有所資持，然彼資持，都不可得。
>
> 龍吉祥言：我今欲住斷除饑渴。
>
> 妙吉祥曰：饑渴尚無，何有能斷。諸法本來自性充足，都

無饑渴，何所除斷？

龍吉祥言：尊者說諸法要，如是如是，法界出現。

妙吉祥曰：非真法界，有出有沒，有屈有伸。真法界者，離相寂然，無出無沒，不可分別，不可戲論。諸法亦爾，自相本空，性亦非有，相不可得。若諸法相有可得者，已般涅槃，佛應可得，故一切法本來寂滅。是故諸佛雖已般涅槃，而無一法般涅槃者。諸有欲令般涅槃位有法滅者，則爲欲令太虛空界，彼位亦滅。所以者何？一切法性，本來寂滅。自性寂靜，最極寂靜，不可更滅。諸愚夫類不如實知：般涅槃時，方起滅想，謂我、我所，今時乃滅。彼由執著我及有情，及由執有無自性法，般涅槃時，一切永滅。我說彼類，皆不能解脫生老病死、愁歎苦憂惱。[15]

依引文之述其要義如下：

1、法食無法充足太虛空界：

菩薩欲證得菩提，故依種種菩提分法而精進修持，此中所依總曰是法食，惟就般若波羅蜜多觀諸法，則一切法自性空寂，亦可簡言之，實無一切法，而菩薩欲以法食自充足，並充足一切有情，此實屬不可能。此中之因是：所謂法食，即是法，釋尊依自悟自得，隨機開法度眾，故眾生無盡，則法當無有窮盡；唯任何之法，皆有其適應性，亦有其限制性，且同一法不能通用全體眾生，故法本就依緣起，亦必依緣而滅。而太虛本爲一空界，其無有邊畔、無有大小方圓，且太虛既爲空，又如何能被充足呢？菩

---

[15]　《大般若經》卷 576〈第八會・那伽室利分〉，大正 7・977 中-978 上。

薩依法而證得菩提，此爲事實，唯菩薩於一切法之修學，必再經
般若波羅蜜多之融通淘汰，換言之，菩提之終究證得，必需不執
一切法，任何一法有執皆無法證得無上菩提，此中於實法當捨，
又何況是非法呢！即或於真如法界亦不可執取，法界與法皆只是
修學菩提行之歷程，只是一個跳板而已，當我知有一真如法界，
此即能知障；當興起有一菩提我可證，此即成所知障，於諸法尚
有障礙，又何能解脫自在呢！故依「法食」（法）而言，實有所不
足，其確實無法充足一切無量法界。依教而言，當有諸法，然佛
之開法不在法本身而已，而是依法引領衆生，返歸自我之天然本
有，既爲天然本有則不需設法，一立法即成執、成偏，故菩提之
終究證得，不在法上，而在心上。此亦如儒家孟子所言：「大人者，
不失其赤子之心。」[16]所謂赤子之心，即天地之心，天地之心在
利益萬物而不執己功、不恃己能，付出亦不求代價、回報，真誠
無二心，此若赤子之天真無邪；而此自我真誠之心，時時爲自己
加靈、加智慧，但己亦不自知，然於自悟自修中，自能說出超言
絕倫之語，如是之覺悟之言，即稱佛言。顯然，不論是依般若波
羅蜜多觀諸法畢竟空，或依天然本有之心而論，菩提之證得，若
依法絕不能充足太虛空界，唯有於諸法界不執不取，一切皆自悟
自度而已，此爲無爲法，無爲即是太虛空界。

2、諸法本來自性充足：

菩薩之乞食，是爲乞法食，法食是爲自度度他以了脫生死苦
海，此爲釋尊言法之本懷，亦是學人依法修證之目的。惟於一切
法當不可執，此爲般若波羅蜜多之作用，故菩薩欲將法食而充足

---

[16]《孟子》〈離婁下〉。

虛空界，此雖爲菩薩之大慈悲心，然一切法本皆緣生而緣滅，實本無一切法，更何況虛空何在？其範圍又爲何？此本不可測量，故以本無一法而欲充足毫無邊際之太虛空界，實了不可得，亦是一場幻化而已矣！法食不但不能充足太虛空界，實任何一法皆不能充足任何一事物，於法而言，本緣起有爲，而一切事物亦是如此，而緣起有爲終究不實，故亦終究是一場空。當知，所謂食或食者，依般若波羅蜜多之觀照，皆不可執，今若欲以法食而充足有情，則不論是食或食者，終爲幻化，皆不可得。菩薩實無乞法食之事，更無充足有情法食之事，而衆生亦無食法食之事，當無有我、人與物時，此三者既空，是謂三輪體空，此爲畢竟解脫。於一切法能了達皆如幻化，實無一切之資食，故一切衆生本不待食而充足，亦即是一切法皆不待求得而充足，亦可簡言之，諸法皆本自性充足。每一法或每一事物，皆自性充足，亦即是：任何一法或事物，皆充份具足其本既有之存在；若一切法、一切存在皆本自性充足，則實無有任何其他之法可再爲其添之、加之，此即如《六祖壇經》所言之：「何期自性本自具足」，[17]正因一切法本自性充足，則實無所謂欲再乞法食之事，同理，亦無所謂除斷之說，此爲依本自性充足而論一切法。

3、諸法自相本空，性亦非有：

佛法之內涵可謂包羅萬象，若以釋尊爲歷史上佛教之開創者，則至今已有二千五百多年，此爲依時間而論之；若以空間而論，則佛教由印度至各地之發展，則其地域之範圍所及，亦可謂不小。佛教爲因應不同之時、空間發展，於「法」之義理詮釋容

---

[17] 《六祖壇經》〈行由品〉，大正 48・349 上。

有不同，且於教誡亦有善巧之權宜性，如是皆是佛教發展之適應性，亦可謂是必然性。然佛法之核心則始終不變，此核心即是：觀諸法終究成空，此空是依一切因緣法則而論之，此中涉及相與性，諸法各有其相，相既爲因緣和因，故相本空而不可得；諸法於外各有其呈現之相，於內則各有其法性，然諸法既爲因緣所起，故法性亦非有，至此，若以佛法之整體觀之，則寂靜爲其最終之究竟。若以佛法終究是寂靜而觀之，則所謂寂靜，實無所謂生、滅之問題，亦是「自相本空，性亦非有」之相與性皆空；至此之境，則所謂菩提實亦無所謂證得與否之問題，當然亦無所謂佛涅槃之事。此寂靜之境，即是真空，於真空中則無佛、無衆生，亦無菩提、亦無涅槃，此純就本體之境而論之，至此，則當思考：若純然就「自相本空、性亦非有」之論，其於本體精神之意義爲何？其又將如何落實於現象界之運用呢？惟就寂靜之境而論，則一切衆生之本體皆是平等，而佛與衆生僅是現象界之假名施設而已；至於論寂靜之境於現象界之作用，是爲使衆生能依般若波羅蜜多之智慧，觀照諸法畢竟空，而能不執，以至通達一切法，且依不執與通達之心，於現象界之自處與待人時，能有多一分之融合情懷。

　　於第八會中藉由妙吉祥與龍吉祥之對話，所要探討之問題，是有關菩提證得之問題。就整體佛法而言，因觀色身生命短暫，故欲追求慧命之永恆；於慧命而言，其義在具有慧覺之人生，而所謂慧覺，乃是依智慧而覺悟，此智慧非一般之知識，而是於生命能具透觀之智慧；而所謂透觀是於人生之有限、無常當下能正知、正見、正思惟，並依之而有正行；依佛法之論，此透觀之智慧即是「覺」，亦即是「菩提」。佛法以追求菩提之證得爲最高目

標，然所謂無上正等正覺，就佛法之論，此境界爲不可思議，且兼之在佛學繁複名相之敷陳中，菩提之證得是有所行而無行想，菩提之證得是不執不取，菩提之證得是自覺充足不由外成等。然不論於菩提之證得是如何之描述，唯不變是在「行」，換言之，不論終究之證悟境地爲何，唯有「行」才有證得菩提之可能，故於「行」中，一切之菩提分法將能落實於現象界中，而乞食於釋尊時代是重要之修行方法，此中釋尊更是身體力行，於乞食之方法、態度、思惟皆有其律儀之意涵。惟第八會中由乞食而論之乞法，於乞食過程中，依戒律之要求是依次而行，於一切對象皆平等視之，而乞食只爲療饑，故不揀擇食物之內容，釋尊之用意在使學人勿執於食，同理，於乞法亦然，法是爲治煩惱以達解脫，故依證得菩提者而言，則確實無乞法之事，而法食本有所限、有不足，如是之論述，主要在說明：學人勿需於法上執取，故有佛本無涅槃，而眾生亦不需待求證得菩提，此非否定「行」與「法」，而是要學人勿著心於行與法上。

六、菩提之證得在：入無所得定、食無漏食

佛法之不可思議，在離卻二邊以行中道，而中道並非是折衷義，而是圓融、不執，故在人人本具之諸佛妙法即可證得菩提，則菩提確實不得求證，更不需加工造作，因一切之求證與造作皆是有爲法，而有爲法亦即是生滅法，然佛法之妙即妙在：雖言不待求證、不需造作，但一切之行持方法亦皆受肯定。再承續上之第八會引言如下：

爾時，善現來至其所，言二大士何所談論？

妙吉祥言：諸法如響，皆非真實，其響豈能有所談論？

善現聞是語已，入無所得三摩地門。

時舍利子來至其處，問妙吉祥大士：頗知善現今者入何等定？

妙吉祥言：大德善現，不違少法，由此常入不違法定、無所住定、無依法定、無執藏定、害執藏定，非住此中有言有說，有來有往，有住有臥，何以故？信解諸法自性皆空，不可得故。

善現爾時便從定起。

妙吉祥曰：食時將至，宜速入城乞食。

善現對曰：我今不復入城乞食，我已遠離一切城邑村落等想，亦已遠離諸色聲香味觸法想。

妙吉祥曰：若遠離者，云何現有遊履往來？

善現詰言：如來變化，云何現有色受想行識等諸法？云何現有遊履往來、屈伸顧視？

妙吉祥曰：且止斯事。奉請大德設希有食，令獲善利。

舍利子言：今者欲為我輩設何等食？

妙吉祥曰：我今所設食者，不可分段、不可吞咽，非香味觸、非三界攝，亦非不繫，如是妙食是如來食，非餘食也。

舍利子言：我等聞希有食名，悉已飽滿，況當得食？

妙吉祥曰：我此食者，肉、天、慧眼皆不能見。

爾時善現及舍利子，聞如是語，信入滅定。

善思菩薩問妙吉祥言：今二上人，食何等食？入何等定？

妙吉祥言：此二尊者，食無漏食，入無所依、無雜染定。

諸食此食，住此定者，畢竟不復食三界食。[18]

有關第八會妙吉祥與龍吉祥之辯詰，至此已爲終結。其要義
如下：

1、一切之辯詰終非究竟：

佛具辯才無礙，能令三界折服，此爲佛之法義闡述，而此即
是三藏十二部之流傳。於法義之論說上，以今日所存之三藏內容，
何者確爲「佛說」？雖言一切佛經之起始皆爲「如是我聞」，此乃
喻法義之記載是「親聽如來之說」，且經典是結集而成，亦可謂是
經眾佛弟子之印可，此亦顯示佛經之可靠性（近於佛意）。惟由佛
親言至弟子筆記成之，其間已有隔層，換言之，已有法義之疏漏，
故佛經之內容，與佛之本意是否已百分百相合，此已難決然肯定
之。再加之，後學紛起，宗派各立，各人各依己智、己見以釋佛
經，於是互相責難之事生焉，至此，若欲再探究原釋尊之本意，
則更顯不易。唯法義之目的在度眾而已，於不同之時、空因緣之
下，本當具善巧方便釋之、行之，此即是不執，而不執即是中道，
此確爲符合佛教之原則。以致，由釋尊之後，不論是爲定是非，
或是爲爭法統之正位，實則一切之辯詰在某一方面是有其意義存
在，爲是非、爲正位，但亦如論「法」之目的何在？於「法」，有
適用亦有不適用，有適古而不宜今，有適甲地而不宜乙地，如是
皆已非「法」之內容而已，而是因人、時、地等問題，故釋尊一
生之開法無數，然終究自言：「實無言一字」，如是皆可看出佛教
雖以佛法、佛理而建構其系統，亦成就其地位，但一切法又終非

---

[18] 《大般若經》卷 576〈第八會・那伽室利分〉，大正 7・978 中-979 上。

是究竟。且佛展現其日常生活,「敷座而坐」正表靜坐、正定、正念不動,與其說此爲佛之生活戒律,不如說是佛爲說明中道正念來自靜坐、入定而已,不要於法義之辯詰上執之。

2、入定亦是不可得:

依釋尊之意終究是「無法」,因諸法皆自性空而不可得,故過於在法義之辯詰上,是違反佛之本意,然不可否認今日之佛教爲因應不同之時、空、人、事、地等因緣,所謂「佛學研究」已成爲一門學問,此乃爲因應好哲理、思辯之學人而設,且依佛法之不執說,此「佛學研究」亦只是開一善巧方便門罷了!若能以如是之觀點而視「敷座而坐」之入定,入定亦是一方便門,故所謂入定亦是「入無所得三摩地門」,而入無所得定,亦是:「不違法定、無所住定、無依法定、無執藏定」等,唯「無所得」才能不違佛法,入定亦然。若謂「佛學研究」是一種執,則「入定」又何嘗不是一種執呢?足見,法門之設立可無量,此乃因緣所致,然唯有不執才是關鍵,不執即是無所得,於法與非法、於執與空上皆不落兩邊,此即不執、此即是中道。佛經常爲展現佛之威光莊嚴,常以佛之「入定」而其光、其德可遍至三千大千世界,如是之描述,依佛之入定以顯其德之不可思議,此爲佛之正覺境界。惟有入定則必有出定,若謂入定是爲展顯佛威德之不可思議,則出定將是面對實證之落實,而實證之重點,則在如何面對一切世間法,簡言之,即六根相應於六塵時,六識當如何處之?此是修證之關鍵處,當六根相應於對象時,此中即應多思惟,思惟即是將時、空間拉長、拉遠,而思惟即是空,思惟一切之對象終是無常、不定而不可得,在六根所面對之對象當下,能在思惟過程中而不執、放下,此即是出定之實證,故入定不可執,出定後於一

切所面對之事物亦不可執、無所得，唯有如是，才能於入定、出定中而自在，此爲佛展現入定之真義。

　　3、終究之食爲無漏食：

　　菩提之證得在依法而成，乞食是爲養色身，然佛之證得在法身，而法身之成在法，唯所謂法，若有爲、有造作則是有漏，而法身之法必爲無漏，故如來之食當是食無漏法之無漏食，既爲無漏食，故終不落於六識、根、塵中。且依佛之究竟證得，得成法身才是究竟圓滿，故佛終不以食三界食爲滿足，此義唯在說明：人世之短暫無常當不可執之爲真、爲實，必由色身以證法身，必由有漏以達無漏，當不執於有漏、色身之營求時，另一正覺之生活、生命則已然開始，此爲佛言菩提證得之用意。

第二節　學習般若波羅蜜多之結果與目的

一、學習般若波羅蜜多，可得轉生深妙

　　釋尊之開法原則是爲解脫苦惱而設，因此凡與解苦無關之問題，釋尊向不回答，此即佛教中有「十四無記」之說，[19]然對於「轉生」說，卻爲佛經中常論述之問題。依理，佛教重因緣果之關聯，所謂「輪迴轉生」在「三世」說之立論下，顯然是甚受重

---

[19] 《佛光大辭典》上冊，頁 414，「十四無記」條：「佛對於以顛倒之見來問難之十四種事，佛則捨置不答。」（高雄：佛光出版社，1989 年）。

視；[20]佛教將時空間擴展為無量數，故法界為無盡，時間為無窮，其中之「三世」說，並非代表僅「三」世而已，其義是以過去、現在、未來而總結為三，以是知所謂三世即無量世。一旦肯定「人」有無量世，則此世沒後，究竟轉生於何方？在三世輪迴之論說下，如是之問題則不得不處理。於眾生而言，在因果報應之架構中，所謂：「欲知前世因，今生受者是；欲知來世果，今生做者是。」確然是深入民心的，而欲探知「轉生」處，即是對所做之「業」是善或惡之一種認定，而今世因某種行為，必影響來世之某種現象產生，此即所謂論述「因果」最常舉例之事。在因果報應與輪迴之論說下，如是之問題則不得不處理。於眾生而言，在因果報應與輪迴轉世之學說下，「轉生」於何地，確無法與當世如何解苦劃上等號，然「轉生」之問題，則是不得不碰觸之問題；而轉生之地殊勝與否，實亦關係著修證法門之高下；而修證法門之高下，亦與「解苦」之程度有必然之關連，故依修證而言，依解苦而論，論述「轉生」則無法僅以某些理由而不面對之。[21]

於《大般若經》中，設有〈轉生品〉，惟於論述「轉生」問題時，首該提問是：於佛教十法界中何界是修證之關鍵？答案是：「人界」，因人界有苦、有樂，能知苦，故有修證解苦之動力；而有享樂之福報，才能助長修證之資糧，此即是以能出生於「人界」為

---

[20] Charles N.E.Eliot 著，李榮熙譯《印度思想與宗教》，頁 202，有云：「所謂生死輪迴的宇宙概念，即變化轉生的世界概念。再生和靈魂生生相續的觀念，在許多國家的野蠻種族之中，以不完整的形式存在，但是在印度，這一觀念以成熟的形而上學產物的形式，而不是以殘有物的形式，出現於世。」（台北：華宇出版社，1987 年）。

[21] 水野弘元著，郭忠生譯《原始佛教》，頁 76-77，有云：「靈魂不滅或斷滅的問題，除非吾人能經驗到生前死後的世界，便不能解決，對吾人解脫苦惱也不會有所裨益。」（台北：菩提樹雜誌社，1990 年）。

最勝他。而於一切之修證法門中，般若波羅蜜多是能融通一切法之最重要關鍵處，故以能出生於人界且能修學般若波羅蜜多爲最殊勝，如云：

> 舍利子白佛言：安住般若波羅蜜多諸菩薩摩訶薩，從何處沒，來生此間？從此處沒，當生何處？
>
> 佛告舍利子言：安住般若波羅蜜多諸菩薩摩訶薩，有從他方佛土沒，來生此間。有從觀史多天（兜率天）沒，來生此間。有從人中沒，生此人中。舍利子！若菩薩摩訶薩安住般若波羅蜜多，從他方佛土沒，來生此者，是菩薩摩訶薩速與般若波羅蜜多相應。由與般若波羅蜜多相應故，轉生便得深妙法門，疾現在前，從此已後，恆與般若波羅蜜多速得相應。在所生處，常得值佛，供養恭敬，尊重讚歎，能令般若波羅蜜多漸得圓滿。[22]

就以上之引文所述，約可思慮之處有：

1、不同世間代表不同之修證：

於修證而言，唯人最具修證成佛之關鍵，亦是超凡入聖之最重要立基點，然人界相比於不同世間，人界是缺失甚多的，故以人界爲：「除不退轉，其根昧鈍，雖勤修般若波羅蜜多，而不能速與般若波羅蜜多相應。又於一切陀羅尼門、三摩地門，未得自在。」[23]換言之，人界雖是修證之良機處，然「人」之執故，以是由人中沒而生人中，於一切法門尚未自在，又如何能與般若波羅蜜多

22　《大般若經》卷7〈轉生品〉，大正5・37中。
23　大正5・37下。

相應。至於覩史多天（兜率天），此爲欲界第四天，是天界中較近人界處，其行持是：「多爲一生所繫，布施、淨戒、安忍、精進、靜慮、般若波羅蜜多，自在現前，常不忘失，亦於一切陀羅尼門、三摩地門，自在現前，常不忘失。」[24]能於六度及修定法門自在而不忘失，於修證上已然勝過人界甚多，唯如是尙不能與般若波羅蜜多相應，此亦表明：菩薩雖已深具自度度人之修持，然「執」尙在，執有一切法，故仍無法相應於般若波羅蜜多。此中，唯然只肯定「他方佛土」，佛土爲佛所居，代表修證之圓滿，亦代表不執一切法，故唯有「從他方佛土沒，來生此者」，才具與般若波羅蜜多相應；以是而論，能與般若波羅蜜多相應之先決條件即是不執，而不執之境即是佛境，故必先由他方佛土之不執成就，再轉生此世間，才能與不執一切法之般若波羅蜜多相應，而亦因能與般若波羅蜜多相應，故才能「轉生便得深妙法門」。

2、由佛土而人界之意義：

依修證而言，超登佛地是最終之目的與嚮往，能成就佛果是殊勝之象徵，且以佛果爲修證窮極之位，此即恍若於人間已拿到最高之文憑；然所謂修證，除是一修學之歷程外，當其證果所爲即是利益衆生，此即於人間之文憑取得後，即要貢獻所長。佛法有法界無量、時間無盡之建構，因此任何一證得佛果者，皆非至此終止，而是另一修證之開端。凡夫追求超凡入聖，然於證得聖果者而言，當再思如何再由聖而入凡，而此「凡」已非第一層次之「凡」；由聖果而再返歸人世，已不再受凡世塵染，亦因已經歷過凡塵之洗鍊，其執著之習氣已蕩除，故當由「他方佛土沒」後，

---

[24] 大正 5・37 中-下。

再來人世，即能「速與般若波羅蜜多相應」，亦正因能與般若波羅蜜多相應，以是每一次之轉生將是「便得深妙法門」，此以佛法之因果論而言，即是「一世明，世世明」，以是從此以後，即「恆與般若波羅蜜多速得相應」。如是之論說，皆在彰顯「人世」之重要性，因入昇佛界要不執，而不執之修證要依般若波羅蜜多，而般若波羅蜜多之修證當在人世，而於人世當要能「安住般若」，才能由人世而昇他方佛土；亦唯有能「安住般若」，才能由他方佛土沒，來生此間時，即速與般若波羅蜜多相應；亦應能恆「安住般若」，才能有殊勝之轉生。

　　3、轉生與般若波羅蜜多之關係：

　　佛之開法是爲解苦而置，凡夫如何由「人中沒」而轉昇爲由「他方佛土沒」，此中之關鍵在「修證」，唯菩薩摩訶薩之轉生處各有不同，如：「生長壽天、生欲界、生欲界大族、生諸天、生梵世、遊諸佛土、生有佛界、生能益諸有情處」等，[25]而轉生處之不同亦代表修證內容之差異，而對於能「安住般若」者之轉生處，特有論述：「（次答）從此間沒，當生何處者？舍利子！是菩薩摩訶薩由與般若波羅蜜多相應故，從此處沒，生餘佛土。從一佛國至一佛國，在在生處常得值遇諸佛世尊，供養恭敬，尊重讚歎，乃至無上正等菩提，終不離佛。」[26]此即是決然肯定唯般若波羅蜜多爲最殊勝，亦可謂：能與般若波羅蜜多相應，即是轉生佛土之保證，且由一佛國而至一佛國，終不退轉。惟於「轉生」之問題，當可再思慮：轉生依憑修證，唯此中是全然之「自力」，亦或有「他力」？此於《大般若經》之〈轉生品〉似尙未深入論述。

---

[25]　參見《大般若經》卷7〈轉生品〉，大正5‧39中。
[26]　《大般若經》卷7〈轉生品〉，大正5‧37下。

就淨土宗而言，除有己之願力，再仰仗佛力，在自、他之結合下，即可往生彼佛之國土。而依般若波羅蜜多之修證，所論及者皆是菩薩摩訶薩當如何修行，如：「入四靜慮、入四無量、入四無色定修行大波羅蜜多……十八佛不共法，修行無忘失法，恆住捨性，修行一切智、道相智、一切相智，是菩薩有方便善巧故，不隨靜慮、無量、無色勢力而生。」[27]此中皆未論及可仰仗佛力而轉生殊勝之問題，唯於一切法之修持中，特別強調「方便善巧」，正因有方便善巧，才能不隨某一法門之修證而轉生某一法界，此亦表明：「方便善巧」是一切修證法門之關鍵點，而方便善巧即是般若波羅蜜多之內涵，故謂能具方便善巧者，才能不隨某種勢力而生，而是：「隨所生處，常遇如來應正等覺，供養恭敬、尊重讚歡，常不遠離甚深般若波羅蜜多，當知是菩薩摩訶薩，此賢劫中，定得無上正等菩提。」[28]故如何才能在此生而得正覺，唯有依般若波羅蜜多而修證，亦唯有今生之成，才有生餘佛土之契機，亦才能由佛土或往另一佛土，或再來此間生之往來自由，而如是一切之關鍵，唯在般若波羅蜜多。

二、學習般若波羅蜜多，可悟入諸佛境界

般若波羅蜜多之修學方式，是依不執不著與無分別、平等為其精神方向，雖與其他正面、積極之修學方法不同，但同為成辦菩提道，則無有差異。修學般若波羅蜜多，可證得無上正等菩提、可得成諸法實相慧、可悟入諸佛境界，此結果目標，可謂是一切

[27]　《大般若經》卷7〈轉生品〉，大正 5．37 下-38 上。
[28]　《大般若經》卷7〈轉生品〉，大正 5．38 上。

修學菩提道之共同願景。以佛法之修證終極目標而言，各宗理應
一致，惟於佛門中，有大小乘之分，有十法界之層次差別，於修
行上有十地之階位，如是不同菩提道次之修學法門，就佛而言，
實應人、時、地之因緣不同而開設；就聞法且依之修行者而言，
可依個己之質性揀而擇趣入。惟就如來教化眾生成佛之目的而
言，則必當由出離生死之自度，以達兼善天下之度他，始可謂之
圓滿成佛道。於整體佛法之開設上，可謂琳瑯滿目，然大要有「共
法」與「不共法」之分，[29]此中，般若波羅蜜多被列為「大乘不
共法」，如印順法師所言：「說到不共，有此二義：一是人、天、
聲聞、緣覺乘中所沒有的。二在佛、菩薩的心行中，統攝一切功
德，無不成為大乘的特法。如般若的摩訶衍品，總一切功德而名
大乘。」[30]以般若為大乘不共法，此乃就全體佛法而言「般若」
之修證功德所具有之地位，是隸屬於佛與菩薩摩訶薩所有，惟般
若波羅蜜多之修學特點在「無二」、「無分別」上，於此，印順法
師以引證諸經論並評之為：「般若波羅蜜多，最尊最第一！解脫之
所依，諸佛所從出。般若本無二，隨機行有別；般若諸經論，於
此最親切。」[31]此中判般若於一切修學悟境上，實與一切法皆「本
無二」，惟就「無二」而言，不在「法」上，一切法各有其名，亦
各有其修證方法，在依法數、法相而言，實無法論其為「無二」，
故所謂「無二」當就佛境之體悟而言，此可見之於《大般若經》
卷 574，有云：

---

[29] 《佛光大辭典》上冊，頁 2195，「共法」條：「佛所具有之無量功德中，與其
他聖者、異生所共通之功德法。」又上冊，頁 966，「不共法」條：「佛及菩
薩所具足，而凡夫與二乘所無之殊勝物質。」（高雄：佛光出版社，1989 年）。
[30] 印順《成佛之道》，頁 258，（新竹：正聞出版社，2005 年）。
[31] 印順《成佛之道》，頁 337-342，（新竹：正聞出版社，2005 年）。

舍利子言：曼殊室利！佛於法界豈不證耶！不也！大德。
所以者何？佛即法界，法界即佛。法界不應還證法界。又
舍利子！一切法空，說爲法界。即此法界，說爲菩提。法
界菩提，俱離性相。由斯故說，一切法空。一切法空，菩
提法界，皆是佛境，無二無別。[32]

　　釋尊於菩提樹下悟道後，首先進行之工作即是轉法輪，而衆
弟子即是助轉法輪，足見，「法」之設置，於佛教而言是一重要之
事，然一切法皆因人而有，故法有淺深高下之別，惟就有別之法
而言，其體終歸爲一，因一切法皆爲引導學人入於佛境，故就佛
境之體悟而言，則一切法亦皆只是一時之「假名安立」。於佛境之
體悟是佛教所肯定，然亦不廢除一切法，因一切法即是佛法。依
佛教而論，一切法之假名安立，皆爲彰顯實相，故又曰「不壞假
名而說諸法實相」，[33]前之「不壞假名」是要能善分別諸法相，而
佛境之體悟（實相慧）是爲彰顯於第一義而不動，此善分別諸法
相與第一義之證悟，皆代表佛法之全體。今就《大般若經》所言
之佛境，則「佛」、「法界」與「菩提」，於「法」而言皆是假名安
立，若一旦證入佛境，則佛即法界，法界即菩提，此三者皆本無
二無別，此即依「第一義」而論之「不動」（一切法空）；惟般若
波羅蜜多之甚深妙義，是就空性、無二無別而泯除一切對待，超

[32]　大正7‧967中。
[33]　《大般若經》卷573，有云：「既泯修而造修，亦絕學而逐學。狀其區別，
則菩提萬流。斷其混茫，則涅槃一相。一相則不見生死，萬流則無非佛法。
不壞假名之繁總，而開實相之沈廖。正明如來法無，況菩薩法。」（大正7‧
964上）。

越一切現象，且依之而觀一切法，故「涅槃」是爲展現佛境之空性，而「菩提」是爲展現佛法之大用，此二者（涅槃、菩提）不相妨礙，同理，「假名之繁總」與「實相之沈廖」於佛法中亦可相融，而此即是般若波羅蜜多之智。對於有關依般若波羅蜜多之「無二無別」所開展出來之義理敷陳，印順法師有一論說：

> 渾然的無二無別（也不會覺得是一體）的現觀，是一切不可說、不可得的。《般若》等大乘經，就是從這無二無別的甚深體驗中，來觀一切法，一切法不出於此，於是「一切法本空」、「一切法本不生滅」、「一切法不可得」、「一切法本清淨」、「一切法本寂滅」、「一切法皆如也」、「一切法不出於法界」，這一類文句，就這樣的弘傳出來。[34]

　　般若部之經典，重在以「無二無別」而觀一切法，言其是「無二」，但又非「唯一」，雖以「空性」爲主，然其立基點又並非否定一切法，如是皆在闡述般若之超越性，故有「諸法皆以無性爲性，如是無性亦不可得。」且又云：「得無諍住，最爲第一。」[35] 修學般若波羅蜜多，其目標可證入諸佛境界，然佛境既爲第一義，則只能默然於心，無法從言說，更無法言有所得，故依「無二無別」而觀照一切法，則一切法皆當返歸本然狀況，此爲般若部經典之特色；此亦如禪宗五祖弘忍大師爲惠能大師講述《金剛經》之「應無所住而生其心」時，惠能言下大悟而曰：「何期自性本自清淨，何期自性本不生滅，何期自性本自具足，何期自性本無動

---

[34] 印順《空之探究》，頁 148，（台北：正聞出版社，1987 年）。

[35] 《大般若經》卷 576，大正 7・978 下。

搖，何期自性能生萬法。」[36]《六祖壇經》強調自性、自本性、自心、自本心，然若就佛法而言，此自性亦本不可得，故惠能所言之「自性」本「清淨、不生滅、本自具足」，此雖爲惠能大師所強調「自性」之本然狀態，然若相應於「應無所住而生其心」，則「應無所住」即爲自性之本清淨、不生滅、無動搖之本然面貌，而「生其心」則肯定法之產生，《六祖壇經》以強調自性爲本，看似與《大般若經》主張「無二無別」不同，然於一切法終究成空（即一切法本空）上，則《六祖壇經》是將「心性」與「法」做一結合，然此「心」是依「無所住」而「起」，故此「心」有「不執」（無住）義；而《大般若經》之「無二」，其總論是在一「空性」上，由此可看出：兩部經皆有同指向「不執」上，此即是超越性上，此亦是「無諍」，而此即是般若波羅蜜多之內涵真義，如是之義可見於《大般若經》卷 569，有云：

> 無所滯著，心即無礙。無礙即無障，無障即無諍，若法無諍即同虛空，不繫三界。若一切處無所繫屬，是法無色無相無形。若法無色無相無形，應知是法，隨彼境界，而離能知，亦離所知。何以故？是中無有少法可覺，少法能覺。是名菩薩行深般若波羅蜜多通達平等。[37]

又《大般若經》卷 572，有云：

> 不違正理，常無諍論，名護正法。……順正理者，則常說

---

[36] 見於《六祖壇經》〈行由品〉，大正 48‧349 上。
[37] 大正 7‧938 中。

空。……順正理者，都無所著。[38]

於「法」而論，有「諍」與「無諍」，就「諍」而言，則有諍辯，有諍辯即有淺深高下之別，能分別淺深高下，則必產生階次之判別，此當是就「法義」而言；觀之諸經論之法義，皆據時、地、人、事等因緣而設，故就一切法（義）而論，則必有「諍」，此即諸經論之所說。而《大般若經》之行深般若波羅蜜多，其內涵不在展現法義，其精神在於觀照一切法之無二無別上，此不關法義之問題，既非關法義，則無有爭辯之產生，故以般若波羅蜜多為「無諍處」。[39]「無諍」是般若波羅蜜多之內涵，惟般若波羅蜜多除不論法義之淺深外，其主要特點在「無礙、無障」，而無礙、無障則來自於「無所滯著」，所謂無所滯著，即不住於任何一法；若以「虛空」為喻，虛空不掛任何一物，今以一根針拋向天際，針必返落於地，虛空不留之，虛空誠可謂是「一絲不掛」；虛空雖不掛一物，但虛空卻包含萬有，一切山河大地、花草叢林皆在虛空之範圍裡，以虛空而言，皆無法僅以任何一物而形容之；總結虛空之特色即是：相融萬物卻不執以為己有。般若波羅蜜多之特色亦如虛空般，不於任何一法上而有所滯著，亦不於法與法之間做比較，其視一切法皆為平等，一切法各有其特點，此為法之所以為法之因，法因人而設，故一切法必有其限制性，有限制則必有諍處，唯如是有諍之一切法，皆可同在般若波羅蜜多之下而相

---

[38] 大正 7・955 上。

[39] 龍樹《大智度論》卷 1，釋「無諍」義有云：「有二種說法：一者諍處，二者不諍處。諍處，如餘經中已說，今欲說無諍處故，說般若波羅蜜經。……此般若波羅蜜，諸法畢竟空，故無諍處。若畢竟空可得可諍者，不名畢竟空。畢竟空，有無二事皆滅故，是故般若波羅蜜多無諍處。」（大正 25・62 中）。

融，此乃非法與法之間可等同，而是在般若波羅蜜多觀照之下，則一切法皆可各安其法（位）。惟能涵融一切法而不滯著，亦唯如是之觀照，才能悟入諸佛境界，此即為般若波羅蜜多之特點。

　　依般若波羅蜜多可證悟佛境，唯佛境之證悟是離卻貪瞋癡之煩惱，是超脫生死之對待，是無你我之界際，更無高下勝劣之分，是不生滅、無思惟、不所著、無凝滯，此即真應入「真如法界法性，實際無勝無劣」之境，[40]般若波羅蜜多即為無勝無劣，則必為「無諍」，以無諍故，則諸法必不落於有或無之中，此即是畢竟空，故亦可言：般若波羅蜜多以「畢竟空」而言「無諍」，此即諸佛所證悟之諸法實相。牟宗三先生以「凡依分解的方式而有所建立，皆是諍處；不依分解的方式建立諸法，是無諍處」，來判別諍與無諍。[41]實則一切法數本是可分析、可辯解，故佛一生行遊教化所成之經論皆是可諍、可分解；惟就主體之性王而言，則實無一字可言、可解，此即是無諍，故釋尊之開法主旨，是為引眾生各入自體之真如，亦是所謂入「不二法門」之地，而般若波羅蜜多之精神與作用，即在引眾生入無諍之佛境。

三、學習般若波羅蜜多之目的：為利樂有情

　　「佛」為佛門中之最高證悟者，而菩薩是僅次於佛位者，依修證而言，菩薩之覺有情，將是其通往佛位之重要德目；若就般若波羅蜜多之證悟，則諸法畢竟空，不可求亦不可得，然所謂「畢

40　《大般若經》卷 574，大正 7・965 中。
41　牟宗三《牟宗三先生全集 3・佛性與般若（上）》。頁 14，（台北：聯經出版公司，2003 年）。

竟空」並非否認一切法數之修學，換言之，並不否認菩提分法之
得習。就佛之自證當泯除戲論而不落言說，然佛之開法又爲必然
且必要。故菩提在修學過程中亦當有學、有習，唯般若波羅蜜多
重在不執，雖面對無量之法數，亦不礙般若波羅蜜多智之活潑圓
實。般若波羅蜜多既是「諸佛從是生」，故其所具涵之智可通達一
切殊勝善法，而修學般若波羅蜜多亦爲究竟成佛道，此當無有疑
慮，然佛智之證得、佛境之悟入，其最大目的實爲將自悟之諸法
實相義，以善巧方便而化導有情，依此之義，則般若波羅蜜多之
修學目的終當以利樂有情爲最重要。[42]菩薩既以專爲利樂一切有
情爲家業，於對應眾生之機，則菩薩所給予之法門或有偏重，此
乃就眾生而論；若依菩薩之自身而言，則對法數之修學當以全面
圓融爲目標，換言之，菩薩能遍知一切法且利樂有情，始可名爲
「菩薩摩訶薩」。此即如《大般若經》卷 423，有云：

> 爾時具壽善現對曰：尊者所問云何菩薩摩訶薩者？
> 舍利子！勤求無上正等菩提，利樂有情，故名菩薩，
> 具如實覺能遍了知一切法相，而無所執故，復名摩訶薩。[43]

「菩薩」爲欲行覺有情者之通稱，此乃基於「度他」之立場，
故凡有利他之心、之行者，皆可以菩薩稱之；然利他之廣度與深
度，則需仰仗菩薩內德修學之厚實與否，此中當包含文字般若與

---

[42] 《大般若經》卷 574，有云：「世尊！我（曼殊室利）今來至此處，親近禮敬
觀如來者，專爲利樂一切有情，非爲證得佛菩提故，非爲樂觀如來身故。（大
正 7・964 中）。又云：「欲爲有情，常說妙法。」（大正 7・964 下）。
[43] 大正 7・126 中-下。

觀照般若，故以遍知一切法相而無所執，才可謂之「菩薩摩訶薩」，而「摩訶薩」之冠上，即是代表「般若波羅蜜多」之作用呈顯。今《大般若經》特以般若波羅蜜多爲修學之主法，又以菩薩摩訶薩爲與之相應，此兩相結合所得之義要點如下：

1、般若波羅蜜多之修學是以了知一切法相、廣遍修學不同法門爲前提，且又能不執一切之法相與所學。

2、般若波羅蜜多之修學目的，是爲利樂一切有情。

3、於般若波羅蜜多之修學心態，不爲個己之住空而已，而是以勤求無上正等菩提爲目標。

4、般若波羅蜜多唯菩薩摩訶薩能修學之，凡執有或執空者皆無法如實修學般若波羅蜜多。

般若波羅蜜多所成就者是菩薩摩訶薩，惟菩薩摩訶薩爲行持菩提道，故凡一切有關能促成菩提增長之法門，則菩薩皆當要學，以致於《大般若經》中亦稱「三十七道品」爲菩薩摩訶薩之「正法」，如卷571，有云：

> 爾時世尊告彼王曰：大王當知！諸菩薩摩訶薩行深般若波羅蜜多方便善巧，所達一切平等法性，名爲正法。謂四念住、四正斷、四神足、五根、五力、七等覺支、八聖道支。空無相無願，所達一切平等法性，名爲正法。[44]

就法門而言，以三十七道品爲一切法相之總括，此三十七菩提分法，爲菩薩摩訶薩日常修學之重要課題，惟一切菩提分法，

---

[44] 大正7・951上-中。

是否能使菩薩摩訶薩通達一切平等法性，其重點在「般若波羅蜜多」，亦唯有以「空」無相無願爲引子，則三十七道品才能不滯有，而成爲正法之菩提分法；換言之，若抽離般若波羅蜜多之「空」性義，則一切法將無法視之爲「正法」，此爲般若波羅蜜多以「空性」爲其主要特色之一。如印順法師所云：「空法是不住一切法的，也不住空與不空的。這可見空法內涵，不是與不空相對待的空，而是不住於一切（不住，也非不住）的。空是般若行，是脫落一切取相妄執，脫落一切名言戲論的假名，並非從肯定的立場，去說明一切皆空的理論。」[45]般若波羅蜜多以「空」爲其智、爲其行，故所謂般若智、般若行是一超越智、超越行，菩薩摩訶薩於求般若智、行般若行時，必當無所念、無所住、無所行相、無所分別，始能謂之是「行深般若波羅蜜多方便善巧」，此中以「行深」而論之「方便善巧」，其義在：能方便善巧則不執，能不執才能自在無礙、往來自由，當一切之修學與利樂有情皆能通達不滯時，其所成就當無法估量，故曰「深」，而如是之行即曰「行深」。菩薩摩訶薩需在「行深般若波羅蜜多方便善巧」中而成就之，而所謂「方便善巧」正可說明菩薩摩訶薩能隨順世法而利樂有情，且又能依般若波羅蜜多而不執一切法，換言之，菩薩摩訶薩能隨順般若波羅蜜多而成就佛道，其主源正是「大方便善巧力故」。[46]

　　菩薩摩訶薩因行深般若波羅蜜多方便善巧而得成之，且依《大般若經》所論之菩薩摩訶薩是專爲利樂一切有情，而親近禮敬觀

---

[45] 印順《初期大乘佛教之起源與開展》，頁717，（台北：正聞出版社，1986年）。
[46] 《大般若經》卷567，有云：「爾時最勝便白佛言：諸菩薩摩訶薩，云何隨順其深法相不違世俗。佛言：天王！菩薩隨順甚深般若波羅蜜多，不遠離色受想行識，不遠離欲界、色界、無色界。不遠離法而無取著，隨順般若波羅蜜多不遠離道。何以故？具大方便善巧力故。」（大正7‧930下）。

如來，並非僅爲證得佛菩提，亦非只爲觀如來身而已，若依此而論之菩薩摩訶薩，在以「佛」爲最圓滿修證之代表，則菩薩摩訶薩所具有功德尙有不足，故言菩薩當「勤求無上正等菩提」，於此，亦能說明《大般若經》以暢言修學般若波羅蜜多爲其主論，此於天台宗之「五時」判教論中，列之第四時，換言之，破執、滌蕩法相、法數，是修學中之重要歷程，唯需再向上翻轉，才可臻至佛境。以佛境之修證而論，則菩薩摩訶薩尙屬修學階段，既尙在修學中，故有修學之證悟層次；於有關修證之階位上，《大般若經》依修證之德不同，而論述有「十身」之異，今依經文之述而列之如下：

1、於初地得平等身：通達法性離諸邪曲見平等故。

2、第二地得清淨身：離犯戒失戒清淨故。

3、第三地得無盡身：離欲貪瞋得勝定故。

4、第四地得善修身：常勤修習菩提分故。

5、第五地得法性身：觀諸諦理證法性故。

6、第六地得離尋伺身：觀緣起理離尋伺故。

7、第七地得不思議身：方便善巧智行滿故。

8、第八地得寂靜身：離諸煩惱戲論事故。

9、第九地得虛空身：身相無盡遍一切故。

10、第十地得妙智身：一切種智修圓滿故。[47]

此十身之證悟，是菩薩摩訶薩行深般若波羅蜜多，而得證悟，此十身相應於十地，因十地階次是依修證功德之不同而分，故有

---

[47]　參見《大般若經》卷 568，大正 7・932 中-下。

十身之差別；然於「如來」而言，一一身皆代表如來之德性呈顯，[48]此十身之不同，實代表修證內涵之差異，依十身之德而論，要約包括如下之內涵：

1、於「戒、定」上：要能離邪曲、離犯戒、離貪瞋。

2、於「理」之觀察上：要知緣起、證法性。

3、於「度己」上：要勤修一切菩提分法。

4、於「度眾」上：要具方便善巧。

5、於「正見」上：要能泯諸戲論、去捨執著入於虛空。

由以上所述之修德內涵，可總論為：依戒定慧圓滿與理事圓融無礙，以達度己度人之解行同具，即自然成就一切種智之妙智身，此乃代表如來是最圓滿之圓智。菩薩摩訶薩依修證之功德而相較於如來，則菩薩確實與佛不同，此乃依「修證之德」而論，故如來與菩薩確有位階之高下；但若依「身」而論，則如來與菩薩本無不同，其因在如來與菩薩皆「同一法性」，[49]依「法性」則佛、菩薩無別；依「功德」則有異。佛代表一切之功德圓滿盡無餘，其身能遍十方法界而清淨無礙；菩薩之身功德尚有障惑，或謂菩薩是為「留惑潤生」，不論菩薩之修學證悟，是為利樂有情，或為常說妙法，在以佛德、佛身為最圓滿之象徵，則般若波羅蜜多其重「不執」、「離」之智德，即是將菩薩摩訶薩推向成就佛德之最關鍵處。佛有十尊號，「如來」為其一，所謂「如來」，可簡言為：如其（自性）所來，亦能如其（自性）所去；「佛」代表往

48　《大般若經》卷568，有云：「諸菩薩摩訶薩行深般若波羅蜜多，能得如來十身差別。」（大正7‧932中）。

49　《大般若經》卷568，有云：「佛、菩薩身無差別，所以者何？以一切法，同一性相。功德異者，謂如來身具諸功德，菩薩不爾。」（大正7‧932下）。

來自由，遍照、無礙是其德之展望，而菩薩摩訶薩在以「法性」
與佛無二之下，如何行深般若波羅蜜多，則攸關菩薩摩訶薩由「未
滿」而至「滿」之過程。[50]

---

[50] 《大般若經》卷 568，有云：「菩薩之身，功德未滿，有餘障故。譬如月輪，
有滿未滿，月性無異。」（大正 7・932 下）。

第六章 綜 論

第一節 般若波羅蜜多與真空自性

◎真空妙理，本來無法：

依佛意，一切眾生皆本具自覺如來，「法」之演說乃應人契機，為之指點而已，實並無有法可說，更無有演法之事，故以如來之立場，其實無有言說，唯眾生若執如來有所言說，此即落入語言文字障。如《金剛經》云：「須菩提！汝勿謂如來作是念：我當有所說法。莫作是念。何以故？若人言如來有所說法，即為謗佛，不能解我所說故。須菩提！說法者，無法可說，是名說法。」[1]若如來有演說法，則必有時、地、人等，此即落於聲塵，唯有不執能說之身相，與所說之聲塵，能所雙忘，才能契入如來之「無法可說」。然般若波羅蜜多之作用，在不落有、無二邊，亦即於有、無二邊皆不執，故觀照如來之說法，應是非說所說，「非說」是如來實未曾演法，只是應機指點而已；而「所說」是如來為度眾生，故必有所說，以是依般若波羅蜜多所言之說法，確應是：「說法者，

---

[1] 大正 8．751 下。

無法可說，是名說法。」於「無法可說」與「說法」兩面，皆肯定亦皆不執，此爲般若妙智之不執作用。三藏十二部之存在，是有所說，此是說法；然三藏十二部之主旨皆在指歸真空自性之理，此則一切無所說，故是無法可說。佛法之存在究竟是爲有所說或無法可說，若以證悟之究竟而言，當是無法可說；然一切之修證至究竟之地，此又必然有所說，此是般若波羅蜜多以不捨不取、不執不著、不可得一切法而又具足一切法之作用特色，如是之作用特色，唯隸屬於般若波羅蜜多。

◎真空中無佛、無眾生：

法界之分是由人而然，人於現象界之存在中，觀萬物萬類有甚大之差異，以是而有法界之概念。有法界則有高下，故佛法總分十法界，並以佛爲正等正覺者，以人爲凡界，人欲由凡界入聖界，則必仰賴佛、菩薩之度化，然於修學般若波羅蜜多，即可破除如是之執。如《金剛經》云：「須菩提！於意云何？汝等勿謂如來作是念：我當度眾生。須菩提！莫作是念。何以故？實無有眾生如來度者！若有眾生如來度者，如來則有我、人、眾生、壽者。須菩提！如來說有我者，則非有我。而凡夫之人，以爲有我。須菩提！凡夫者，如來說即非凡夫，是名凡夫。」[2]依如來之意，實無有凡夫眾生，若執自己爲凡夫眾生亦是執，故如來言：實無有眾生如來度者，此即是平等觀，是以平等心而悟平等理，則知心、佛與眾生，是三無差別，至此境地，則化無所化，實無有一能度

---

[2] 大正 8・752 上。

之我，亦無有一所度之眾生，此即是不執，於一切法界皆平等待之。唯依般若波羅蜜多觀度眾之事，依《金剛經》之論，實無有眾生可度，此乃是於理法界觀之；於事法界中，菩薩當行六度萬行，其目的在度眾，此中之關鍵是依平等心、平等理而化度眾生，如是之度化即是化無差別，而如是之化亦可謂是化無所化。而如是之度生，即是依般若波羅蜜多修學所言之度生。於平等法界，則佛與眾生皆本同一性，皆同為一體，以如來無我，則眾生亦無我，又何有如來與凡夫之界分呢！

◎如來性海，遍滿虛空：

於眾生知見中，一切皆是千差萬別，且不同法界各有不同之名稱，此即是眾生知見。依眾生知見則各執自以為是，此為依相、依法，故依一切之相與法，則必然有無量之差別法。般若波羅蜜多之修證，即是要去除相、法之執，以一切法自性離而通達圓融一切法，此中所謂之通達圓融即是同入於如來性海中。言性為海，此為一譬說：以「性」而言，則如大海一樣，一切法皆可融攝之。以法而言，必有千差萬別，以性而言，則無差無別。如來之性與眾生之性本無差別，皆可相融為一體，此亦如百川入海，同歸一味。若以相而言，相是形體，多有不同之形質，然一切相（法）皆有其性，此為無形，故依形相論則有差別，依自性之體論則無分無別。般若波羅蜜多之作用，並非是將差別之相要做如何之處理，顯然，般若波羅蜜多之作用對象，並非在如何融攝一切法、相，依法、相而論，終有差別，此無法言融攝。般若波羅蜜多之作用，是觀法之自性離，唯立基於性，則一切法本無定法，亦才

能以是而通達一切法。如來爲佛之證悟尊號，如來於三界往來自由而度衆，此爲如來之德，亦是如來之性，其性遍滿虛空，唯能以如是之證悟，才能有無量佛皆可同一佛號，此即爲如來之性海，其是遍滿整個虛空法界，正因如來之性遍滿虛空，故能融攝無量法界、無量衆生與無量法。

◎真空中無般若，般若只是作用而已：

依般若波羅蜜多修證，則知般若波羅蜜多本不具任何一法，其作用在觀一切法終自性離，故不執於任何一法，於法當包含法與非法一皆不可執，此爲般若波羅蜜多之作用。般若波羅蜜多之作用結果，即是無有一法，此與佛之證悟終究是無法是爲一致，如是亦可推知：經由般若波羅蜜多之修證，確可通達佛境而無有疑慮。佛之證悟是一不可思議境，此境既非言、思可及，故總曰是「真空」；真空既不落言說，故於真空之境中，則確然無一物，當證悟至真空之境時，亦實然無有一法之存在，此爲依般若波羅蜜多所證悟之真空之境。就真空與般若波羅蜜多之關係而論，佛言般若波羅蜜多是爲將一切法、我之執滌盪，當一切執皆泯除後，所呈現只是一清淨心而已，此中是無有一念、無有一法，更無有一物之執，此即是真空之境，故當真空之境呈顯時，此中亦當無般若波羅蜜多之存在。真空中雖無般若波羅蜜多，然若無般若波羅蜜多之觀點作用，亦終無法呈顯真空之境，故於真空而言，般若波羅蜜多是一摧化劑，是助長真空之境呈顯。惟真空中雖無般若波羅蜜多，然真空之境又需仰賴般若波羅蜜多之作用，此爲般若波羅蜜多之特色，其具助化作用，但又功成身退，其雖功成身

退，但其作用之過程卻永不被抹減。惟當般若波羅蜜多真正完成其作用任務後，其亦不存在，此即是真正之般若波羅蜜多，故總言：「般若波羅蜜多非般若波羅蜜多，是名般若波羅蜜多」，般若只是作用，實然不執一法，更不自執爲某一法門。

◎眾生之真性（金剛體）不壞，與佛不二：

釋尊之一生示現，予眾生之最大啓示是：眾生皆可修證成佛，此亦如釋尊之所悟：大地眾生皆有如來智慧德相，只因妄想執著而不能顯了。眾生與佛同具如來智慧德相，此中之「如來」是佛之尊號之一，故「如來」不特指是釋迦牟尼佛，而是一切諸佛雖各有別稱，但一皆可同號爲「如來佛」。此如來智慧德相於釋尊與諸佛同具，於眾生之身上亦然本有，如是可爲眾生皆可成佛之理論立一根據，因一切眾生與諸佛皆同具成佛之因子（如來智慧德相），故眾生皆可成佛之可能性；若一切眾生本無成佛之因子，則「眾生皆可成佛」之說，則變成不可能。依般若波羅蜜多不執諸法而證得菩提，此亦是普遍性，即適用於一切眾生身上；眾生由修學諸菩提分法，以至不執一切之法，乃至勝法、佛法，此中之究竟唯有真性而已，且此真性無有變異、不生不滅、無有動搖，成佛是依此真性而論，則諸佛如是，眾生亦然如是。若依德相論，則佛與眾生有異，故有十地修證之等別；但佛能成佛，與眾生之終必成佛，其立基點理應一致，此依據即是真性；若佛之真性不變，則眾生亦然，故以真性而論之佛與眾生，則無有差異，故曰「不二」。佛法通論爲不二之法，此不二義，並非於一切法無有界分，而是於一切諸異法中，能以修證之究竟而圓融通達之，此中

唯在真性而已，此亦如《六祖壇經》所論：「佛性非常非無常，是
故不斷，名爲不二。」[3]真性既不落於兩邊，故無所謂斷與不斷之
問題，唯有如是之佛與眾生不二之法，才能使眾生依般若波羅蜜
多而修證成佛，如佛一般如有差異。

◎依仁義禮智而成聖賢，依真空自性而成佛：

聖人設教各有其時、地因緣，此如釋尊論法皆是無常、不定
之義，法之設立但爲度眾生而已，此爲古今中外聖哲之用心。因
於時、空背景之不同，故中西各有其尊崇之聖人出現，所立之言
教或有不同，但皆爲使人生更具意義價值與安然自在，理應有其
一致性。此中但以儒、佛爲論，其意並非在比較，而是爲說明兩
者之內涵不同。儒所言之聖賢之道，是依於仁義禮智而行，此爲
自處；亦是待人之道，在仁義禮智之範疇下，一切之行爲皆有準
則；此中《論語》是最具代表性，其內容是孔子直接指點弟子們
之生活行爲，亦可謂是儒學君子之指導守則，故《論語》內容雖
不繁多，但所涉及之生活項目甚多，舉凡如：事君、侍親、交友、
爲學以至祭禮等，顯然，儒學之所重：即是人表現之行爲；當然
必由「誠於中」而成立。然佛教所論不在外在之法，因一切法、
一切行爲皆是相，皆不可執妄爲真，顯然，佛教注重破相、破執，
不以外在之有爲法而干擾自性之清淨，並以得入真空自性爲佛。
此儒、佛之不同，可勉強爲言是：一爲外、一爲內；於外在行爲
上，人若經由教化，表現於外者，大都能做到循規蹈矩，而法律

---

[3] 大正48・349下。

僅制裁犯法者，然大多數人亦皆可謂是良民。然佛教所言之真空自性，此爲內在之最深層，言行不欲表現於外較易，而自性之本湛然之保持確爲不易。雖亦可言：聖賢或佛皆只是名詞而已，皆代表人格之完美追求，然欲證悟真空確非常人可輕易及之。

◎依真空自性而修，則無時、空間性：

佛法之根本理論是無常，依觀世間之無常性，故肯定無常爲真理，然此爲佛法初步之修證。佛法正因能深悟緣起法，故無常不但是世間之現象，亦是佛法之根本理論。唯佛法不但要使有情衆生能明白：世間無常，行一切法皆不可執，於不執中才能無我、人等相，以至因相對應所衍生之苦才能降至最低。佛法除爲衆生解苦外，其另一目的在與樂衆生，故其理論由觀無常以至知常，此爲理論之再提昇。世間無常既爲真理，又如何能探究常呢？今依佛法所論與釋尊示現而綜合觀之：釋尊示現世間共八十載，此爲無常；然釋尊亦言佛壽量甚大久達，此即爲常。此兩者之立足點不同：言無常，則立足於時空間中；言常，則立足於實性（自性）上。佛法由觀色身生命之無常，此爲佛法之一面；而以無常色身精勤修證，以證慧命之常，此又爲佛法之另一面。而代表早期佛法義之聖典《阿含經》，即著重於無常義之探究。而後起之經論，則著重於常之論述，此兩者皆是佛法。而甚大久遠之佛壽量，是依自性真空而言，此爲遠劫本然，既立足於真空之境，故不受時、空間之遷流變化，如是之成就即是「大身」。[4]所謂「大身」，

---

[4]　如《金剛經》所云：「佛說非身，是名大身。」（大正 8．749 下）。

是指如如不動之真性，色身為地、水、火、風所聚而成，因緣散則滅；唯如何於日漸衰老之色身中，能有如佛般之知見：**觀佛壽量之甚大久遠**。依般若波羅蜜多之修學，並非在執有一甚大久遠之壽量，此中之關鍵在：不以時、空間之遷流變化觀自性自悟之自得，才能於當處有情世間中，才能依般若妙慧所悟、所證之心得，皆能立足於真空之境中自在圓融。

◎依般若波羅蜜多所言之時代，即是真空時代：

佛之法身常存，因其典範、言教尚在，然不可否認是：佛之色身早已腐朽，即或有舍利子之留存，雖言舍利子又名不壞子，然細思：舍利子既為有形有相，又如何能不壞呢？不論後來之佛教於中國及其各地有如何輝煌之發展，且不論人們為供佛有燃指、燃臂之舉，此確為虔誠之行，但不受鼓勵，其因何在？此亦可謂是一種執。釋尊之一生示現甚是明白，由出生至老死，與常人無異，故過於色身之執著，其結果亦終究是一場空，以致釋尊反對過樂與過苦之修行方法，一切唯在中道。釋尊之示現，若以色身而觀，則早已遠去兩千五百多年，然釋尊於法義之開演上，一再表明：其法是甚深微妙，而所謂微妙之語即非可言說，換言之，今時所見之法義經典，皆是可言說之部份，而釋尊之意在：要學人依此可言說之法義，去探尋不可言說之理，惟有學人能跳開時間、色身之執，才能悟入釋尊所欲表明之境界。以時間遷流而論，則後世之人，絕無法與釋尊同一時代，然般若波羅蜜多之行，即是要使學人勿執一切法，此中除法義不可執取外，於時、空間亦不可執取，當能不執取時、空間時，則已然越出現象界；

或亦可言：依般若波羅蜜多所言之時代即是真空時代，因唯有真空才能不落形迹，才能與諸佛同證菩提，而菩提即是真心。故若欲執相尋迹，即使身如須彌山王，亦終不爲大，因有形則有量，不可爲大，此亦如《金剛經》所言：「佛說非身，是名大身。」[5]唯法身（無形）、真心（無相）始名爲大。

◎依般若波羅蜜多，則可由有變無，以至真空：

　　衆生所處之世間稱爲有情世間，所謂有情當皆有情識，於有情識之衆生其所居之地，亦必然是有情界。衆生既依有而住，故衆生執有似乎顯得理所當然，然正因有情，且執之爲有，此又成爲煩惱苦聚之源。佛是以一大事因緣故出現於世，佛出現於世但爲衆生開示悟入佛之知見，而佛之知見當與衆生知見不同。衆生執一切爲有，此爲衆生知見；而佛之知見，即是要使衆生觀諸法之因緣生滅，知有終成無、成空。衆生以一切有情界爲永恆，此爲衆生知見；而佛之知見，即是要示曉世間，有情之住相執有，其終究是不實在。衆生住於有情世間，此爲實事；佛爲衆度亦必乘願入於有情法界，此一方面爲佛之悲心，另一方面亦在說明：有情世間雖爲短暫權設，但依於有情可成就真空之境，並非是要去捨有情法界，再另尋覓真空之境；若真空是爲可尋、可覓、可住、可止，如是亦是執有，則非真空。於《阿含經》中已明示：佛出世間，非由天而成，故佛之成在有情界，而佛所證悟之真空之境，亦在有情界依自性離故而證得。凡修學般若波羅蜜多者，

---

5 大正 **8**・749 下。

不用懼處於有情界，亦勿需再另覓一無增減之永恆法界，只要能依般若波羅蜜多之不執行證，終將能觀有以成無，以至真空，唯此中之關鍵在心之不執。執有雖是苦惱，但深觀有可至真空，此亦是有情界之寶貴處；當能由有至真空之境，此中之融通、自在，但是心境之悟得而已，實乃本無一物可名真空（真空亦是一名詞），而心之悟得，即曰般若妙智，亦可謂：唯妙智才有心悟心得，實本無所得。

◎依根有好壞，依真空之性則無好壞：

上天賜予眾生，是一感官之動物，而感官之知覺作用，是探究外在環境之依據。於佛法中，特言六根（眼、耳、鼻、舌、身、意），既言根則有其形相；此六根中前五根又曰「五官」，其是完全呈露於外而令人可觀得見，故有「五官端正」之讚稱；唯意根不可見，然意念之思，雖是無形（不顯於外）但有迹（意念之奔馳即是迹），且世俗亦謂「相由心生」，如是之語顯然在說明：意念之思雖無形，但心思之正邪亦終能呈顯而出，此即是意根之無形有迹。孔子亦曾言：「視其所以，觀其所由，察其所安，人焉廋哉！。」[6]顯然，欲觀察一個人，除可見之有形外，其實只要意念一動、眼神一流露，所謂其迹皆已呈顯，實無法隱藏。六根與六塵、六識一相應，則各種喜惡、好壞則已判別，故依根而行，則必有好壞之產生。中國有「鬼神不測」之語，常人稱鬼神是「無所不知」的，但如何才能使鬼神無法測知呢？此中唯有自己之心

---

[6] 《論語》〈為政〉。

念不起動，當心立足於意念未啓動前之空靈性境，於此境界下，則鬼神確實無法測知。佛法於各種法門之開顯中，特立般若波羅蜜多，即是要學人於法不可執，因一切法皆有相，亦有其適應性；當由修學衆法而至不執法，自性清淨心自能呈顯，此即是菩提。故以根而言則有好壞之對待，而依性則無好壞；釋尊之演法，是其親證之心悟、心得，依根而行事終落有爲，故釋尊唯讚稱菩提清淨心。

◎依般若波羅蜜多修學，必能透悟色身雖苦，但真空自性不苦：

　　釋尊當年出家之目的，是爲尋一解脫苦惱之道，足見所謂「苦」，是於人之感受爲最深刻的。人生本有苦、有樂，但於樂之感受總是短暫又較不易留存於記憶裡，然於苦之感受總是較深刻而難忘，故世俗常謂：人生苦多樂少，此爲常人之感受如是。正因覺知人生苦多，而釋尊即以觀苦、解苦爲其法義之核心；既於苦之感受深刻，故當思之、觀之，苦源於何處？又何謂苦？人之所以會有感受，一皆來自於根、塵、識之作用，而釋尊之法義即是要學人深入此根、塵、識中而觀，此是互爲對應而起，既是互爲對應，若能於外境而不起，則將無對應之法（感受）而起；且所謂法（感受）亦皆緣生緣滅，故不可執著，此亦是佛言因緣觀之目的，是爲退治執著之癡迷。佛論三法印，言一切無常、苦，反之，若能無有我相、人相之相對待，則爲解苦；顯然，苦是相對應所生起之感受，當不流於無常之緣生緣滅中，則亦無有苦之煩惱。佛論三法印是觀現象界之結果，而佛論般若波羅蜜多即是

提出解苦之良方，唯當不執法與一切感受，即或於色身當下所感受到苦，亦能知在不執之下，可至真空自性之境，其實「真空」亦是名詞，於真空中實則無一物，苦亦無有著處。若論人生確實有其苦，有色身寒暑病痛之苦，有人與人相爭競之苦，但所謂苦皆是因執相而形成之，即或於色身感受苦之當下，若能再觀真空自性並不苦，則所謂苦皆是短暫之因緣，若能放下所執，那人生將有不同之境。

◎偏空涅槃非真空涅槃：

　　觀之中西古今之哲理，其中之演變發展各具特色，但佛學之出現，可謂令人有驚嘆之感。此中除於後代發展裡，注入更豐富多元之內容外，佛學之主要特點在實證，且以涅槃之證入為最究極。於佛法中，於涅槃之論述，大抵界分為：有餘涅槃與無餘涅槃，此兩者之差異在有餘則有執，唯有至無餘（無有執）才是涅槃之終究。於釋尊時代所開演之「三法印」，（或又曰四法印），即是以證入「寂靜涅槃」為最終目的，但所謂寂靜涅槃與無餘涅槃，其內容之所述是否有異？亦或是終究之境是一致，只是名詞不同罷了！若先不依名詞之差異而論，而是依整體佛法之內涵而觀之：顯然，佛法雖其入手處是無常、無我（空）、苦，但終究之菩提、涅槃之證得，並非是去捨一切而置於空境而已，佛法於空義上有特殊之論述，執空亦是一種執，故強調「空空」；而涅槃所證之寂靜，並非是頑空（空無一切），如是即成偏空涅槃。於《法華

經》中，特論述佛之壽量甚大久遠，實未曾涅槃；[7]以色身而言，當不可能是甚大久遠，法華妙義在開顯佛之遠劫本懷早已成佛，唯近迹示現才有色身入涅槃之說。依法華之說，並依般若波羅蜜多之論，釋尊一再強調「不執」之立場，不唯在法相上而已，於菩提之證得、涅槃之取入亦皆不可執。此中唯真空涅槃才能應合佛法深義：因菩提當證、涅槃當入，但又不執形相、又不偏空取滅。若謂佛已取證涅槃，則必是真空涅槃：真空中蘊涵無量妙有，如是涅槃之境是具有生機而非死寂罷了！

第二節　般若波羅蜜多與心之靜

◎以十六會廣開般若之談－清淨心之理論：

　　《大般若經》洋洋灑灑共六百卷，共分十六會，其內涵所論之主要核心是：般若波羅蜜多，此十六會六百卷之內容，一皆環遶在此般若波羅蜜多之核心上。般若其義爲妙智慧，是佛法中之最高智慧，依此妙智慧所成就之境是佛境，所成就之果是佛果，唯妙智慧之「妙」是不可思議，既爲不可思議，實則亦無法落爲言說，故般若波羅蜜多之修證，至其終境亦只是一清淨心之呈現而已。顯然，《大般若經》以十六會而廣開般若之談，各會雖有不

---

[7]　參見《法華經》〈如來壽量品〉，有云：「如是我成佛以來甚大久遠，壽命無量阿僧祇劫常住不滅。」（大正 9・42 下）。

同之菩薩爲主角，但一皆爲論般若波羅蜜多則爲一致；不論各會之切入點各有不同，但同爲不執而呈顯清淨心則無有差異。可見，十六會之般若之論，其實只是在論述：如何才能呈顯清淨心。清淨心爲一切眾生本具，於本具之心卻無法呈顯，其因在執著，故十六會之般若之論，雖所涉及之法相甚多，此爲度眾而然；唯法相雖是修證之依據，但亦是產生執見之最大關係處。整個十六會之論，其重心是「去執」，當以何種心態而去執，去執之歷程爲何？唯有去執後，本具之清淨心才得以呈顯。論去執、強調去執之重要性，此爲《大般若經》十六會之主要內容，然此爲淺層之義；真正之妙智慧是不落言說，而依妙智慧所呈顯之清淨心，才是十六會之主要目的。故當清淨心呈顯，即是般若妙智發揮最大之作用，至此，不需言如何去執，實一切法相早已蕩然無存，此才是十六會深層之內容。故真空之般若之論，不是在論執如何去除，此本爲虛妄，又如何能執之？十六會之般若之論，是真正在論清淨心爲是。

◎由清淨心而有真信：

佛法之設立目的，是釋尊爲解眾生之煩惱而起，換言之，佛法甚至是佛學，其不僅只是一門學問而已，其內涵生命在實證，而實證之根據則本自於信與願，顯然，如何入於「信」位，是行持佛法之初入門。於大乘五十二階位中，是由十信開始，此亦可見若無「信」則終無佛果之成。唯「信」又當由何入手？雖有云：「信爲道源功德母，長養一切諸善根」，此乃是強調「信」在佛法行證上之重要性，然如何才能於佛法產生信力呢？此如《金剛經》

所云：「如來滅後，後五百歲，有持戒修福者，於此章句，能生信心，以此爲實。當知是人，已於無量千萬佛所種諸善根。聞是章句，乃至一念生淨信者。」[8]顯然，信是由戒起，而所謂「一念生淨信」，此中之「淨信」即是專信、全信，而能於佛法能有如是之信力，其重要之關鍵即是「淨」，故亦可謂：唯有清淨心而後有真信，而清淨心是依般若波羅蜜多於諸法不執而故有。以五十二位而論，「十信」只是初信而已，故有清淨心才有真信，此信已至不退轉之地；然亦可言之：有真信才能有清淨心呈顯，此中之清淨與信是不可分割的，故依《金剛經》之理路，能「一念生淨信者」，其後之接續是：「如來悉知悉見，是諸衆生，得如是無量福德。」[9]此中之「福德」，即是依清淨心之真信所產生，而「無量」乃是依佛果之福德無量故言之。

◎般若波羅蜜多即是清淨心，當清淨心呈現時，三界亦皆明：

依佛之教法是謂正教，唯釋尊於四十九年間所言之法如爪上塵，未言之法如大地土，簡言之，言「法」只是佛之教法之一，且此是微小如塵土而已，顯然，於現存之三藏經律論中，不論所言之法義爲何，依佛意皆是方便說，故禪宗特以此強調：釋尊四十九年實未曾言一字。後世於判教上，以般若爲第四時，而般若波羅蜜多即是妙智，亦即是清淨心，此清淨心亦即是佛心，而諸佛菩薩一皆依此清淨心而行。惟般若之作用在融通淘汰，而於諸法之融通淘汰，其最終之境即是在顯此不執之清淨心，故雖以般

---

[8] 大正 8・749 上-中。
[9] 大正 8・749 中。

若爲判教之非究竟地，此乃依佛之目的在度眾，唯至三乘終歸一乘始可曰是圓教。然於度眾之前，若無般若妙智之呈顯，則於個己而言，度眾將有所執，執有一度者，執有一被度之人，執有諸法之施予等，換言之，於修證而言，執著者即無法以清淨心而面對一切，故有：此爲我度之人、此爲我之道場、此爲我之言說等，如是即爲心中有物，是以於度眾而言，一旦有執，則有我、數、量之存在（此皆爲有限），以如是之心終無法入正覺境界。依度眾而言，以第五時爲圓教義，然個己之成則必賴第四時般若之呈顯，而修證者縱行持一切菩提分法，又即使度盡一切法界眾生，若心中有物、有執，則無法言是般若，唯能臻至：「度盡三界眾，心中無一物」之境，此即是清淨、此即是淨土，而清淨即代表真空，而清淨心上本無旗亦無風，當能呈顯般若波羅蜜多之時，依如是而演法，則諸佛皆在場；依如是而行，是謂正教；依如是之清淨心，則能於三界間往來自由。

◎般若波羅蜜多能開悟自性清淨心，此為自性之功用：

　　般若波羅蜜多之修證在不執不取上，此一方面是爲於前之修證過程當行一切菩提分法而破執，另一方面亦爲說明一切法皆本自性離，實無有可執之事。由行持一切之菩提分法，至觀一切法皆本自性離故，如是之過程，是修證之必然經歷。因若無菩提分法之行持，則易落入頑空，此於靜坐上則反對空心靜坐之無記空；而菩提分法之行持，在使學人知精勤，能充實自己，知佛之威德成就得來不易，故能謙虛、除驕慢，如是皆在說明菩提分法存在之必要性。然當行持一切菩提分法後，若又自滿於己之修持，且

執於己所行持之菩提分法爲最殊勝，如是亦終將自我設限而難以臻至圓滿之境地。而般若波羅蜜多即在於一切法之不執上，故般若波羅蜜多是不去捨一切法，然又不執一切法，其最終之目的在使學人能依自性而成菩提。如是之理路，與佛言一切法又終以並未言一字，是爲一致的，足見，如何由自性以成菩提才是佛法之最終境地。而能於一切法之不執，除是能觀一切法之自性離之外，其中最重要是來自於清淨心，能具清淨心，則當觀一切法而不執，而清淨心則來自於自性，自性爲人之原始本具，故清淨心必當由自性以成之，此即爲自性之功。後起之禪宗，向以論「自性」爲其重點，更以菩提、清淨皆與自性相連而論之，並以此清淨心即爲佛心，亦即是成佛之依據。顯然，般若波羅蜜多雖以觀諸法爲起始，但其目的亦在如何由不執而成就自性之菩提，換言之，依不執之清淨心以成自性菩提，爲般若波羅蜜多之作用。

◎般若波羅蜜多之自性清淨心，即是三寶之佛寶：

佛教重「法」，法之集成即是經典，做凡佛經之所在，則等同佛在。而佛教所立之三寶：佛、法、僧，此中之法即是經書，此爲有形有相；而僧爲修持佛法者，此亦是有人之相；唯「佛」之所在，若以印度之釋尊爲佛，則其色身早已成空，而向於「佛」之論述，並非特指釋尊，當然，依印度之義，佛爲覺者，而釋尊於當世之行遊教化時，時人即以「佛陀」而尊稱之，然不論於「佛」之釋義爲何？釋尊於經典中，已一再表明於其之前，早已有無量之成佛者，故「佛」於後人之心目中，不單只是代表印度之釋尊，而是一種境地之呈顯。若以此立場而視「佛」，則佛境確是一不可

思議之，而佛經更代表一切之圓融、圓滿，此中無有任何缺憾，
至此，「佛」已無法以形相論之，惟佛必由人修成，此乃予人努力
之肯定，亦是引人向高尚之路追尋，此爲於人是最大意義處。佛
既可由人而成，而法是成佛之依據，而佛境之達成，終必經般若
波羅蜜多之蕩相遣執，當一切有形之執與相去捨後，於人而言，
唯有清淨、清明之心，故有言：佛與眾生之差異，唯在心而已矣！
佛境既無法以言說道盡，以是禪宗有一名句：「言語道斷，心行處
滅」，一切之行迹皆非究竟處，故三寶之佛寶，絕不能以形相論之。
佛既非形相，而人又可修成之，以是所謂佛寶，於眾生而言，即
是清淨心，而皈依佛寶，即是自皈依清淨心；而清淨心之得成，
當由依般若波羅蜜多之修學而呈顯，故亦可曰般若是真妙智，而
般若妙法即是清淨心。

◎依般若波羅蜜多而發菩提心者，亦無可得、無可說：

　　若言佛法甚深微妙，其甚深之初步是名相法義之敷陳，而於
敷陳中，最令人難思之部份，是在語句之兩面同時並現，與其說
此爲佛法義之特色，亦可謂是佛法義甚深之第二步。於法義之兩
面同時並陳但又不可執一邊，此爲般若波羅蜜多之作用，故於般
若部之經典中，對於諸法皆有廣面性之論述（此爲於法之肯定），
但又一再闡述不可住之，其是無可得、無可說（此爲於定法之否
定），如是一肯定、一否定之並存，其理在：不執，能不執則能遊
於兩面而自在。釋尊已得然燈佛授記成就無上菩提之果，菩提之
果來自菩提心，然所謂菩提心即是清淨心生，若依般若波羅蜜多，
是不可執佛法，亦不可執佛果，故所謂菩提正法實無可得、無可

說；菩提既本無可得，又何來之發菩提心呢？若言菩提心即清淨心之生；唯此「生」當如何理解呢？於《金剛經》之「應無所住而生其心」，此「生」又是何義？依清淨心本一切眾生具足，因執而不顯，一旦妄心（執）除、真心即顯，故「生其心」之「生」是顯露直發之義，並非再依據任何之事物而起，故「生」並非可加工造之。唯至此，亦可再追問：清淨心與雜染心，此兩者之不同，又源於何處？實乃一皆源其心之自生，並非有任何外在之菩提正法能覺我；同理，一切之色聲香味觸法亦無法迷我。般若波羅蜜多一再強調不可執、不可住，法是如此，佛果亦然，法義開演至此，其主旨已明：所謂法、所謂佛果，唯然向自我求之而已矣！

◎依般若波羅蜜多所行之善法是曰淨心行善：

十法界中分善法與惡法，眾生欲由凡界入聖界，則要行持善法，唯凡夫所行善法，是基於求福之心，依求福之心所行善法，即是有執有爲之善，此即不淨。依般若波羅蜜多所行之善法，是以無我而行之，此即淨心行善，如《金剛經》所云：「須菩提！是法平等，無有高下，是名阿耨多羅三藐三菩提，以無我、無人、無眾生、無壽者，修一切善法，即得阿耨多羅三藐三菩提。須菩提！所言善法者，如來說即非善法，是名善法。」[10]以無我而修一切善法，即得正等菩提，唯菩提本無法，故一切善法亦終不可得，以是菩薩於法應無所住而行一切善法。凡菩薩所行之六度皆

---

[10] 大正 8．751 下。

是善法，然菩薩能不住相而行六度，則可臻至正等正覺；顯然，所謂善法，並非由外而求、而行，若善法是可求、可行，則善法亦是一種外執而已。如《金剛經》所云：「是法平等，無有高下，是名阿耨多羅三藐三菩提」，依「平等」而論，唯一切眾生之真性始可謂之平等，因佛與眾生皆同一真性，故依平等，即可名阿耨多羅三藐三菩提；而修一切善法，只是真性之發用。於無上正等正覺之法，本無有少法可得，唯佛又恐眾生落入執無法之見，故又再開演「修一切善法」，以明需依法以修行，當既得菩提時，則一切善法亦皆不立，因本無有菩提之法，又何來之善法，故曰：「善法非善法，是名善法」，一切善法皆只是本性中之自然妙性，其本無惡，又何來善呢！以致禪宗六祖大師要學人：「不思善！不思惡！」才能得見本來面目。[11]

◎依般若波羅蜜多之自性清淨心，即會為自己加智慧，己亦不知，然於無形中會說出超言絕倫之佛語：

佛由人成，此是釋尊之示現。唯當再思之：釋尊既與常人無異，其智慧又為何勝出凡夫甚多？雖言人有稟賦之不同，故有智愚之別，然當可再追問，稟賦又依何而定高下，若如是而再探究下去，恐將涉及至無量飄渺之前世因緣。若將此問題，返歸至現實之我時，我如何由凡夫而覺悟以登聖域，此中之關鍵即在自己身上，能精勤努力依法修證，此為第一步。然於修證之歷程中，由戒而定、慧，此中「定」是開慧之重要關鍵，而定力之修持，

---

[11] 《六祖壇經》〈行由品〉，大正 48・349 中。

又必由靜中取靜，再至動中取靜，換言之，釋尊之定中修持，是爲後之開法，惟釋尊之開悟並不依據前之定法以成之，其是依不同因緣而開演法義，此更非依某經典而言說，故後人以釋尊爲佛教之開創者，其因亦在此，而釋尊能不依據定法而開演無量法義，其活潑圓融實來自於其自悟自得。觀釋尊一生指點教化眾生，菩提唯在自證、自得，在心而不在外，換言之，當能不執定法時，自性清淨心自能開顯，當其開顯越多時，無量適機而成之智慧語言即自然流露而出，此即是因不固執法而有如是之結果。般若波羅蜜多之修學，即是要使學人能觀諸法之自性本空，一切法皆無所謂定法，而釋尊之指點唯在點出般若慧是眾生自性本具；正因由自性開顯般若慧，依般若不執之慧，以成清淨心，而此即是一切智慧之源，一切法義皆由此而開演。

◎依般若波羅蜜多所論之正法即是如來、清淨心；所論之末法即是物質、靠外修：

就整個佛教之發展，至今已有二千五百多年，史家對佛教之歷史發展，有其分期之論，大抵依距離釋尊時代之近遠，而分爲：正法、像法與末法，此中特以釋尊之後五百年爲正法，換言之，唯正法最符合釋尊之教說。若依史家之分期，則自釋尊後五百年起，整個依佛法而修學者，皆無法言是依正法而修，此乃是在說明法義必有其適應性之改變，故越往後發展，必與釋尊之原法義有若干差異處。然釋尊已一再言明法無定法，換言之，若一切法皆要如同釋尊時代而不可變動，此乃於法是一種執，而一旦執著法，則必與釋尊之法義精神背反，又如何能言是依正法而行呢？

故所謂正法之說，無法僅單面依時間所距而論斷，以史家之分期而言，今時是末法時代，然是否於末法時期即無有正法之存在，又是否於今時之學人不論如何努力，皆只是末法之修學者而已呢？正法、末法可爲是時間之判別，但依釋尊之意，亦可謂是依整體佛法之義，釋尊不重外相，而重內涵精神，故所謂正法，即是依自覺如來而證悟清淨心，此即爲內學；換言之，若同在釋尊時代，卻無法依自覺如來而證得，此亦是末法，即或其生於正法時代。同理，所謂末法，亦不在時間上，而是重物質、重形像，依憑外修，即是末法，故《金剛經》有云：「菩薩莊嚴佛土不？不也！世尊！何以故？莊嚴佛土者，既非莊嚴，是名莊嚴。」[12]莊嚴不在外，清淨心即是莊嚴佛土，而般若波羅蜜多之功用，正在不執上，故於正法、末法亦不可執爲時間而論之，當以是否能自證而論之。

第三節　般若波羅蜜多與諸法、相

◎般若爲中道第一義諦：

佛法之法門雖多元化，此爲應眾之機而然，然一切之佛法其目標皆在「中道」上。言中道則代表不偏執，不偏執苦行，亦不

---

[12] 大正 8・749 下。

偏執過分享樂，此中道法是佛法立法之原則，亦是釋尊先於苦行林中修行無結果後之反思：當過份於色身之受苦中，並不能完全袪除人心之煩惱。同理，過份之享樂，於聲、色中反更迷惑，顯然中道是最符合人性，亦是爲人於修證過程中，最能使人心安而精勤努力以臻至目標之法。依般若波羅蜜多而修證，於一切法皆不執，不執是於法之態度，然依不執而修證，即是中道法，而依中道法之成就即是第一義諦。向來於論述中道法最具代表性之論著是《中論》，其中有一名句：「眾因緣生法，我說即是無（空），亦爲是假名，亦是中道義。」[13]依此偈所暢之中道義，並非是折衷義，而是空、假、中同時完成，此即天台宗智顗所論之「三諦圓融」義。一切緣起法皆因緣和合而成，故終將成空，雖終是成空，但不可否認其曾經存在過，唯其存在並非具永恆性，故曰是假。此理，所要說明之重點在：不執，於因緣法（假）不執，於空亦不執，唯因不執，才能呈顯事物之真實狀態。依般若波羅蜜多之修證，知諸法自性離，故不執，依不執一切法，反通達一切法，故若能依般若波羅蜜多而觀照事物，亦必能得一切事物皆是「空、假、中」三諦圓融，故於假又何需執？於空、中亦然，至此，所呈顯唯是第一義諦，朗朗現現不必落於言說。

◎般若非佛法，般若是諸佛之母：

依《金剛經》之論：「所謂佛法者，即非佛法。」[14]「佛法」只是一假設之名，實於根本上並無有佛法，故云：佛法即非佛法。

13　龍樹《中論》〈觀四諦品〉，大正 30・33 中。
14　大正 8・749 中。

依此之論，則般若波羅蜜多亦非佛法，因般若波羅蜜多亦非法數，更無有法義，故般若波羅蜜多確實不可以「法」而言之，更何況言其是佛法呢！唯所謂「佛法」之義，是指能開悟眾生，於眾生之自悟而言，確實無有法可名爲佛法；法、相既不可執，故言「佛法」實亦是一種執，佛法確實是非佛法。般若波羅蜜多雖非佛法，因一切法皆無所有、不可得，但般若波羅蜜多爲諸佛之母，因一切諸佛與諸佛阿耨多羅三藐三菩提法，皆由般若波羅蜜多而生；顯然，佛並不是依法而成，一切法既成虛妄，成佛又如何能依虛妄之法以成之。唯佛教之最高境界是真空，依真空自性而言即是佛，此於真空之境中，「佛」亦只是假名施設，故於真空之境中，即無佛亦無佛法之名。然真空之境不等於頑空，於真空之境中雖無有名相、言說，但不等於死寂，佛之境即是真空之境，此境是如如不動、此境是常住真心，斯境是依一切相、執、名、妄皆盡除後而呈顯之。般若波羅蜜多之作用，即是在破除一切妄想執著之法，此中當亦包含所謂之「佛法」，當唯存真空之境，當唯有自性清淨心時，此境即是佛境，而佛境是依般若波羅蜜多之作用以成，故亦可曰：般若波羅蜜多能生出諸佛，其確堪稱是諸佛之母。

◎般若為諸法之王、諸經之師：

　　法由心生，一切法之開演皆因心悟而起。雖言一切法本存於宇宙間，全賴個人之自覺如來而開演，唯此自覺如來爲人人本具，再加上依釋尊悟道之語：原來大地眾生皆有如來智慧德相，只因妄想執著而不能顯了。換言之，釋尊能開演如是之佛法義，此開法背後之依據智慧，顯然釋尊有而眾生亦絲毫不減少一分。而釋

尊本具之智慧，即是般若妙智，此般若妙智亦可謂是：諸法之王、諸經之師。衆生於般若波羅蜜多之修學，其終竟之呈顯是一清淨心，於清淨心中般若自生，故般若波羅蜜多雖本不具任何一法，但卻可依人治人而開演無量數之法義，此即般若妙智之作用，一切法皆依此而有，一切經典亦皆依此而成。般若波羅蜜多之修學成果，可使衆生呈顯本具之自覺如來，依此智之悟得，其所演之法，必不定然依前人之法，若依前人之法而講解，此乃予法義、經典探究剖析而已，尚不能言在：開法示衆，能開法示衆者，必是依清淨心之般若妙智，視當下因緣而開示法義，此中之法義內容必有不同前人之部份，依此而開法，即可言是：吾說；否則，於般若妙智尚未呈顯時，一切皆只是引經據典爲：某某說或某經說而已。由前人所留下之智慧妙語，當可令人深思：前人之妙智源於何？前人之法義是否能適應無量之後代？顯然，一時一機，一機一運，時、地因緣或有不同，但一皆需仰仗般若妙智以開演應時、應機之法，則理應爲一致，而此中之關鍵唯在般若妙智上。

◎般若波羅蜜多爲如來之心法－以離相爲宗、以無住爲體：

　　般若波羅蜜多之作用，是以離相爲宗，以無住爲體，故《金剛經》有言：「所有一切衆生之類，我皆令入無餘涅槃而滅度之。如是滅度無量無數無邊衆生，實無衆生得滅度者？何以故？須菩提！若菩薩有我相、人相、衆生相、壽者相即非菩薩。」[15]又云：「若菩薩不住相布施，其福德不可思量。」[16]離相、無住皆是爲

---

[15] 大正 8・749 上。
[16] 大正 8・749 上。

令入眞空之境，而眞空之妙本不落於言語形迹間，唯佛特言般若波羅蜜多亦是勉強言之，其旨在離相、無住。菩薩並無度衆生，僅是指點而已，故曰「實無衆生得滅度」，於眞空之境本無有佛、菩薩與衆生，又何來滅度與否？此爲依離相而言般若波羅蜜多之作用。依無住而言，即不依憑任何人或法，唯我獨宗，故佛暢言：「我不受因果輪迴」，於證悟眞空之境地者而言，一切相、法皆已不存在，故亦無有因果之事，此爲依眞空之境而論，然於相、法之下，則佛言：諸善奉行、諸惡莫作，而無住正爲顯眞空之自性無有一法，故亦不礙於任何一法。若言般若波羅蜜多是如來之心法，而如來之心法並非在法義上，而是在離相與無住，而佛亦依離相、無住而證悟眞空之境。此「離相、無住」之宗旨，亦爲後之《六祖壇經》所用，[17]此中多一「無念」，於念而言即是法塵，起念即背清淨心，如是之義，皆與般若波羅蜜多相應合，皆是依如來之心法而開演。

◎佛法之不二法門－無字眞經：

　　佛經中於論述有關「不二法門」之最著名經典即是《維摩詰經》，當諸菩薩各自表述有關「不二」之義時，此已是落於形相，故本經於最後之辯詰是：當文殊師利菩薩問維摩詰何謂「不二」時，維摩詰只是「默然無言」，此時文殊師利菩薩讚維摩詰居士：「善哉！善哉！乃至無有文字語言，是眞入不二法門。」[18]另於

---

[17] 《六祖壇經》〈定慧品〉，有云：「我此法門從上以來，先立無念爲宗、無相爲體、無住爲本。」（大正48‧355上）。
[18] 參見《維摩詰所說經》〈入不二法門品〉，大正14‧550中-551下。

《六祖壇經》中亦有論佛法爲「不二之法」義，[19]不論是依文字解說之不二之義，或如維摩詰最後所展現之默然無語之態度。此中真正不二之義，已於佛像胸前之「卍」字已表露無疑，不論後人如何解讀此「卍」字，或有言此爲「萬」字，然「萬」不等於「卍」；或言「卍」字代表法輪常轉，然佛於住世時已轉法四十九年，則此「卍」必有其深義，[20]不論所持之觀點爲何，此「卍」是一表徵，代表佛雖言法四十九年，但真經是不在文字經典上，文字經典爲有相則終將滅壞，唯無字才是真經，唯能不落於文字、聲音之形相，才是永不滅壞之真經，故所謂「真經」，佛確然無法言說，僅以胸前之「卍」威光照耀爲一示導，以表徵佛雖有千言萬語，但佛法之真正不二法門，絕非是文字解說，而默然無語亦只代表一種態度，而「卍」即代表無字之義，唯依無（不執）才能開出千經萬典、千法萬法，而佛法之不二法門即是無字真經，此亦是人人之自性真經，唯此爲真，其他皆假。

◎般若波羅蜜多不得以生滅法論之：

依般若波羅蜜多之不執修學，可成就佛果，此爲般若波羅蜜多之殊勝處。惟所謂佛果之成，是因其所修淨行，以成其相好莊嚴，而三十二相即是莊嚴具足之相。於三十二相不可執，此爲般

---

[19] 《六祖壇經》〈行由品〉：「佛法是不二之法。無二之性即是佛性。」（大正 48．349 下）。

[20] 參見《佛光大辭典》上冊，頁 2202-2204「卍字」條，有云：「卍字意譯作吉祥海雲，爲佛三十二相之一，八十種好之一。乃顯現於佛及十地菩薩胸臆等處之德相，鳩摩羅什、玄奘等諸師譯爲「德」字，菩提流支則譯爲「萬」字，表示功德圓滿之意。然「卍」本爲一種記號，而非一字。（高雄：佛光出版社，1989 年）。

若波羅蜜多之觀照作用之結果，然佛果之證得，是緣於功行與德行，唯當功德圓滿，自現妙相。依般若波羅蜜多之不執觀照，於三十二相不可執，然如是是否亦意謂如來不需以具足相而成就之，此於《金剛經》中即有辯解：「須菩提！汝若作是念：如來不以具足相故，得阿耨多羅三藐三菩提。須菩提！莫作是念：如來不以具足相故，得阿耨多羅三藐三菩提。須菩提！若作是念，發阿耨多羅三藐三菩提心者，說諸法斷滅。莫作是念。何以故？發阿耨多羅三藐三菩提心者，於法不說斷滅相。」[21]著相是執，故三十二相不可執；然著無亦是執，故佛果暢論三十二相。此中之論述重點有二：一為如來相，一為發心修行。依發菩提心者，此為初信，必依法修行，故於發心修行者，不可說斷滅相，此可破執無者，故需論述：佛以具足相而得阿耨多羅三藐三菩提，使學人能精進於功行與德行，以成就莊嚴具足之相。又如來之相本不可以聲、色而得見，故「如來不以具足相故，得阿耨多羅三藐三菩提」，此在破執相者。然由「汝若作是念」至「莫作是念」，且再如是反覆一次，此乃是一種警示：即若以為不修功德具足妙相，即可成就正覺，則一切法終落入空寂，此即成斷滅，唯依般若波羅蜜多之修學才能臻至：空而不斷、無而不滅之境地。

◎般若波羅蜜多即是無為法，一切唯自度自悟而已：

　　佛教開演菩提分法，學人依菩提分法而證得菩提，若依廣義之菩提分法而言，則般若波羅蜜多亦可謂是菩提分法，因依般若

---

[21]　大正 8・752 上。

波羅蜜多之修證可證得佛果。然一切之菩提分法皆有其內涵之修證法門，於此般若波羅蜜多是無有的，般若波羅蜜多是不具涵任何一法，若以修證方法而言菩提分法，則般若波羅蜜多又不可言是菩提分法，因其本身無有一法，無法提供任何一修證方法予學人做爲依憑。然正因般若波羅蜜多不具有一法，如是始可謂爲妙法，此般若妙法之作用在蕩除執、相，一切之執、相皆是有爲，當以無爲破之，而般若波羅蜜多即是無爲法，依此無爲法，則一切法皆可通達之，同理；學人依此無有一法之般若波羅蜜多，而可證得菩提，此義即在說明：實無有一法可證得菩提，實亦無有菩提可證得之事，因一切本無法，以無法之般若波羅蜜多，去證本不需待證之菩提，此中唯有：自度自悟而已。於般若部之經典中，特強調有相之布施，不如無相之布施，此中之真義要在：「不執相」上，故持經或行法亦然如是，持經須悟真理，否則又易著相；行法是爲明心、呈顯清淨心，若無法真悟真行，於相或無相一旦有所執，則爲偏邪。佛之演法只在指點開悟而已，因一切眾生皆有佛寶之清淨心，此爲不待修證已本然天成，故確實釋尊無有開演任何法義，而般若波羅蜜多不具任何一法，亦可謂最近於佛法之本義；故一切眾生依般若波羅蜜多之無有一法而修證，亦即是依清淨心當可得成菩提，此爲眾生之真悟真性，而執、相亦只是自掃而已，實無法依憑任何一法而去除障礙。

◎依般若波羅蜜多才能開顯無量妙法－佛具有十八不共妙法：

佛教之修證歷程，各宗或有不同，然大抵以十信、十住、十

行、十迴向、十地、等覺、妙覺共五十二階位爲一綜合之通論；
且於十法界之四聖中，又以聲聞、緣覺、菩薩而至佛爲究竟覺；
此中尚有大、小乘之分等，然不論佛教於行法之闡述所具有之內
涵如何不同，但以佛爲究竟則爲一致。惟佛所具有之智慧、神通
與妙法等，又有共與不共之分，此中不共法則爲佛所獨具；菩薩
尚不及之，更何況緣覺與聲聞。所謂佛具有之不共法，除爲彰顯
佛之威德不可思議外，此中之關鍵在：佛能不執一切法，因不執
才能通達一切法而圓融無礙；菩薩於行證歷程中，若能無法我，
則將轉更明淨，以至透悟本是清淨、本來是佛。任何欲行證佛法
之人，皆需歷經般若波羅蜜多之融通淘汰，此過程則恍如歷經一
層一層之濾清與篩除，將我相之執、人相之執，以至一切衆生、
壽者相之執，皆一一被遣除；此於清淨心而言，則是濾除意念雜
想，亦即是一念不發；此於淨土而言，則恍如真空不著物，一塵
不染，而所謂莊嚴淨土，亦即是一切之言、行、意皆清淨即是；
清淨心爲真淨土，而不清淨即是心光放流。佛所具有之十八不共
法，爲他衆所不能及，然一切衆生皆本是清淨、是佛，唯如何由
衆生登至佛境，則般若波羅蜜多所具有之作用，正是襄助學人去
捨我、法之執，以不執而成就如諸佛之不共妙法。

◎如來相不可得－如來即威儀、即寂靜：

　　諸相不可得，此爲般若妙智之作用。唯對於法身如來之成就，
向以三十二相、八十種好總爲萬德莊嚴之相，此如來相是修證之
果所呈顯之威儀相好，然如《金剛經》之論：「若有人言：如來若
來若去，若坐若臥，是人不解我所說義，何以故？如來者，無所

從來，亦無所去，故名如來。」[22]於「如來」之義，向有多種解釋：如來爲佛之尊號，或言其往來自在，故有曰：「如其所來，如其所去」，此一方面亦在開顯「隨緣不變，不變隨緣」，以明其體用不二之義。於一切法皆不可執，此爲般若波羅蜜多之作用，然法所現則成「相」，唯於「法」，依般若波羅蜜多而言，不可言是斷滅相，但又不可著法，此則般若妙智現矣！於一切法皆不可執，以是於如來、如來相亦不可執，此爲開顯般若波羅蜜多之真正用意，故以「無所從來，亦無所去，故名如來」以釋「如來」，此爲「如如不動」之境，此亦已然是「一合相」，故如來雖現威儀之相，亦即是寂靜之體，雖是寂靜之體，而能隨現威儀之相，若以三身而論如來，即如來三身即一體，一體即三身，故如來是即威儀、即寂靜，此即是平等法身之理。依般若作用而開顯「無所從來，亦無所去」之如來義，其目的在使學人勿求有相之佛，因一切外相之佛，即使是威光照耀、萬德莊嚴，亦是外相而已，皆與己無關。唯有般若真性之佛，此才是衆生之真如來，當心淨則現自性如來佛，此爲真我佛，確然是無來無去的；而如來之三十二相，亦只是如來爲度衆生之化現而已，能以如是而觀如來之相，是謂般若波羅蜜多之觀。

◎法身非相－不能住相觀如來：

般若波羅蜜多之修學，其重點在破執，於一切法皆不可執，於菩提、佛道、涅槃亦不可執。於成佛道既不可執，則有關象徵

---

[22] 大正 8・752 中。

佛果之三身、相好亦皆不可執,此於順佛道不可執之路,亦當可推之。不可以三十二相觀之如來,此義如《金剛經》中有明確之論述:「須菩提!於意云何?可以三十二相觀如來不?須菩提言:如是如是!以三十二相觀如來。佛言:須菩提!若以三十二相觀如來者,轉輪聖王即是如來。須菩提白佛言:世尊!如我解佛所說義,不應以三十二相觀如來。」[23]不以三十二相而觀如來,是爲破相執,換言之,不可以住相而觀如來,而眾生更不可憑藉聲、色而求得見如來。不以三十二相而觀如來,此中則引申另一重點:即佛所成就之法身,又當如何觀照?依佛果之成,有三身之得,此中「法身」是遍滿虛空法界,此即說明:法身非相,因虛空本不可得,故法身亦不可以相得。眾生因情執太深,由諸法不可執先開演,以至說明:法身非相,所謂「非相」:即不能住相觀如來。若以相好而論之如來,則如《金剛經》所言:「轉輪聖王即是如來」,因轉輪聖王亦是相好殊妙,且統領四大部洲,其福德威儀亦是令人難思。依般若波羅蜜多而開演「法身非相」,實要學人能返歸自性般若妙智,唯有自證自悟之真空自性,此即是自性法身,如來之法身是如此,一切眾生成就佛果之法身亦如此。如來之法身遍滿虛空,則如來已說、當說或未說之法,則一皆存在於虛空法界中,學人務要依自性自覺而悟如來之法。

◎由「相」中找不到性:

凡所有相皆是虛妄,此中之相則包涵「法」,故佛所說是法亦

---

23 大正 8‧752 上。

是相。釋尊於證悟後轉妙法輪，爲聲聞者說四諦法，此四諦法之內容可簡言是：因「集」而「苦」，故望「滅」而修「道」。聲聞者以佛所說，必有法可得，若依法修證，則必有果可得，然此皆未深解佛意，反落於能知、所知之中。依般若波羅蜜多修學，其終究之證悟是實相般若，而實相者是離一切相，亦即是離一切法，故佛並非是依法修證而得成，亦從未取證滅度，更未證得菩提道。顯然，依於一切相、一切法，終將落入分別對待中，而般若波羅蜜破執之作用，是於相、於法之執皆盡除後，唯真性自然流露，故真性不能依修學而得成，菩提亦不能依修學而得成，菩提亦不能依法相而取證。禪宗有一名句：「言語道斷，心行處滅」，此中之言語道、心行處皆是相、皆是有爲法，皆是心生法生、心滅法滅；唯一切法皆是心之相；而凡言相則必有生滅，故終言是斷、是滅。如是可知：斷與滅之對象是在相與法上，而心之本體無生滅，此即是法性、此即是真空。故依相、法而修，絕不能亦無法尋得法性，且不論所執是有相、無相、非有相、非無相或亦非有相、非非無相等，皆只是虛妄而已，唯依於無生滅之真空，法性才得以呈顯。而釋尊之開法，由有相之果可得爲始，使學人精進修證，再破我、法二執，以契入無相之果，此爲般若波羅蜜多之作用，淺可引領聲聞，深可啓悟菩薩。

◎如來唯指點開悟而已－由說法至破相之歷程：

釋尊一生行遊教化四十九年，其由菩提樹下悟知：一切大地衆生皆具如來智慧德相，只因妄想執著不能顯了。即展開一生說法之歷程，據《阿含經》之所載，大部份之菩提分法皆已出現於

《阿含經》中，如三法印、四聖諦、八正道以至佛之十力等，顯然，於整體佛教之法義建構上，於釋尊時代即已立下基礎之系統。如是亦可看出：釋尊注重法義之開演，更要弟子依法而行，且強調依法不依人；然釋尊於法之陳論是因時、地、人、事等因緣而起，如此則必與所行之處、所觸之人有密切關係，唯釋尊深知：於一生中無法踏遍每一寸土地，更無法接觸每一個人，故亦強調所言之法甚少，更要弟子們勿執法、執我。對於：如來智慧，眾生皆本具足，此為釋尊於悟道時早已深悟之，然釋尊之言法目的，實並未要施予任何眾生有一法，此即如《金剛經》所言：「如來昔在然燈佛所，於法實無所得。」[24]如來於法實無所得，同理，如來亦無法施予眾生任何一法，即使是「菩提」亦無有定法，此如《金剛經》所云：「須菩提言：如我解佛所說義，無有定法，名阿耨多羅三藐三菩提。亦無有定法，如來可說。何以故？如來所說法，皆不可取、不可說，非法、非非法。所以者何？一切賢聖皆以無為法而有差別。」[25]顯然，釋尊一生言法之目的，不在法義之本身，唯不論是執有法、或執無法，一皆不可執之，法義之本身，唯不論是執有法、或執無法，一皆不可執之，故釋尊之真正目的唯在指點開悟而已，此中又因個人利鈍之關係，故有遲速之差異，但終究在「自性自度」。[26]

◎佛無定法，依其人而指導：

---

[24] 大正8‧749下。
[25] 大正8‧749中。
[26] 《六祖壇經》〈行由品〉，有云：「迷時師度，悟了自度。蒙師傳法，今已得悟，只合自性自度。」（大正48‧349中）。

　　佛教之最大資產可謂是佛經（法），此中之內涵，後人常以浩如煙海喻之，亦足見其內容涵蓋之龐富。唯在如是豐富之內容裡，如何才能貫通之？且古今又有多少人能真徹通三藏之全部內容呢？且其間若有一字句或一偈不能明暢，即不可謂為是貫通，若以此為標準，則所謂能貫通三藏者實為罕見，而後人有「三藏大師」之尊稱，此中尊崇之意味較濃，亦是予其人之德、學之讚譽，而其人是否能於三藏皆通曉而無疏漏，並非後人所真正在意處。於是，予佛法之探究，恐難全面，此為一種事實，而後人亦多擇一二部份為主要入手處。然於佛法探究越深入，則更能明釋尊設法之目的，實為度眾而已，此中重點不在要依什麼法才能度什麼人；釋尊所謂菩提之證得，是指一種心開悟解，是以心悟而曰得，而並非是有任何東西可得。釋尊開法後，其目的在使學人能依法行證而悟得，於悟得後，亦可謂是當心門打開後，即能貫通眾生之心，亦能隨眾生之問題，舉眼前之實例以開悟眾生，故釋尊終言實無一法，並言未曾說一字，亦曾比喻：所言之法如爪上塵，如是皆可看出釋尊於法之態度，唯在不可執，心悟才是重點，心悟才能依其人而指導，而並非僅依某經某偈為準。求法若渴是學人重法之態度，但般若波羅蜜多之作用，要在學人於習眾多法後，所給予淘汰之、融通之，而所謂淘汰並非是指淘汰一切法，而是淘汰於法上之執；而融通亦非是指法上之融通（其實每一法門各有其相），而是指心上之不執，唯有自心不執一切法，才能以心悟之般若智而真正指導眾生。

◎一切數皆為方便法，非是佛之究竟門：

　　佛經有一特色，為顯佛之威光盛德不可數，常以各種之數量為喻說明，唯各種譬喻之內容一皆非世俗常識所能量化，故總曰為不可思議。然佛法於論述法相時，又常以數為量化內容，此如：三法印、四聖諦、八正道、十法界、十二因緣等，顯然，於法門修證上是有數、有量、有層次。如是之兩種呈現方式：一為佛德不可思議，是無量、無數；而另一則為能數、能行，此兩者皆是佛法表現之內容。惟所謂法，依佛意皆是方便權法，非是佛之究竟門；佛之修證歷程亦是依法而行，但於究竟成時，只是清淨心而已，並無一法，故凡有數量化之法門，一皆如佛所言，只是權設而已，「法尚應捨，何況非法」，此中之捨即是不執。佛開顯般若波羅蜜多，其目的在破執，而破執並非是否定，而是為說明：凡可數量化之法門，於行證之層次上似乎可窮盡之，如：十地，由初地至十地，此中之層次甚是分明，若能於前一地修證圓滿，即可登至次一地，如是層層轉增明淨，以至第十法雲地為究竟；此十地，依於法相，則有數次，唯如是可轉進、可數量之法，即使至其所謂究竟處，亦只是方便法而已，因佛德不可量知，故第十地亦非佛之究竟地。開顯有數、有量、有層次之法，是予眾生有一可預期之目標，能不生疲厭而層層精勤；唯當眾生能得不退轉時，佛再示以法數之修證不可執，唯於一切執皆能放下，才能真正入於無可測知之佛境裡，更何況唯自性真空境地才是佛究竟門，此中又何來之法數呢！

◎六根清淨亦非究竟：

　　佛法之目的在為解苦，而眾生苦惱之源是：由六根相應六塵、

六識而然，故歷來修行，望求六根清淨，如《金剛經》所云：「世尊！佛說我得無諍三昧，人中最為第一，是第一離欲阿羅漢。」[27]阿羅漢已超出六道，不受生、應受人天供養，其雖已離欲界之愛欲，已近覺道，但仍未成就佛果。於修證上，阿羅漢與凡夫之距在：阿羅漢是如而不來，凡夫是來而不如；阿羅漢意譯為：無生，[28]住如而不敢再入凡間度眾，故其所證之涅槃，即是偏空涅槃，故曰不究竟，並非佛境。阿羅漢已離欲而至六根清淨，並已斷見、思二惑，依於修證上已為四果之極，然如《金剛經》所言四果之內容，是有等級差別，此四果依次之修證是：無所入、無往來、無不來、無有法，[29]此中由不入（即知欲當避），而不往來（即不再蹈欲境），再不來（即離去欲境），終至無法（即已成離欲之果），此四果之修證，重點皆在於欲之觀照與捨離。唯佛之證悟在不執上，而阿羅漢尚執住離欲、不來，故佛以般若波羅蜜法門而開示之，故曰：「世尊！我不作是念：我是離欲阿羅漢。我若作是念：我得阿羅漢道。世尊則不說是樂阿蘭那行者。」[30]凡執六根清淨，是一種法執，而欲住淨智境地，亦是一種法執，此皆為般若波羅蜜多所要破之。

◎純聖無凡亦是方便法：

---

[27] 大正 8．749 下。

[28] 參見《佛光大辭典》中冊，頁 3692，「阿羅漢」條：「阿羅漢意譯應供、無生等。皆斷盡三界見思之惑，證得盡智。」（高雄：佛光出版社，1989 年）。

[29] 參見《金剛經》所云：「須陀洹名為入流，而無所入，不入色聲香味觸法。斯陀含名一往來，而實無往來。阿那含名為不來，而實不來。實無有法，名阿羅漢。」（大正 8．749 中-下）。

[30]《金剛經》，大正 8．749 下。

　　佛教觀法界爲無量，「界」有領域義，既有領域，則有範圍、有界分，若再以一花一世界而觀一切法，則法界確然無量、無邊、無窮盡。法界雖無量，但可總分爲十法界，此中再分爲四聖：佛、菩薩、緣覺、聲聞，六凡：天、人、阿修羅、畜生、餓鬼、地獄。於十法界中，一念可往來自由，此爲天台宗之「一念三千」義，天台之一念三千，是爲顯十法界之昇、降在一念間，既在一念間即可上昇、下降，故此中亦代表德性之昇、降是自由而無阻攔，但亦無保證，此爲天台所欲彰顯一念三千之德性自由義。雖言昇、降是自由，但界分十法界有聖、有凡，其目的在使學人能：超凡入聖，簡言之，能入聖道是一目標。唯依般若波羅蜜多之修學，是不執一切法，其破執是徹底的，由一切法不可執，以至佛道、菩提亦不可執，並強調佛之不思議境與地獄之五無間罪，其性皆是無有差別。顯然，依般若波羅蜜多觀聖、凡之界，當學人欲追求純聖無凡之境時，於般若波羅蜜多而言，此亦只是方便門，因於清淨心呈顯時，真空之境本無聖、無凡。唯佛是終究不執之實證者，由超凡入聖，必再超聖入凡而行度眾之實，此爲佛之行願。佛不以住不思議境爲究竟地，亦不以入五無間爲受苦；佛深悟幻身受苦，但真空自性並不受苦，是人依靠性、而性不靠人，此爲佛之自性自得。依般若波羅蜜多之不執而修證，於聖、凡法界皆能平等觀之，此中關鍵唯在離相、無住，既能捨卻相、住，則已無有聖、凡之分，則一切行於聖、凡間之追求，亦皆只是一種執罷了！

◎背覺（真性）合塵（入相）故曰眾生：

　　依般若部之經典集成而論，般若經典是漸次增多，以至今日之十六會六百卷之《大般若經》，此爲般若部經典之最具代表。不論各本之卷數或內容主述各有不同，但般若之作用如何闡述？如何行證？以至般若之終究證得是什麼？此才是重點。眾生之所以爲眾生，不在本性上（一切眾生皆本具自性清淨），而是在執相上（眾生以相爲執有），亦可言：眾生因背覺（真性）合塵（入相）而成爲眾生。眾生因不能深悟真性之覺本已具有，故一味向外探尋諸法，此即是背覺；又因背覺，即不能自悟自性清淨，故必於諸法中而尋一安身立命之所在，此即是合塵。眾生依執相而各於諸法中尋一有相之安身立命之處，然任何由外緣而成之諸法，亦終將成空；唯眾生無法悟至此境，且以各自所執諸法而終身不疲，如：以學問知識爲安身立命處，或有以名利權勢爲一生之目標，或有以百工技藝爲自得安樂等，於無量之眾生，各有其所依憑之住止處，欲求有相之住止，此爲眾生之心態。般若波羅蜜多之開顯：即是爲使眾生能「背塵入覺」，知諸法、相之無常、自性離，可使之而不可執之，當能於一切相不執，即是背塵；能不住止於法、相，必能返身而求，此即是「入覺」。於《六祖壇經》中有言：「自性迷即是眾生，自性覺即是佛。慈悲即是觀音，喜捨名爲勢至。」[31]諸法終有滅壞，於諸法之追求，其結果終是幻，唯覺性之自在才能永伴無生之境。

◎相、法之作用－觀相起敬、聞法悟理：

---

[31] 《六祖壇經》〈疑問品〉，大正 48・352 中。

　　依般若波羅蜜多之修證，觀諸法皆自性離，如是之觀照作用，在使眾生勿執一切法、一切相，法、相雖會令人產生執著，但一切之修證歷程，是不可廢捨法與相。法、相是諸法之根本，眾生於修證之歷程，必先仰賴某一法、相，如觀佛三十二相而起敬，因敬佛而生仰慕心，以至願追隨佛修行，此為相之作用。佛雖言一切法當捨，如《金剛經》所云：「法尚應捨，何況非法。」[32]若實法已然當捨，更何況非法呢！且依三法印義，諸行無常、諸法無我，實無有一法是永恆適用於一切眾生的，然佛亦然開千法萬法，為度千萬眾生，故法雖無常法、無定法，然眾生可聞法悟理，此即為法之作用。依佛而言，其言是一音，此一音即圓音，佛之音聲一出，不同之眾生各取所適用之法而皆悟得，故有：「佛以一音演說法，眾生隨類各得解。」[33]同理，佛之相萬德莊嚴，此為累劫修諸善法而成，眾生可由不同修證以成某一相好。故佛言法是圓音、佛之相是圓相，雖言般若波羅蜜多之修證，是一一破執至菩提，成佛亦然不可執，其重點在不可執，實並非去捨一切相、法，相、法各有其重要作用，是修證上之根柢，確然無法去捨。眾生之色身本即是相、法，若言一切相、法皆當去捨，則眾生亦要不存在，此為不可能，亦違佛法之真義：由人成佛，人必依相、法之修證以成佛，相、法是不可執，而非是泯除消滅。

◎輪迴果報為有相做出之福德：

　　於《金剛經》中有一段論說：「須菩提！於意云何？若人滿三

---

[32] 大正 8・749 中。
[33] 《維摩詰所說經》〈佛國品〉，大正 14・538 上。

千大千世界七寶以用布施，是人所得福德，寧爲多不？須菩提言：甚多。世尊！何以故？是福德即非福德性（原：德福性），是故如來說福德多。」[34]所謂福德即依有相所做出之諸善事，此於佛教中即曰福德，此尚在輪迴果報中，故終以福德爲有漏而不究竟。如是之論尚見於《六祖壇經》中所言之功德與修福別，且依「見性是功，平等是德」，以論修道在證功德，並非追求人天果報而已。[35]依般若波羅蜜多之不執而修學，能觀一切法自性離故，以是於一切法尚且不執，更何況執有相之福德果報呢！故依有相之福報而言，能滿三千大千世界之七寶，確爲甚多，此已非人間可盡數之。然如《金剛經》之論，「是福德即非是福德性」，此句之要點在論述：福德是依相而論，尚未究竟，故曰福德非福德性，顯然，般若波羅蜜多是爲論性而不爲論相。既能觀諸法之性自離，故能於有相福德不執，如是才能再進至一層如《金剛經》所云：「若復有人，於此經中，受持乃至四句偈等，爲他人說，其福勝彼。何以故？須菩提！一切諸佛及諸佛阿耨多羅三藐三菩提法，皆從此經出。須菩提！所謂佛法者，即非佛法。」[36]由不執有相之福德，才能真心依法修證，乃至於佛法亦不執，此中點破「佛法即非佛法」，唯至究竟處時，當能悟知：一切外在之法皆是相，唯有心中自有真佛。

◎佛教之門人依相而惑人，即是左道旁門；此是人變邪，而　非法是邪：

---

[34] 大正 8・749 中。

[35] 參見《六祖壇經》〈疑問品〉，大正 48・351 下-352 上。

[36] 大正 8・749 中。

　　般若波羅蜜多是依不住相而修證成佛果，依不住相所呈顯之真空自性，此爲一切衆生天然本有，此即爲一切衆生之正宗（清淨心），此中不需任何之加工造作。一切衆生一旦離卻真空自性之正宗，即是左道旁門，故所謂左道旁門，不應是各宗教派別彼此指責所產生之批判，而是一切衆生一旦落於住相、住法，即是左道旁門，亦可謂：凡離卻清淨心而所行之事，即是左道旁門。若以是而觀左道旁門之義，則不要輕易批判與己不同信仰者爲左道旁門，而當常自省：我離卻真心，我是左道旁門。故依般若波羅蜜多之修證，不能以相而惑人，更不能住相而行證，若如是：亦將落入偏邪，此爲學人於修證過程中，是人變偏邪（左道旁門），而非法門之咎。釋尊臨入滅時，告曉門人：當以戒爲師，有關戒之內涵意義雖多，但爲止惡是其重要之原則；釋尊之以戒爲師，除要嚴持律儀外，更要廣行善事，以至救世心切而饒益有情，然一切持戒，終不可住相，才能真正臻至「以戒爲師」之真義。於《金剛經》有云：「是諸衆生，若心取相，則爲著我、人、衆生、壽者。若取法相，即著我、人、衆生、壽者。」[37]心取相、取法相，皆是住相，此即是偏離自性真空，是謂偏邪，而佛教之相（像）法時代，即佛教門人以相而惑人，而衆生亦終在相中而無法出離，故有：「不應取法，不應取非法。法尚應捨，何況非法」之警誡語。[38]

---

[37] 大正 8・749 中。

[38] 《金剛經》，大正 8・749 中。

第四節 般若波羅蜜多之覺、觀綜論

◎般若波羅蜜多之學為內學－無智無愚、智愚一也：

　　般若波羅蜜多之作用，是先在於修學一切大、小乘之法後，再予於法之執而蕩除掉。就修學一切法而言，皆是「增」法，亦即日有所增，故菩提分法有甚多行法項目，而不同之行法內容，必產生不同之效果，學人理應要精勤修學，使自己之行證日有所增。然如老子所言：「為學日益，為道日損，損之又損，以至於無為。無為而不為。」[39] 修學在於日益，此即於法當要精進，然所謂修證諸法，一皆是「外學」，外學則是有為法，此即如老子所謂之「為學日益」；而般若波羅蜜多是於一切法不執，而其本身亦不具涵任何一法，其是以蕩除法相為其作用，此為「內學」，此為無為法，此即如老子所謂之「為道日損」，故般若波羅蜜多之修學，其學並非是學日益之學，而是學不待學之學，此學是將一切之執相去除後，所自然呈現之清淨自性，相應於外學，故強曰是「內學」。當依般若波羅蜜多修學所呈現之清淨自性，以此再觀之諸法，則諸法一皆平等，實並無智、亦無愚，智愚皆一如也。人於法有高下之別，觀人有智愚之異，皆是起於分別心，此皆是依外

---

[39] 《老子》第 48 章。

學法相而產生之結果；而般若波羅蜜多即是要學人觀諸法自性
離，依此則本無一切法，依於一切法究竟空，則一切法皆一如也；
且依般若波羅蜜多之修證，在觀諸法皆無所得之下，則一切差別
自歸於一如，此為般若波羅蜜多之學。依修證般若波羅蜜多，當
清淨自性呈顯時，既是清淨自性，此中當無智愚之別，一皆一如，
依清淨心而言，確然皆是一如也。

◎依般若波羅蜜多修學，一切皆一如：

　　般若波羅蜜多之主要作用，在觀一切法皆自性離，因自性離
故一切法終究成空，如是之作用，若消極觀點看待，則以為一切
法皆空無所得，故一切之積極行證亦終將無有意義，然若以此消
極觀點而視般若波羅蜜多之作用，此並不能完全透顯般若波羅蜜
多之真實作用。依般若波羅蜜多之修學，觀一切法終究無所得，
其主要真義在「不執」，唯能不執，於積極修證上，則不成住，亦
即能不落於兩邊而執之。若於個己而言：若受考、若不受考，皆
視之為一如；能如是，則受打擊、考驗之當下，能告訴自己：我
沒有受考、我沒有怎麼樣，如是，自能放下受考之心理負擔，於
修證上再積極行之。同理，觀之一切對待，亦然如是。若富貴榮
寵時，亦不自我得意，亦不以稱如是即為好；於觀塵緣早盡之人
時，亦不必然哀痛，因塵緣早盡亦不一定就不好，好與不好，皆
人之所執。人之煩惱，多數起於自我之執見，且人一生之過程遭
遇，本各有其果報不同，此是輪迴之事，過於執著皆徒增煩惱而
已。修學般若波羅蜜多不能以放棄、消極而以為是不執，此不謹
誤解經義，反成為另一種執。「佛」之德是往來自由，學人若能依

般若波羅蜜多修證，於一切法不執，觀一切之對待法皆一如：於
生死、於貧富、於壽夭等皆是一如，此亦可謂是：往來自由，如
佛無異。於觀佛境之不可思議與五無間罪上，亦不有高下之別，
且依佛義：犯五無間罪者亦終可成佛，如是亦能得出：佛法之寬
容態度，永遠予眾生有無限一絲希望，此爲修學般若波羅蜜多之
學人，當具有之觀照心態。

◎依般若波羅蜜多修學，於證得之心態是－以待來時之因緣：

　　依般若部之經典，其中並無論及「如來藏恆沙佛法佛性」之
觀念，此亦可言：般若之妙用並非在論述敷展法相義，其是依諸
法畢竟空、不執而顯諸法實相，且所謂實相即是無相，亦即其本
身並非是法，故依法相義而論，般若實無所說。依「法相」義，
般若波羅蜜無有所說，以無所說，故一切本無可貪著；若以成佛
而論，本當是恆沙功德。然此亦不可貪著，如《金剛經》云：「須
菩提！若菩薩以滿恆河沙等世界七寶，持用布施。若復有人，知
一切法無我，得成於忍，此菩薩勝前菩薩所得功德。何以故？須
菩提！以諸菩薩不受福德故。須菩提白佛言：世尊！云何菩薩不
受福德。須菩提！菩薩所作福德不應貪著，是故說不受福德。」[40]
般若波羅蜜多之作用，在觀法相不可執，以至名字相、如來相、
福德相亦皆不可執。執著之因來自貪求，貪則來自不足，有不足
之欲想，則肇因於有一「我」之存在，故貪求五欲是貪，貪求福

---

[40] 大正 8・752 上-中。

德、涅槃、佛道亦是貪,唯欲治貪病,其方有十字:「知一切法無我,得成於忍」,安忍才能成就無我,由忍辱波羅蜜,以至忘忍、無生法忍,則無我始得成矣!菩薩於福德當不貪,不貪則不受,菩薩行度生布施,此為本份事,福德有或無,佛道可成否?皆要不執於心,此即是不貪不受。修學般若波羅蜜多,觀法非斷滅,然亦不可住法(福德不可住),唯於精進行持中,佛果之成或不成,皆要採「以待來時之因緣」態度而自處之。

◎依般若波羅蜜多觀之聖果,聖果亦無可得:

釋尊為彰顯於其之前即有無量成佛者,且為言明法之代代相傳,故於經典中一再敍述其與然燈佛之過往因緣;唯釋尊雖於然燈佛處聽法,卻又表明於然燈佛所,於法實無所得,如是之說明只為示出:依止於師只是開導而已,實則皆是自悟自修,於法實無所得,此為空法相。於法不可執,於聖果亦不可執,如《金剛經》所云:「須陀洹名為入流,而無所入,不入色聲香味觸法,是名須陀洹。斯陀含名一往來,而實無往來,是名斯陀含。阿那含名為不來,而實無不來,故名阿那含。若阿羅漢作是念:我得阿羅漢道,即為著我、人、眾生、壽者。」[41]此四果之中,阿羅漢已近道,但此四果亦無可得,若以此四果有所得,則為住相,一旦住相則終有滅壞,一皆不實在。般若波羅蜜多為破執故,以四果為假名施設而已,且為再彰明於佛果、佛土亦不可執,故有如《金剛經》之所云:「須菩提!於意云何?菩薩莊嚴佛土不?不

---

[41] 大正 8.749 中-下。

也！世尊！何以故？莊嚴佛土者，即非莊嚴，是名莊嚴。」[42]此即為空佛相。當法與佛俱空時，一切之執著始能放下，如是才能生起清淨心，而清淨心生，即是菩提心生，故所謂菩提正法，實亦無可得、亦不可說，而發菩提心者，亦只是清淨心唯然。於佛果、佛法皆不可執，故若問：「如來得阿耨多羅三藐三菩提耶？如來有所說法耶？」其答案亦終是：「無有定法可名、可說」。[43]不論於佛果上自證菩提，或於佛因中找得菩提，兩者皆不可執之。

◎依般若波羅蜜多觀「佛」，則佛無形相，唯人之言行合於佛而已：

佛經為顯佛德之莊嚴盛大，常以不思議境而描繪，而佛又為完美圓融之象徵，故其威光，盛德以至形相皆是最圓滿之表現，如此之佛，是意境之佛，是形相之佛，若將佛落實於現實世間中，即以釋尊於印度之一生為例說明，釋尊之佛陀稱號，代表是一開悟者，其於人生深具悟觀之智慧，並能以其所悟、所得而開示大眾，使一切眾生皆能在其指導之下而有一覺悟之人生，除此，釋尊之色身形相，日常所需實與常人無異。今若不以意境、形相而觀「佛」，實所謂佛並無特定之形相，甚至以佛有三十二相、八十種好，如此亦是於佛為最高嚮往所形成之相而已。在以般若波羅蜜多觀諸法自性空之下，所謂「佛」確然無有形相，因有形相則成定法，此反成為是一種執。釋尊之智慧開導，並非要學人去追求某種相，「凡所有相，皆是虛妄」此為佛語，而《金剛經》更云：

---

[42] 大正 8・749 下。
[43] 參見《金剛經》，大正 8・749 中。

不應住色生心，不應住聲香味觸法生心。」[44]依此亦可言為：不應住形相而觀佛。若以形相而觀佛，則於釋尊之前早已有無量成佛者，試問：何種之形相為真正之佛呢？且若佛之形相已成定相，且觀今之佛像，其造像又為何各有特色呢？佛由人成，是釋尊為引領眾人往向上德性之路而行，即為人，則無法否定人之有限與不足處，唯能以如是態度而觀佛，才能切合釋尊一方面示現色身，另一方面又被尊為佛陀之事實，總之，佛不在形相，在於其言行罷了！

◎依般若波羅蜜多觀之學佛，則學佛非由讀經，需自悟自得：

釋尊一生所留下之最大資產是法，結集而成即是三藏，當然，以現今《大正新修大藏經》之收錄，當包括後世各宗論藏，此雖為後人之作，但亦是為釋經藏而有。如是皆可看出：佛教之法義，已不僅止於依法修證而已，其亦可獨立為一門學術，且歸之於宗教哲學，此中除可彰顯佛教思想本深具哲理意味外，其實亦在說明：後世之學人有重法義內涵探討之傾向，於今所謂「佛學研究」更顯興盛。然思之釋尊言法之目的，但為度眾解脫苦惱而已，苦惱若消，則本無法，故佛教三寶之法寶，其實應曰是「無法」，或亦可曰：實無有定法。今觀般若波羅蜜多之作用，其本不具涵任何一法，此即是「無法」之精神，其又於諸法不執，此又與無有定法之意相符合；然正因其無法又不執，才能融通一切法，此即釋尊於行遊教化中隨機設法以度眾之圓融活潑。由釋尊設法之過

---

[44] 大正 8 · 749 下。

程，與其終讚實無一法觀之，釋尊雖要學人依法修證，但其目標是在行，並非僅止於研究法義而已，且戒律為三藏之一，亦在顯佛學是宗教之行，是以證悟菩提為其內涵價值。菩提是依自性清淨心而證得，故所謂學佛，實為學佛之行，於經義之探究是為入門基礎，必再由此基礎而行證，而任何人行證之過程皆不可能相同，是以於一切法皆不可執，如《金剛經》所云：「知我說法，如筏喻者。法尚應捨，何況非法。」[45]正如般若波羅蜜多能觀一切法皆不執，以證菩提唯在自悟自得而無法依憑任何之定法。

◎依般若波羅蜜多之觀照作用，即是自覺之自省：

　　般若波羅蜜多本身不具有任何一法，其非是法相之義，故無有法義之內容敷陳。佛言般若波羅蜜多是為滌蕩一切法、我之執，其出現僅是一作用，而其作用即是觀照，而觀照之契入點，即是依一切法皆自性離，故能不執一切法。然細思般若波羅蜜多之觀照作用：般若波羅蜜多本身既不具涵一切法，其觀照作用當以何為依憑？雖言正因般若波羅蜜多不是一法，才能於一切法皆還原其法本身而觀之，而一切法皆因緣起故終究成空，以是而能不執任何一法。然觀照作用當必有一主體，而般若波羅蜜多本不具一法，其只是作用而已，故其本身絕非是主體，亦不是觀照所依憑之根據。能於觀照一切法而不執，不是在法之本身，而是觀照主體能依般若波羅蜜多之作用，而產生不執之結果。雖言一切法終是成空，然現象界一切法之存在，又是如此之現實在眼前，學人

---

[45] 大正 8・749 中。

無法不依憑現象界之一切物、法之相，故般若波羅蜜多之觀照所
以能產生效果，當不在法本身之中，而是在觀照主體上。於觀照
一切法而能不執，此中之關鍵在：自覺自省，所謂自覺自省，即
是主體自覺產生觀照作用，能再多一層反思：觀一切現象界之法
皆是暫時之存在，雖可用但不可執，一切法皆是非有非無，不可
執有但亦不可執空，因能不執，故般若波羅蜜多之觀照作用即產
生效果，然此一切即來自主體自覺返照之作用。唯觀於一切法能
自覺返照，則法之存在自有其存在之價值，若學人皆能不執之，
如是則謂是般若波羅蜜多之觀照作用。

◎依般若波羅蜜多觀之性與身，是合又不合：

　　依佛法之論，色身為無常，但人除身之外，尚有一自性，此
自性為清淨，成佛之根據即依此清淨自性。於論述般若波羅蜜多
之不執義時，其所依據之點即在觀諸法皆自性離，故無有一法可
執；唯論諸法自性離，是依緣起法而觀之諸法，則確實無有一法
是永恆存在。一切法之相在時、空間之遷流變化中而無永恆性，
此是謂：依一切法、相終有滅壞之時；然一切物（法）之存在，
必有其性以成其之所以為此物（法）之義，故物相終壞，但物性
不壞。依般若波羅蜜多修學，破執至最後，唯呈顯一清淨心，故
所謂畢竟空即畢竟清淨，此為般若學說之內涵。此般若之空性與
清淨義，至後起之《六祖壇經》，則較側重於自性清淨上，故云：
「菩提自性，本來清淨，但用此心，直了成佛。」[46]此是論述成

46　《六祖壇經》〈行由品〉，大正 48・347 下。

佛之依據在自性清淨心上，此清淨心不用外求，是本來已具；唯在論述有關性與身之時，有云：「性在身心存，性去身壞。佛向性中作，莫向身外求。」[47]性與身之關係，可謂是合又不合，言「合」是：性與身是合一而論之，才能彰顯彼此之存在；言「不合」是：性與身是以性居主導地位，故又云：「心是地，性是王，王居心地上。性在王在，性去王無。」[48]般若波羅蜜多之修學，於一切法皆不可執以致而通達一切法，此為修證過程所應具有之觀照作用，觀照之工具需色身與思惟，然終究之證得是一真空之自性，故性與身之關係，可謂是合又不合。

◎依般若波羅蜜多所觀之世界是「一合相」：

　　般若波羅蜜多總觀一切法皆不可執，此乃於世法是以積極之不取不捨為其態度。般若波羅蜜多既不執一切法，然於所存在之現象世界當如何觀之？佛法總分世界為三千大千世界，然所謂三千大千世界亦是一總括之數，其內尚有微塵數之世界，且一一微塵數尚有無量數之微塵數世界 ，此為《華嚴經》所建構之法界觀，總曰是重重無盡。唯據《金剛經》所論之世界是：「須菩提！若善男子、善女人，以三千大千世界碎為微塵，於意云何？是微塵眾寧為多不？須菩提言：甚多！世尊！何以故？若是微塵眾實有者，佛即不說是微塵眾。所以者何？佛說微塵眾即非微塵眾，是名微塵眾。世尊！如來所說三千大千世界，即非世界，是名世界。何以故？若世界實有者，即是一合相，如來說一合相，即非一合

---

[47]　《六祖壇經》〈疑問品〉，大正 48・352 中。
[48]　《六祖壇經》〈疑問品〉，大正 48・352 中。

相,是名一合相。須菩提!一合相者,即是不可說,但凡夫之人,貪著其事。」[49]世界與微塵之關係,是一和合之相:世界碎爲微塵,是由一而多,然微塵本無實體,故微塵並非世界;世界是由微塵聚而成之,唯微塵本無,故世界亦非實有。依般若波羅蜜多所觀之世界是「一合相」,所謂「一」則不異,異則不一,此中在破解:若以世界爲一,則不應有微塵;反之,若微塵非世界,則是異而非一。般若波羅蜜多世界即爲「一合相」,則必是渾然無二無雜,唯所謂「一合相亦非一合相」,是爲說明此一合相亦不可住,此爲般若之觀照總言:一合相是空而不空(體),卻又妙不可言(用),此爲般若波羅蜜多之世界觀。

第五節　般若波羅蜜多之行、證綜論

◎有「人」才有「佛」－由人證成佛:

雖言依般若波羅蜜多修證,其終究是呈顯清淨心之真空自性,唯至此境地時,是無有一物。是無佛亦無眾生,然此境地是一個己之悟境,至此悟境時,即無一物,故亦無所執,唯朗朗自性所呈現之真空境地,此爲修證般若波羅蜜多之結果,亦是學人修證之所以精勤之源動力。然佛法於論述「佛」之行時,是以佛

---

[49] 大正8.752中。

能自由往來於三界而救度眾生，顯然，於真空境地之悟得與入於三界救度眾生，兩者是並行不悖的。佛是於真空境地與三界度眾皆能自在，唯此兩者之關係是：悟真空境地之目的是爲去執，知一切終無可執，三界不可執、聖果亦不可執，眾生不可執、菩提亦不可執，必先有此悟得，再依此心態而救度眾生，才能不執有一眾生爲我所度，有一道場是我所開，而是能真正體悟到：眾生唯然自性自度，實並無有一我之存在，以是於入世行度眾時，才能不執我法與功德，此爲真正放下一切之執著。唯當悟入真空境地時，此雖名爲不可思議之佛境，然此境是唯人得入，故佛由人成、佛由人證，以是無人則亦無佛。若言佛境不可思議，其實眾生亦不可思議；若言佛法妙，則眾生法亦妙，由人至佛歷程，亦在說明：兩者必不可分，眾生色身雖短暫，但卻能證得永恆之佛德，然「佛」之稱號，是由人所封、由人所贊，故眾生寶貴亦在此。唯眾生若無有向上之精神目標，亦終將在無常之色身中而輪迴不已，故成就佛德於眾生之生命歷程中，是可使其生命更顯精采與意義，此即是證得佛果之殊勝。

◎非般若妙智慧可成佛，是依般若妙智慧而行才成佛：

釋尊開演無量法義，諸法義之內容各有不同，然如何之法始可稱之爲妙法？佛法所言之「妙」爲不可思議，唯依《金剛經》之論，「一切諸佛及諸佛阿耨多羅三藐三菩提法，皆從此經出。」[50]此一方面言法施之無盡，而所謂法施不僅是演法敷義而已，重

---

[50]　大正 8・749 中。

要在依法而行證；而另一重要之點在說明：諸佛皆依般若妙智慧而生。所謂「佛法」是假名施設，同理，所謂般若妙智慧亦是假名施設，唯所謂假名施設，是指：所論、所言皆只是名詞而已，此恍若寫於紙上之佛，是文字佛，並非真佛；而言說之佛，亦只是音聲佛，亦非是真佛。若能以如是之理路而論之般若波羅蜜多，則般若雖言是妙智慧，但於經上出現，亦是文字相而已，而所寫、所言之般若妙智慧亦只是名詞而已，一皆無法成佛，此中之關鍵唯在做出般若妙智慧之行，並依如是之行而成佛，如是在說明：般若妙智慧並非等於佛，而是依般若妙智慧而行才是佛。此亦如於明末時代，王陽明之後學，單提「良知」，以良知等於聖人，故有「滿街皆是聖人」之狀況，此中之誤差在：乃將致良知之「致」去捨，「致」即是修證之歷程，唯有修證圓滿，「良知」之真義才得以顯露。同理，亦可言之：般若波羅蜜多是行之哲學，唯有做出事實才是真般若妙智慧，如是即是真我佛，此則非名詞形相，而是確實之示現。佛之封號並非是形相名詞，是依覺者之事實而尊稱之，此於經典上之論述是如此，於釋尊之示現亦如是，故「般若」必與「波羅蜜多」而連結出現。

◎依情則落因果，依理則是無為法：

處於人世間，無法避免者為情，情之內涵甚廣，如親情、友情、手足之情、同窗之情，甚至見面三分情，顯然人世間之粉飾高手即是情。正因有情，才能使人與人之間不落為冷冰冰，因為情使不同國籍、種族之人能相融在一起，若廣義言之，則一切皆是「人情」。情可縮短人與人之間距，此為情之正面意義，然情亦

是造成困擾、煩惱之因素，而人世間大多數人亦終在情網之中而難以跳脫。釋尊示現於有情世間，其一生亦經歷親情、愛情、同胞之情等，然釋尊之出家並非是無情，其出家之目的是爲悟得如何解脫眾生煩惱之道，其所關懷之角度，已全然非個己之事，而是願所有眾生，個個皆離苦得樂，釋尊是捨小情而成就大愛，故若謂佛無情，此是：佛無私情，而成佛必要更多情，於度眾之願力永持上，此需最大之情。佛能深觀人世之惑來自迷執與情執，故佛法之立基點在理而不在情，言理是無爲法，言情則落因果，依情而修證，終難有成，若處處皆執情，亦終難踏上修證之路，欲轉情入理，此歷程需決心與智慧，父母多盼子女如其一生過世俗之生活，然如是之生活終將在因果輪迴中。若依情而論，必然重當世之父母，此雖爲當然，然依三世輪迴說，人必有多生父母，只因在多生之輪迴轉生中，早已改頭換面。釋尊以其一生之修證示現，唯在使一切眾生皆能轉情爲理，依真理而修必不落人情之因果，雖言：「三分情、七分理」，然此中之三分情必不可違背理，此爲最重要之原則。

◎般若波羅蜜多之行，即是和光同俗之無爲行：

　　般若波羅蜜多之作用在不執，強調要依無爲而行，此爲般若部經典所強調。因依有爲法布施，則所得福報終有盡；若依無爲法布施，則其福報將無量無邊。然若依有爲或無爲，則成對待法，故如何於有爲與無爲之間悠遊自在，則必要：有爲不住、不住無爲。釋尊之悟道後，行遊教化，此是有爲，此乃爲憫眾生故而行有爲，唯釋尊是行持有爲不住，即雖利益眾生，但無要求、不圖

回報，此即是「有為不住」；且於有為不住之行，當又心存不盡，即眾生無盡，則願力無盡，此即為「不盡有為」，即不起疲厭心而度化眾生無有窮盡；有為不住之行，即是法天地之行，天地於萬物萬類皆施予恩德，卻不要求代價，故《易經》有言：「大人者，與天地合其德。」[51]能有為不住、不盡有為即是無為行。釋尊悟道後，可住於正覺境界中，然釋尊卻一生行菩薩行，不肯安住於無為中，而願與眾生和光（同光陰）：（與眾生同在時間遷流變化中而逐漸老去），與眾生同俗（同習俗）：（與眾生同樣的食衣住行），釋尊真正示現：「有為而不住有為，無為而無不為」之行，且依不同因緣而化身千百億，只為行眾度之事，釋尊確然實證行無為之功用，故由其所開演之無為法，實為其已實證之行。而般若波羅蜜多之不執作用，正是為顯有為不住之行，此為真正之無為行，故《金剛經》強調「應無所住而生其心」，能無所住才能悠遊自得，能無所住才能變化莫測，如是之心是為清淨心，亦即是淨土。

◎見聞覺知皆有為法，唯心明而說「佛語」：

依世俗之教育歷程，人自一出生，即在積極探索外在世界，唯外在世界之變化萬端，無一刻停歇，故學習必仰賴多元化，亦可總曰：一切皆需仰賴見聞覺知。人無法踏遍每一寸土地，亦無法完全學盡各種知識以至語言，人必須依據更多取得資訊之管道，以充實自己之見聞知識。於今已是一知識爆炸之時代，人們

---

[51] 《易經》〈乾卦‧九五爻‧文言傳〉。

更提出「知識經濟」之說法，如是皆意謂：人需以最快速度而獲取大量知識，此爲今日之形勢。見聞覺知越豐富，於謀生工作上將越便利，在此情況下，追逐見聞覺知是必須的，亦是不得不如此做的。然如《莊子》所云：「吾生也有涯，而知也無涯，以有涯隨無涯，殆已！」[52]追求見聞覺知是有其必要的，但其相應而使人精神耗損、身心疲憊又爲人所能體會得到。莊子之智慧妙語，與佛法義之終究目標，皆欲使人於有爲、有形而易令人疲憊之追逐外學時，能返照自身原清淨之心，此清淨心之呈顯，依般若波羅蜜多之修學，是不尋外學之見聞覺知，亦即不是去探索一切之有爲法，而是呈顯無爲法之心明而已，且依此心明而自悟自覺自得，亦依此心明而指導他人。故知依般若波羅蜜多修學，不在求於佛法義之了解，更非在一切行相上而累積，其所重在觀一切有爲法終爲外在，皆是見聞覺知，此並非否定見聞覺知之作用存在，而是依有爲之見聞覺知，是知識之積累，而修行所重在「心」，此爲無形、無爲，當心明時，其所言之語能開悟眾生之心，此亦即是「佛語」。

◎依般若波羅蜜多所論之靜坐，即是清淨心（應身而坐）：

釋尊由凡夫而修證成佛，正因釋尊具凡夫身，故更能深悟凡夫之苦與習性。凡夫之苦雖具多重因素，然一切之苦惱皆起源於心亂，因心不定則慌亂，慌亂則無主見，即世俗所謂之「六神無主」，在此情況下之所言、所行常不能如法，一旦不如法則相應之

---

[52] 《莊子》〈養生主〉。

煩惱即起。因心不定則引發苦惱,此爲衆生之通病,釋尊爲使衆生能解苦,故有靜坐之行法,而釋尊亦以敷座而坐爲表將欲說法。顯然,靜坐於衆生而言,是在煩雜生活中,能有正念收攝之時刻,亦可謂具集中心思精神之作用,使意念於不紛飛之下而有正知正行。衆生若能於靜坐中有毅力、肯精勤,亦將可於靜坐中而知唯然只是靜心、心定而已。佛法流傳至今已呈多元化,然不論後起各宗派有何不同之發展,即使是行持方法亦各有差異,然終是以「念佛」與「靜坐」爲兩大主要之修證方法,此兩者皆同具攝受意念之作用,然靜坐之「靜」態又勝過念佛之行,其因在:靜坐之當下,一切之身、心、意皆要放下,唯有清明之心(念)而已,唯此中所蘊藏之奧妙在:由靜(定)可生慧,此慧即是般若慧。故由眞定中必有眞慧,而一位眞具般若慧者,亦能明一切法皆不可執,故靜坐於行持上雖有其形式(必然是坐),然此坐亦可謂是人人本具之「如來座」,故坐時是坐、住時亦是坐、臥時亦是坐,無時不在坐,此即謂之應身而坐(遍身之行而無所不坐),至此境界時,已不用執坐姿之坐,實一切唯然只是清淨心之流露而已,此爲依般若波羅蜜多所論之靜坐義。

◎根、塵、識十八界皆修空,即爲十八阿羅漢:

對於現象界一切法之認識與了解,依佛法之論需仰賴根、塵、識之相應而起,此根、塵又分別爲六根:眼、耳、鼻、舌、身、意,六塵:色、聲、香、味、觸、法,六識:眼、耳、鼻、舌、身、意,此總曰爲十八界。若以自性本清淨而論,一切之外塵垢染皆緣此十八界而然,故若能觀諸法皆空,則十八界必不起,十

八界皆不起，則是謂證空。若依佛法之終究修證，修空、證空是重要之關鍵，唯般若波羅蜜多之修證究竟，雖亦言是畢竟空、畢竟清淨，然般若所呈顯之空境是不落斷滅空，而是真空。若以十八界皆修空而執空，此則爲阿羅漢果，住如而不來，故依十八界皆修空，則成十八阿羅漢。於修學自性上，《六祖壇經》於有關「十八界」之論是：「界是十八界，六塵、六門、六識是也。自性能含萬法，名含藏識。若起思量即是轉識。生六識、出六門、見六塵，如是一十八界，皆從自性起用。自性若邪，起十八邪。自性若正，起十八正。若惡用即衆生用，善用即佛用。用由何等？由自性有。」[53]顯然，清淨或雜染不在法上，而在如何起用上，故如何觀諸法才能得清淨心才是關鍵，此即是般若之作用，故又云：「自心內有知識自悟，若起邪迷妄念顛倒，外善知識雖有教授，救不可得。若起正真般若觀照，一刹那間妄念俱滅，若識自性，一悟即至佛地。」[54]唯有真正依般若妙智之觀照，才能於空而不執空，於清淨而不執清淨，而終不落入斷滅空或住於淨地之阿羅漢道。

◎說通－說法合諸佛，心通－聽懂而能印心：

《六祖壇經》有一偈頌：「說通及心通，如日處虛空。」[55]此中之說通是指言說之內容。依佛法之立論，法是因緣起，換言之，實無有任何之法是定法，一切法皆爲依人治人而起，故演法之內容亦必能契合衆生才可謂是說通，而真正能具說通能力者，必來

---

[53] 《六祖壇經》〈付囑品〉，大正 48・360 中。
[54] 《六祖壇經》〈般若品〉，大正 48・351 上。
[55] 《六祖壇經》〈般若品〉，大正 48・351 中。

自於其內心之開悟，而眾生之開悟必依佛、菩薩之示導引領始能
臻至。雖言佛由人而成。然一切眾生必仰賴佛之示導見性，而眾
生是否能開悟，必先立基於其是否聽得懂佛所言之法義，若佛之
言，眾生已然聽不懂，又何有印心之得與後之行證呢！故所謂「說
通即心通」，是指唯有內覺才能有外之法義開演，顯然心通是本、
是源，而說通是心通之外在具體表現。依般若波羅蜜多之修證，
唯去除我、法二執才能通達圓融一切法，能通達圓融一切法此亦
即是心通；唯心通者才能於一切法皆無礙，而心通者亦必不執任
何一法，亦可言：心通者其內心實無有一法，正因心通者無有一
法，才能真正應眾生之機而開演無量法義，故必由心通以達說通。
而能說通者，其言法必合諸佛，始可言是說通；而說通代表心通，
如佛言一切法，卻未曾言一字，此為佛之悟，故真正說通者，亦
必是心通者，此為由說通而至心通。正因不執一切法，言或未言
皆能自在，言亦不執，未言亦無罣礙，故以「如日處虛空」為譬
喻，以日懸於虛空中，不依持、無憑藉，卻又朗朗現於虛空中，
以明：心通、說通者，實不必依傍任何之法，卻又能令眾生得見
如日之光明。

◎捨色、由根－看到、不入心：

般若波羅蜜多之修學，是為呈顯清淨心，其目的甚是明白。
唯於修證歷程中，學人首要處理面對之問題，即是諸法相之問題，
於《金剛經》已甚明白指出，要「不住相」。所謂不住相，並非是
否定相，其實一切世間皆是相，日月星辰亦是相，人無法離開相，
且色身亦是相，故知要離卻一切相是不可能亦是難以做到之事。

唯如何不住才是重點，不住即是不停止、不依止，換言之，要如何不住理應是有方法的，才能引領學人於修證上能有正知、正行。此中之關鍵在：於色（相）上要返照，即看到但不入心，或曰捨色（相）由根，此根意指返照，於相之觀照能再一層返照：諸法自性離，故終究成空，則一切執亦能淡去而逐漸放下；此根亦可言是心，欲捨色（相），不是要採逃避之方法，而是於「心」上不執即是捨色（相）之最佳方法。此即如《金剛經》所提出之方法：「發阿耨多羅三藐三菩提心，應如是住，如是降伏其心。」[56]此中於捨相所提出之方法即是：降伏妄心即是發菩提心，發菩提心即是降伏妄心，兩者是一非二。此即例如：點燈即路明，先不需思慮如何掃除黑暗，燈亮則暗退。於不執相上亦然，當清淨心呈顯時，於相之妄執自會消失，不需於如何捨相上多思慮，唯要正行於般若波羅蜜多之修證，當清淨心顯，於一切妄執之相亦本不會入心，此即是般若波羅蜜多於捨除妄相上所提出之方法，唯正面修證則妄執自除，此是一非二也。

◎無相布施之意義－將天地之物予人：

般若波羅蜜多之作用在不執，以是行之於布施，故務必達至三輪體空為究竟，如《金剛經》所云：「菩薩於法，應無所住行於布施。所謂不住色布施，不住聲香味觸法布施。菩薩應如是布施，不住於相。何以故？若菩薩不住相布施，其福德不可思量。」[57]能不住相之布施，一方面是依般若波羅蜜多而然，然細思無相布施

---

[56] 大正 8・748 下-749 上。
[57] 大正 8・749 上。

之意義：若於個人修行而言，布施是六度之首，布施是爲治慳貪，然有相之布施，是爲望求回報，如此亦可謂是另一種慳貪，故有相之布施，終非布施之究竟，此意甚明。然再細思：無相之布施，是於一切物之不執，然一切物皆本天地所有，無相之布施，無非是將天地之物予人。且再觀之：自嬰兒出生，父母亦是將天地之物餵養自己之孩子，父母無法創生任何之物，如是之言並非否定人爲之努力，但若無天地之日月風雲雨露，萬物又如何得以長養？且天地亦是造化而已，有關天地之原始，不論是依古中國所言：盤古開天闢地；或如老、莊所言：天地由道所創生，簡言之：天地亦是一種造化而已。天地施恩予人與萬物萬類，此恩可謂甚大，然天地於萬物並不望求回報，故人依無相布施，無非亦是仿天地之德而已。若言般若波羅蜜多之無相行證修持，是一種至德之表現，而如是之法本已存在天地間，此亦即符合釋尊並非創生任何一法之意，唯如來開演不執、無相之法，是由其自覺自悟天地之德而然如是。

◎住相布施即不自然：

依佛果不思議境論之，此爲不造作而天然自成。因一切衆生本具如來之智慧德相，此是本然具成，而衆生之所以不能呈顯如來之智慧德相，只因妄想執著，妄執即是塵，此本不爲衆生所有，故是不自然。般若波羅蜜多之修證，即是要去除於諸法之執，故強調依般若觀照，則一切法本無所有、不可得，以是一切之行持皆立足於「不住相」上，不住相則不執，不執才能呈顯一切本然天成之如來智慧德相。同理，若依住相而行持一切法門，「住」即

是塵，又曰客塵，「客」是依人而言，「塵」是依空氣而論（空氣亦是塵），故總曰「客塵」：作客之人，時間到即須離開；而塵只是妄相，終是不實。以是凡依住相而行證，即是於本天然具足之福德，再加入客塵，故曰：不自然、不天然，更非自性本天然具有。般若波羅蜜多之不執修證，即是要去捨妄相之塵，當清淨心、真心呈顯時，即能不被塵轉，至此，唯有實相無相之真空自性，此為一切眾生皆本天然具有；故依般若波羅蜜多之修證，並非要得到什麼？亦不是真要去捨什麼？而只是回復眾生之本來天成之面目，即：無有塵相，只有天然之真心。以是凡一切與天然具成之真空自性相背反之修證，即為不自然、即是塵、即是執，而此即是般若波羅蜜多之觀照對象；而般若觀照所採取之方法，是「不住相」，此中之關鍵在「不住」，故不是不要一切法、相（如是亦是不自然），而是來則應、去則了，於相中而離一切塵相，此即是不執，此即是自然、不造作，故般若波羅蜜多是一自然而不造作之修證方法。

◎依般若波羅蜜多而行度眾，唯在指點去行持利益大眾之事，而非聽我指揮：

　　釋尊暢論「無我」，細思：此身在剎那變化中，哪個「我」是我，故有：「未曾生我誰是我？生我之時我是誰？長大成人方是我，合眼矇矓又是誰？」之慨嘆，[58]此中道盡無常之我。釋尊為破眾生執我，多以譬喻或法義而論述我之無常性，唯執我是眾生

---

[58] 參見星雲《玉琳國師》，頁185，附錄一〈順治皇帝讚僧詩〉，（高雄：佛光出版社，1986年）。

通病，當有我之存在時，則必有我能之我與我所之我；人一旦處在能所相待中，此即是煩惱、苦果之源，而其因即是有我，故當因我而起執時，則終無法解脫。釋尊悟解脫之道後而引領弟子，其行主要是行菩薩道，此即是要使學人去除我執，因菩薩唯：但求眾生得離苦，不爲自己求安樂，此中之關鍵唯在利益大眾，自我之犧牲、付出、貢獻而毫無所求，如是之行是謂公行，依公行而去私行、私我，此爲釋尊領眾之目的。同理，依般若波羅蜜多而行度眾事，亦是爲去捨私我，唯於度眾中，不在集眾弟子聽我指揮，或欲成就某大事、大業，因凡有我心之存，即是執，即無法與般若波羅蜜多相應；故於眾度之觀照上，當只是指點眾生自性自悟而已，亦當只是指點眾生自我懺悔了脫罪業而已，亦當只是指點眾生去行持一切利益大眾之事而已，一切皆無有我之事，一切唯然靠眾生自證、自行、自得。若爲利益眾生事，尚存有一我見、我思、我行，或尚有你我之相待，如是皆無法臻至究竟之解脫。「我」字難除啊！故由釋尊三法印之開演，至六百卷之《大般若經》，其目的只有一：即唯具般若妙慧始能真正去除私我。

◎佛之願－出世與民同難：

依般若波羅蜜多之修學，是爲證得不可思議之自性真空之境，此境其內涵之呈顯無法以言說，故佛境雖爲證得之終境，但終境之意義並非是彰顯什麼？而只是一自性清淨心而已。正因在清淨心之觀照下，才能再真正思維成佛之目的爲何？又何謂真正成佛？難道僅爲呈顯此清淨心而已嗎？成佛後是從此無所事事嗎？若如是，則成佛僅是個己之悟得自在而已，如是豈不成自執

自私嗎？若成佛之境是由人而證得，那成佛後當如何再襄助眾生成佛呢？若願推助眾生成就佛道，然又如何才能同保度眾與清淨心兼顧呢？如是之種種問題，當能以清淨心觀照時，其所思慮之角度與看法不同於往昔。而成佛之義，在以自覺之悟而開悟他人，此亦如釋尊於菩提樹下悟道後，終其一生皆是行遊教化而已，此爲釋尊之示現，亦是成佛之意義與目的。據《法華經》所論：佛之壽量甚大久遠，[59]實並未取證涅槃，此爲依遠劫本願而言，若依遠劫本願而觀，佛理應不必然要降臨人間，然釋尊之示現，就是爲與民同難，深入民間，了知民間疾苦，才能真正依法治法、依人治人，此中之法與人於不同時地因緣各有不同，而成佛之重要性在願力與心態，取證涅槃是爲使眾生知佛出世難得，而佛示現人間，是爲與民同苦、同難。修學般若波羅蜜多者，終將以不執而成就之，於成佛、證菩提不執，於清淨心之呈顯亦不執，亦不執涅槃，當然於度眾願力上之與民同難亦要能不懼、不怕，此謂真不執也。

◎依般若波羅蜜多所證得之正覺，即是真正了解眾生覺性平等：

　　佛之證悟是正等正覺，且依《華嚴經》起首之論，佛是依「正覺」境界，而觀之無量法界，亦皆有無量之成佛者，故依佛之正覺境界，「十方成佛」是其所觀之結果。佛是由人而證成，而人必依行持無量菩提分法而得成佛，唯當成佛之時，其心、其境、其

---

[59] 《法華經》〈如來壽量品〉，大正 9・42 下。

觀，是以其佛心、佛境、佛觀而應之於無量法界，故無量法界有無量成佛者，此是佛之不思議境所致。惟由佛而觀一切眾生，眾生與佛之差異在：一有煩惱、一爲解脫煩惱，然佛既由人成，故眾生亦必有佛之本質，以是眾生才有成佛之可能，而此成佛之可能性，亦即是佛與眾生之相連結處。佛之「正覺」境界所展現之全體皆是佛，此中之重點在：一切眾生與佛皆同具覺性平等，此覺性即是眾生成佛之依據，而此覺性亦是眾生之內涵本質，故佛能視一切眾生亦皆是佛。而般若波羅蜜多以觀諸法皆自性空、無所得，以至而通達一切法，故於法而言，本皆可通達之，因一切法依自性空而言，則一皆平等；同理，依般若波羅蜜多而證得正覺境界，亦當能觀一切眾生一皆平等。依正覺境界而觀眾生之相，則一皆可謂是正相平等，於一切眾生之本質而言，則本正相平等，而其覺性亦是平等。唯如何將佛正覺境界之不思議，而落實於般若波羅蜜多之行持上，則清淨心即是般若波羅蜜多，而清淨心中，本無相無住，此即是成就最上第一希有之法，當清淨心一顯出時，此即是正覺，一旦能真正了解覺性平等，於法則一皆可通達之，於人則開發眾生皆本是佛，此即爲依般若波羅蜜多之正覺境界。

以「佛」爲人間覺者，則不同之時、地因緣，必有覺者之出現，此乃意味：「佛」是人間的、是德行的、是利人而受斯時之敬崇；基此立場下，覺者一生之示現，在應時、應機之當下，則其正覺與德行，於斯時之呈顯是可謂適宜恰當的。惟於時、空之不同，前覺者之悟、行，於後世或有不恰合處，然皆不違覺者爲正悟、正行，此中之關鍵在法有方便、權宜、應機性，以是於一切法當不可執，才能於法能活潑應用而不受礙。釋尊一生八十年之

行遊教化，其所言之法如爪上塵，此中有生命之有限性，亦有時、空因緣之受圍性，故釋尊雖被當世人尊爲佛陀，但釋尊亦明曉其所未言之法如大地土，此亦在說明：以代表佛法之根本思想三法印，其所欲明示道理即是無常，觀一切法皆無常，無常並非否定其曾經存在過，而是言一切法有其方便性、權宜性，故亦有其受限性。於佛法之發展過程中，各宗派之成立，除一方面代表佛法義之再發展，然亦代表一切法皆是無常性，以至近代更有將一切佛法總分爲三系：性空唯名、虛妄唯識、真常唯心，此三系各有其內涵之主述，然據論，此三系即來自於三法印：「性空唯名系是源自諸法無我之法印；虛妄唯識系是源自諸行無常的法印；真常唯心系則是源自涅槃寂靜的法印。」[60]不論是三法印、或三系說，亦不論三系確實與三法印相合否，此中真正之重點在說明：法有方便權宜，故不可執才能符合釋尊言法之義，亦才能應合歷代法義開展之精神，而於一切法而言，確實是無常。

以無常而觀一切法，則一切法皆無定法，此可謂是依無常而能敷展之思惟。唯般若波羅蜜多之妙用在不執，不執之根據是來自於一切法自性離，故終究成空，然般若之不執，是於諸法不執有亦不執無，此即如：「般若非般若，是名爲般若」，以是般若波羅蜜多除觀諸法自性離故空而不執，其不執並非僅是觀無常義而已，而是更積極於一切法之不執（不捨不著），如是亦可推知：般若波羅蜜多之學，是不學般若，是名學般若，唯如是之學才能學一切之佛法，此爲般若波羅蜜多之特色。對於《般若經》之性格，據論：

---

[60] 藍吉富編《印順導師的思想與學問》，頁175，繼程〈綜貫一切佛法而向於佛道〉，（台北：正聞出版社，1989年）。

　　《般若經》之性格，即是不分解地說法立教義，但只就所
已有之法而蕩相遣執，皆歸實相。
　　《般若》部無有任何系統，無有任何教相，它不負系統教
相之責任，它只負責蕩相遣執之責任。它可提到系統教
相，即其所就之法以明實相者。但其本身不是系統教相，
亦不足以決定某某是何系統，是何教相。[61]

　　依般若波羅蜜多之作用，其於諸法所採取之態度是「不住
相」，故於般若部之經典中，其中亦詳列各法相，唯觀一切法皆不
可住相，此中當包含佛、一切種智以至涅槃皆然，此般若智之作
用在總歸「實相一相，所謂無相，即是如相」，如是之般若歸趣，
是總括大小乘法，一皆以般若智而融通淘汰，令終歸實相，於此
立論而觀之般若於諸法之態度，則般若可謂是共法。
　　觀一切法皆不執，此為般若妙智之作用，此作用是適用於大
小乘之法一皆不執，故以此立論而言「般若是共法」。然能一切法
皆不執，只有菩薩始能做到，故《般若經》之開演對象是菩薩摩
訶薩，是緣覺、聲聞所不能及，若以此為立場，則「般若是不共
法」，又曰般若是「大乘不共法」，唯對於般若是共、不共之論，
據云：

　　般若皆是共，共小乘是共，共大乘亦是共。共小乘是其在
　　小乘法中表現，而其本身非小乘，亦不足以決定小乘之所

以為小乘，亦不足以決定通教之所以為通教。因此，說共般若是通教，乃未審之辭也。共大乘是其在大乘中表現，而其本身非大乘，亦不足以決定大乘之所以為大，尤其不足以決定大乘中之別教之所以為別，圓教之所以為圓。因此，說不共般若中有通別圓三教，亦是未審之辭。有某某教者，只可說其隨某某教而表現其蕩相遣執之作用，令一切法皆歸實相耳！即使它未提到，亦未隨到，亦無礙。[62]

　　以上引文之論，自有其論述之觀點，若以般若波羅蜜多之作用，此即完全依般若本身之作用而論之，而以般若本身並非是法相、法數而論，若強以共或不共之「法」而判分般若，確實有不甚妥切處。唯以經開演之對象而論，此中是有判別的，如是亦能明天台判教論，般若部經典為第四時之故，因般若之不執觀照作用，唯大乘菩薩能臻至，此是對象（學人）之差異，並非般若本身所具有之作用有不同。

　　般若波羅蜜多非是某一法相、法數或法門，其並非在法義上做分析，龍樹依之而論其為「無諍」，如云：

> 利根者知佛意，不起諍。鈍根者不知佛意，取相著心起諍，故名諍。此般若波羅蜜，諸法畢竟空故，無諍處。若畢竟空可得可諍者，不名畢竟空。畢竟空，有無二事皆滅故。是故般若波羅蜜名無諍處。[63]

---

[62] 牟宗三《牟宗三先生全集 3．佛性與般若（上）》，頁 11-12，（台北：聯經出版公司，2003 年）。

[63] 龍樹《大智度論》卷 1，大正 25．62 中。

　　依佛之本懷，理應開演無諍法，然佛又言布施以至無常、苦、空之諸法，唯佛所論諸法相義，其目的亦在顯一切皆寂滅、無戲論；而諍與無諍是因不解佛意所造成之差異，於佛本意：有、無皆滅。般若波羅蜜多之開演，是爲前之布施等法而觀照，唯學人執諸法相，實因於對緣起法執爲實有，故龍樹特爲辯破。[64]龍樹之辯破在數與時，於數是「一」，故有一人、一師、一心等；於時是「時間」，佛法於時間有劫、世等，而數與時皆是依緣起性之粘縛而有，而般若波羅蜜多以「不壞假名而說諸法實相」[65]，以顯假名與實相之關係。數與時皆無有實性，而開演假名之用意，是爲說明諸法不可執，唯數與時是屬於現象世界層，此在時、空間之遷流變化中，實無有永恆性，故不可執；但假名是爲顯諸法實相，則實相亦終不可執，此爲般若波羅蜜多以兩面之論述以顯其徹底破執之作用。

　　由代表釋尊最早期之聖典《阿含經》，於三法印、五蘊等有深入之論述，此後佛法之發展可謂煥然多采，唯當天台宗建立判教論時，此一方面代表佛法義有更多元性之開展，另一方面亦代表於法義當如何安置之問題。當然，各宗之判教論必以其所尊之經典爲最圓，故天台宗以《法華經》爲最圓，而華嚴宗以《華嚴經》爲最圓，若以各宗立場觀之《般若經》，則判《般若經》並不爲圓，此當可推知，唯般若波羅蜜多之特色，並不在法義上，故若以「法義」而觀之《般若經》與諸經之比較，實則是無法等同視之；般

---

[64]　可參見牟宗三《牟宗三先生全集 3・佛性與般若（上）》，〈龍樹之辯破教與時〉，頁 123-178，（台北：聯經出版公司，2003 年）。

[65]　龍樹《大智度論》卷 55，有云：「須菩提其智甚深，不壞假名而說諸法實相。菩薩知一切法假名，直隨般若波羅蜜畢竟空相故。若著空者，是破諸法而不破空。若人破色而不著空，是則色與空不二不別。」（大正 25・453 上）。

若波羅蜜多之作用是在觀照上，若以觀照之立場而論般若波羅蜜多，則般若波羅蜜多是通達一切諸法，其涵攝之範圍則不得不謂之爲廣、爲大。據論：

> 龍樹讚《般若經》，於《法華》等一切大乘經中，《般若經》最大。般若之所以大，故人多難言之。成論大乘云：般若通教三乘，非獨被菩薩，義究竟。唯識大乘云：《般若經》但為發趣菩薩者說，非遍為一切乘，是第二時不了義之教。通則成論者抑之，別則唯識者薄之；不別不通又不得，《般若經》何其難為！實則《般若經》通教三乘，但為菩薩故深，通三乘故廣；深廣無礙，如杲日當空，平地高山，一時照卻，此《般若經》之所以獨大歟！[66]

《般若經》雖爲菩薩者說，但菩薩之聞思法義必深，其行證之力必廣，且經般若波羅蜜多之淘汰融通，其果德亦必是諸法實相，而凡欲入諸法實相者，又不得不歷經般若此關，以是而知《般若經》之作用意義深大。

---

[66] 印順《華雨香雲》，頁 192-193，（新竹：正聞出版社，2003 年）。

參考書目

壹、《大正新修大藏經》1996 年，大藏經刊行會編輯，台北：
　　新文豐出版公司。

《長阿含經》　　　　　　後秦・佛陀耶舍竺佛念譯　第 1 冊。
《中阿含經》　　　　　　東晉・瞿曇僧伽提婆譯　　第 1 冊。
《雜阿含經》　　　　　　劉宋・求那跋陀羅譯　　　第 2 冊。
《增壹阿含經》　　　　　東晉・瞿曇僧伽提婆譯　　第 2 冊。
《大般若波羅蜜多經》　　唐・玄奘譯　　　　　　　第 5、6、7 冊。
《放光般若波羅蜜經》　　西晉・無羅叉譯　　　　　第 8 冊。
《摩訶般若波羅蜜經》　　後秦・鳩摩羅什譯　　　　第 8 冊。
《道行般若經》　　　　　後漢・支婁迦讖譯　　　　第 8 冊。
《小品般若波羅蜜經》　　後秦・鳩摩羅什譯　　　　第 8 冊。
《文殊師利所說摩訶般若波羅蜜經》梁・曼陀羅仙譯　第 8 冊。
《文殊師利所說般若波羅蜜經》梁・僧伽婆羅譯　　　第 8 冊。
《金剛般若波羅蜜經》　　後秦・鳩摩羅什譯　　　　第 8 冊。
《佛說能斷金剛般若波羅蜜多經》唐・義淨譯　　　　第 8 冊。
《仁王般若波羅蜜經》　　後秦・鳩摩羅什譯　　　　第 8 冊。
《般若波羅蜜多心經》　　唐・玄奘譯　　　　　　　第 8 冊。
《般若波羅蜜多心經》（敦煌石室本）唐・法成譯　　第 8 冊。
《大乘理趣六波羅蜜多經》　唐・般若譯　　　　　　第 8 冊。

《聖八千頌般若波羅蜜多一百八名真實圓義陀羅尼經》

　　　　　　　　　　　　宋·施護譯　　　　第 8 冊。

《佛母出生三法藏般若波羅蜜多經》宋·施護譯　　第 8 冊。

《光讚般若波羅蜜經》　　　西晉·竺法護譯　　第 8 冊。

《勝天王般若波羅蜜經》　　陳·月婆首那譯　　第 8 冊。

《開覺自性般若波羅蜜多經》　宋·惟淨等譯　　第 8 冊。

《妙法蓮華經》　　　　　　後秦·鳩摩羅什譯　第 9 冊。

《大方廣佛華嚴經》　　　　唐·實叉難陀譯　　第 10 冊。

《大方廣佛華嚴經》　　　　唐·般若譯　　　　第 10 冊。

《大般涅槃經》　　　　　　北涼·曇無讖譯　　第 12 冊。

《無量壽經》　　　　　　　曹魏·康僧鎧譯　　第 12 冊。

《維摩詰所說經》　　　　　後秦·鳩摩羅什譯　第 14 冊。

《入楞伽經》　　　　　　　元魏·菩提流支譯　第 16 冊。

《大智度論》龍樹菩薩造　　後秦·鳩摩羅什譯　第 25 冊。

《中論》龍樹菩薩造，梵志青目釋

　　　　　　　　　　　　後秦·鳩摩羅什譯　第 30 冊。

《成唯識論》護法等菩薩造 唐·玄奘譯　　　　第 31 冊。

《十八空論》龍樹菩薩造　　陳·真諦譯　　　　第 31 冊。

《大乘起信論》馬鳴菩薩造 陳·真諦譯　　　　第 32 冊。

《妙法蓮華經玄義》　　　　隋·智顗　　　　　第 33 冊。

《金光明經玄義》　　　　　隋·智顗說，灌頂錄 第 39 冊。

《三論玄義》　　　　　　　隋·吉藏　　　　　第 45 冊。

《釋摩訶般若波羅蜜經覺意三昧》隋·智顗　　　第 46 冊。

《禪源諸詮集都序》　　　　唐·宗密　　　　　第 48 冊。

《六祖大師法寶壇經》　　　元·宗寶　　　　　第 48 冊。

《南宗頓教最上大乘摩訶般若波羅蜜經六祖惠能大師於韶州大梵
　　寺施法壇經》　　　　　唐・法海　　　　　　第48冊。
《翻譯名義集》　　　　　　宋・法雲編　　　　　第54冊。

貳、《卍續藏經》1967年，台北：中國佛教會（影印《卍續藏經》委員會）印行。

《般若波羅蜜多心經》　　　唐・般若、利言共譯　第1冊。
《普遍智藏般若波羅蜜多心經》唐・法月重譯　　第1冊。
《大般若經關法》　　　　　宋・大隱排定　　　　第37冊。
《大般若經綱要》　　　　　清・葛　提綱　　　　第37冊。
《大般若經理趣分述讚》　　唐・窺基撰　　　　　第38冊。
《金剛經註》　　　　　　　晉・僧肇注　　　　　第38冊。
《金剛經義疏》　　　　　　隋・吉藏撰　　　　　第38冊。
《金剛經略疏》　　　　　　唐・智儼述　　　　　第38冊。
《金剛烴讚述》　　　　　　唐・窺基撰　　　　　第38冊。
《般若心經幽贊》　　　　　唐・窺基撰　　　　　第41冊。
《般若心經釋要》　　　　　明・智旭述　　　　　第41冊。

參、近人著述：（依作者姓氏筆畫排列）

方立天，2004年，《中國佛教哲學要義》，高雄：佛光文化公司。
冉雲華，1998年，《宗密》，台北：東大圖書公司。
白　雲，2000年，《般若學疏義》，高雄：金禧廣播公司。
印　順，1986年，《如來藏之研究》，台北：正聞出版社。

1986 年,《原始佛教聖典之集成》,台北:正聞出版社。

1986 年,《初期大乘佛教之起源與開展》,台北:正聞出版社。

1987 年,《中國禪宗史》,台北:正聞出版社。

1987 年,《法海微波》,台北:正聞出版社。

1987 年,《空之探究》,台北:正聞出版社。

1991 年,《佛法概論》,台北:正聞出版社。

2003 年,《以佛法研究佛法》,新竹:正聞出版社。

2003 年,《華雨香雲》,新竹:正聞出版社。

2003 年,《無諍之辯》,新竹:正聞出版社。

2003 年,《般若經講記》,新竹:正聞出版社。

2003 年,《中觀論頌講記》,新竹:正聞出版社。

2003 年,《性空學探源》,新竹:正聞出版社。

2003 年,《佛在人間》,新竹:正聞出版社。

2004 年,《中觀今論》,新竹:正聞出版社。

牟宗三,2003 年,《佛性與般若(上)、(下)》(收錄於《牟宗三先生全集 3、4》),台北:聯經出版公司

2003 年,《現象與物自身》,(收錄於《全集 21》)。

2003 年,《圓善論》(收錄於《全集 22》)。

2003 年,《中國哲學十九講》,(收錄於《全集 29》)。

杜松柏,2002 年,《佛學思想綜述》,台北:新文豐出版公司。

李慶餘,2003 年,《大乘佛學的發展與圓滿-牟宗三先生對佛家思想的詮釋》,台北:臺灣學生書局。

東 初,1997 年,《般若心經思想史》,台北:法鼓文化公司。

林明亮,1997 年,《般若法門成佛次第》,新竹:蓮華出版社。

吳汝鈞，2006 年，《佛學研究方法論》，台北：臺灣學生書局。

張曼濤主編，1977 年，《中國教史論集一‧漢魏兩晉南北朝篇（上）》（收錄於《現代佛教學術叢刊 5》），台北：大乘文化出版社。

1978 年，《中國佛教史論集四‧漢魏兩晉南北朝篇（下）》，（收錄於《叢刊 13》）。

1978 年，《佛教哲學思想論集一》，（收錄於《叢刊 36》）。

1978 年，《佛教哲學思想論集二》，（收錄於《叢刊 37》）。

1978 年，《中觀思想論集》，（收錄於《叢刊 46》）。

1978 年，《佛教根本問題研究（一）》（收錄於《叢刊 53》）。

1978 年，《佛教根本問題研究（二）》（收錄於《叢刊 54》）。

1979 年，《佛教各宗比較研究》（收錄於《叢刊 70》。）

湯用彤，1979 年，《漢魏兩晉南北朝佛教史》，台北：臺灣商務印書館。

蔡耀明，2001 年，《般若波羅蜜多教學與嚴淨佛土》，南投：正觀出版社。

廖明活，2006 年，《中國佛教思想述要》，台北：臺灣商務印書館。

藍吉富編，1989 年，《印順導師的思想與學問》，台北：正聞出版社。

肆、外文譯著

水野弘元著，郭忠生譯，1990 年，《原始佛教》，台北：菩提樹雜
　　　　　　　誌社。

竹村牧男著，蔡伯郎譯，2003 年，《覺與空－印度佛教的展開》，
　　　　　　　台北：東大圖書公司。

佐籐泰舜著，印海譯，2004 年，《中國佛教思想論》，台北：嚴寬
　　　　　　　祜文教基金會。

Charles N.E.Eliot 著，李榮熙譯，1987 年，《印度思想與宗教》，
　　　　　　　　　　　　台北：華宇出版社。

R.W. GIEBEL 英譯，印海、願炯合譯，2004 年，《大藏經入門》，
　　　　　　　　　　台北：嚴寬祜文教基金會。

伍、期刊論文（依作者姓氏筆畫排列）

吳汝鈞〈龍樹之論空、假、中〉，《華岡佛學學報》第 7 期，頁
　　　101-111，1984 年 9 月。
　　　〈《般若經》的空義及其表現邏輯〉，《華岡佛學學報》第 8
　　　期，頁 237-256，1985 年 7 月。
　　　〈《金剛經》研究〉，《圓光佛學學報》創刊號，頁 3-46，
　　　1993 年 12 月。

李昌頤〈《中論》空無思想、中道思想之探源及其與現代的關係—
　　　兼述《中論》辯證法的研究〉，《華岡佛學學報》第 7 期，
　　　頁 355-400，1984 年 9 月。

游祥洲〈《大智度論》所述「大空」與「無始空」之研究〉，《圓光

佛學學報》創刊號，頁 51-84，1993 年 12 月。

楊惠南〈龍樹的中論用了辯證法嗎？〉《台大哲學論評》第 5 期，
　　　頁 253-280，1982 年 1 月。

　　　〈《中論》裡的「四句」之研究〉，《華岡佛學學報》第 6
　　　期，頁 277-310，1983 年 7 月。

　　　〈「空」否定了什麼？……以龍樹《迴諍論》為主的一個研
　　　究〉，《台大哲學論評》第 8 期，頁 175-190，1985 年 1
　　　月。

　　　〈《金剛經》的詮釋與流傳〉，《中華佛學學報》第 14 期，
　　　頁 185-230，2001 年 9 月。

蔡耀明〈《大般若經·第二會》的嚴淨／清淨〉，《台大佛學研究中
　　　心學報》第 4 期，頁 1-41，1999 年 7 月。

陸、工具書

丁福保編，1986 年，《佛學大辭典》，台北：天華出版公司。

何永清編，1987 年，《金剛經語句索引》，台北：台灣商務印書館。

慈怡主編，1989 年，《佛光大辭典》，高雄：佛光出版社。

釋智瑜主編，1993 年，《般若藏索引》，台北：西蓮淨苑。

　　　　　1993 年，《般若藏彙粹》，台北：西蓮淨苑。

國家圖書館出版品預行編目資料

般若波羅蜜多之覺觀與行證／胡順萍著. -- 初版.
-- 臺北市：萬卷樓, 2007.07
面； 公分
參考書目：面
ISBN 978－957－739－598－6 (平裝)

1. 般若部

221.47　　　　　　　　　96013480

般若波羅蜜多之覺觀與行證

著　　　者：胡順萍
發　行　人：陳滿銘
出　版　者：萬卷樓圖書股份有限公司
　　　　　　臺北市羅斯福路二段 41 號 6 樓之 3
　　　　　　電話(02)23216565・23952992
　　　　　　傳真(02)23944113
　　　　　　劃撥帳號 15624015
出版登記證：新聞局局版臺業字第 5655 號
網　　　址：http://www.wanjuan.com.tw
E－mail　：wanjuan@tpts5.seed.net.tw
承印廠商：晟齊實業有限公司
定　　　價：340 元
出版日期：2007 年 8 月初版
　　　　　　2020 年 8 月初版二刷